3판 금융인을 위한

통계분석

이긍희 저

머리말

우리 생활 속에서 금융시장은 점점 더 중요한 역할을 하고 있다. 주가지수, 환율, 금리와 같은 금융데이터들은 금융시장의 거래 과정에서 만들어지며, 우리는 이러한 데이터를 통해 시장의 흐름과 위험을 이해하고 판단하게 된다. 이때 금융시장을 살펴보고 해석하는 데 기본이 되는 도구가 바로 통계학이다. 따라서 금융시장에 관심을 가진 사람이라면, 통계학의 기본 원리를 금융데이터와 연결해 차분히 이해할 필요가 있다.

이 책은 통계학의 기본 원리를 금융데이터 분석과 연결해 정리한 입문서이다. 금융시장에 관심을 가지고 있지만 통계학이 낯선 금융인, 또는 통계적 사고를 금융 분야에 어떻게 적용할 수 있는지 알고 싶은 독자에게 유용한 안내서가 될 것이다.

이 책은 모두 10장으로 구성되어 있다. 제1장 「통계학의 개념」에서는 데이터의 시대에 금융데이터 분석에서 통계학이 왜 중요한 역할을 하는지를 살펴본다. 통계학은 불확실한 모집단의 특성을 제한된 표본 데이터를 통해 추정하는 학문이며, 이러한 관점이 이후 모든 장의 출발점이 된다. 제2장 「확률의 이해」에서는 불확실성을 수량화하는 도구인 확률의 기본 개념과 계산 방법을 소개하고, 조건부 확률을 비롯해 확률변수와 확률분포, 기댓값과 분산, 공분산과 상관계수를 살펴본다. 제3장 「확률분포의 이해」에서는 이항분포, 포아송분포, 정규분포, 로그정규분포 등 금융 분석에서 자주 활용되는 대표적인 확률분포의 의미와 특성을 설명한다. 제4장 「확률분포의 응용」에서는 이변량 정규분포와 포트폴리오 분석, 확률과정과 이항나무모형, 몬테카를로 시뮬레이션 등을 통해 확률분포가 금융시장 분석에 어떻게 활용되는지를 살펴본다. 제5장 「금융데이터의 정리와 요약」에서는 금융데이터를 히스토그램과 같은 그래프, 평균과 분산 같은 요약 통계량으로 정리하는 방법을 소개하고, 왜도와 첨도를 통해 분포의 형태를 이해하는 방법을 다룬다. 제6장 「표본분포와 추정」에서는 표본을 통해 모집단을 추정하는 표본분포의 개념과 점추정, 구간추정의 기본 원리를 설명한다. 제7장 「가설검정」에서는 데이터를 근거로 모집단에 대해 판단하는 가설검정의 개념과 모평균, 모분산에 대한 검정 방법을 살펴본다. 제8장 「상관분석과 회귀분석」에서는 두 변수 사이의 관계를 상관분석으로 파악하고, 단순회귀모형을 통해 이를 수리적으로 표현하는 방법을 다룬다. 제9장 「중회귀분석과 로지스틱회귀분석」에서는 여러 설명변수를 포함한 중회귀모형의 작성과 진단, 예측 방법을 소개하고, 범주형 결과를 분석하기 위한 로지스틱회귀모형을 설명한다. 제10장 「시계열분석과 변동성분석」에서는 시간의 흐름에 따라 변하는 금융데이터를 시계열모형으로 분석하고 예측하는 방법과, GARCH 모형을 활용한 변동성 측정 방법을 살펴본다.

이 책을 보다 잘 이해하기 위해서는 통계학의 기본적인 수리적 기초와 금융시장에 대한 기초적인 이해가 도움이 된다. 다만 학습 과정에서 수식과 계산에 지나치게 매달리기보다는, 각 장에서 다루는 핵심 개념과 그 의미를 파악하는 데 초점을 두는 것이 바람직하다. 금융시장에 통계학을 적용하다 보면 다소 복잡한 수리적 내용이 등장하기도 하지만, 바로 이해되지 않는 부분이 있더라도 수식보다는 개념 중심으로 접근하는 것이 도움이 된다. 통계학에는 익숙하지만 금융시장이 낯선 독자의 경우에는 금융시장 관련 서적을 함께 참고하며 용어와 배경을 익히는 것이 좋다. 이 책에서 다루는 사례와 데이터는 경제신문을 비롯해 한국은행, 금융위원회, 금융감독원, 한국거래소 및 각종 금융기관의 홈페이지를 통해 확인할 수 있다.

이 책은 독자가 혼자서도 학습할 수 있도록 각 장마다 학습목표와 학습개요를 제시하고, 연습문제를 통해 배운 내용을 스스로 점검할 수 있도록 구성하였다.

이 책이 나오기까지 도움을 주신 금융연수원 관계자 여러분과, 그동안 본 저자와 함께 이 책과 관련된 연구와 저술을 진행해 온 공저자들께 깊이 감사의 뜻을 전한다. 앞으로도 이 책의 내용은 지속적으로 수정 · 보완하여 보다 충실한 책으로 발전시켜 나가고자 한다. 독자 여러분의 소중한 의견과 따뜻한 조언을 부탁드린다.

2025년 12월

이 긍 희

목 차

제 1장

통계학의 개념

학습목표

1. 금융데이터에 대해 이해할 수 있다.
2. 통계학 원리의 기초를 이해할 수 있다.
3. 금융 분야에서의 통계분석을 이해할 수 있다.

학습개요

우리는 정보의 홍수 속에서 살고 있다. 정보는 대체로 숫자로 요약되어 저장, 유통되고 있다. 특히 인터넷과 스마트폰 확산과 각종 기기의 스마트화가 진전되면서 데이터양이 폭발적으로 증가하고 있다. 금융시장에서 수많은 데이터들이 나오면서 이를 이용하여 금융시장을 분석하고 위험을 측정하는 한편 미래도 예측하고 있다. 따라서 현대사회에서는 데이터를 체계적으로 이해하는 능력이 기본적으로 요구되고 있다. 이 장에서는 금융데이터와 이를 이해하고, 분석할 수 있는 학문인 통계학에 대해 살펴본다.

제 1 절 금융데이터

1. 데이터의 시대

스마트폰과 같은 디지털 기기의 발전과 기기 보급, 사물인터넷 및 센서의 보급 등으로 우리의 모든 활동이 디지털 데이터로 축적, 유통, 분석되는 빅데이터 시대에 살고 있다. 빅데이터는 데이터의 규모가 기하급수적으로 빠르게 증가한 것만 의미하지 않는다. 데이터의 유형도 동영상, 사진과 같이 다양해지고 있다 (〈그림 1-1〉). 빅데이터는 축적만 되는 것이 아니라 이 데이터를 기반으로 학습된 인공지능 모형을 통해 개인화된 추천과 각종 의사결정이 이루어지고 있다. 금융 분야도 예외는 아니다.

〈그림 1-1〉 세계 데이터 생성 및 소비량 추이의 도래

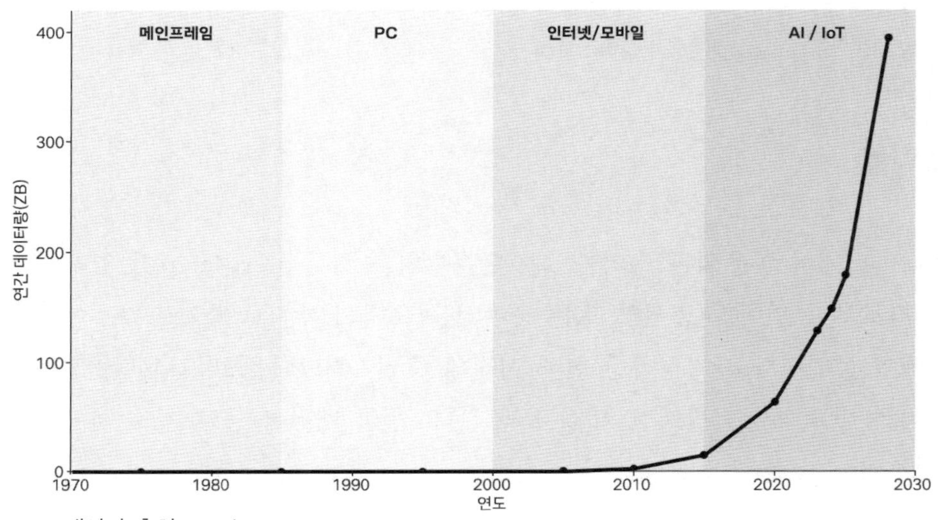

데이터 출처 : statista

데이터의 홍수 속에서 데이터로부터 의미 있는 통찰을 얻기 위해서 데이터를 체계적으로 수집, 정리, 요약, 분석, 판단하는 방법의 학문인 통계학(statistics)을 이해할 필요가 있다. 미국 시장조사업체 가트너(Gartner)는 데이터를 '21세기 원유'라고 불렀고, 하버드 비즈니스 리뷰(Harvard Business Review)에서는 21세기 가장 유망한 직업으로 빅데이터를 수집, 분석하여 가치 있는 통찰을 제공해주는 '데이터과학자'를 꼽고 있다.

2. 금융데이터의 측정

(1) 금융데이터의 정의

금융데이터는 인터넷 또는 방송 · 신문을 통해 주가, 금리, 환율 등 금융정보를 표와 그래프를 통해 쉽게 볼 수 있다. 이들 금융데이터는 경제주체의 활동과 의사결정에 큰 영향을 미치고 있다. 개인들은 금융데이터를 관찰하면서 자신의 소비와 저축을 결정하고, 기업은 신규투자 여부를 판단하게 된다. 정부는 이 데이터를 바탕으로 각종 경제, 금융정책을 설계하고 있다.

금융데이터는 자금시장, 자본시장, 외환시장, 파생금융상품시장 등 금융시장에서의 거래 또는 거래를 준비하는 과정에서 발생되거나 구해지는 가격, 수익률과 신용평점 등과 같이 숫자정보 등으로 구성되어 있다. 금융데이터를 제대로 살펴보기 위해서는 금융과 데이터라는 두 부분을 나누어서 이해할 필요가 있다.

(2) 수익률

금융데이터에서 이용되는 수익률로는 단순수익률(rate of return)이 있다. 단순수익률은 투자로부터 얻어진 총이익 또는 총손실을 초기의 투자금액으로 나누어서 구한다. 투자금액이 동일하다고 가정하면 현재 시점의 증권가격(P_t)을 비교년(1년 전)의 증권가격(P_{t-1})과 비교해서 만들어진 식 (1.1)과 같다. 현금 배당금 등 추가 수익이 있다면 이를 포함하여 수익률을 구한다.

$$r_t = \frac{P_t - P_{t-1}}{P_{t-1}} \tag{1.1}$$

1년에 n회 복리로 계산된 수익률을 구해보자. 먼저 n등분한 수익률은 r_t/n이다. 1년 동안의 투자로부터 얻어지는 총수익률은 식 (1.2)와 같다.

$$R_t = [(1 + \frac{r_t}{n})^n - 1] \tag{1.2}$$

복리 횟수 n이 매우 커지면 식 (1.3)이 성립하므로 이 경우 $R_t = e_t^r - 1$ 이 된다. 이 식을 식 (1.2)에 대입하면 r_t는 식 (1.4)가 된다.

$$\lim_{n \to \infty} (1 + \frac{r_t}{n})^n = e^{r_t} \tag{1.3}$$

$$r_t = \ln(1 + R_t) \tag{1.4}$$

이때 r_t 를 로그수익률이라고 부른다. 로그수익률은 단순수익률과 달리 기간별 단순 합산이 가능하다. 단순수익률은 $-100\% \sim \infty$의 값을 가지나 로그수익률은 $-\infty \sim \infty$의 값을 가지므로 통계분석에 유용하게 이용된다.

(3) 금융데이터의 측정

거래참여자들이 금융시장에 참여해서 거래를 하면 증권의 가격과 환율의 가격과 거래량 등이 정해지면서 금융데이터가 분, 초 단위로 측정된다. 금융데이터는 측정 기간 중 평균값 또는 마지막 거래에 의한 값(종가)으로 측정된다.

금융데이터는 시간에 따라 측정되므로 대부분 시계열(time series)이다. 측정 주기에 따라서 금융데이터로부터 파악하고자 하는 변동요인이 다르다. 하루하루의 주가지수의 움직임을 바탕으로 거래하는 사람(데이트레이더)은 하루 이내, 즉 분, 5분 단위로 측정되는 금융데이터가 중요하지만 장기적으로 투자하는 사람은 주기가 긴 월별, 연간 주가지수의 움직임에 대해 관심을 가지게 된다.

금융데이터를 살펴볼 때 가장 먼저 해야 할 일은 시계열도표(time series plot)를 그려보는 것이다. 시계열도표는 시간의 경과에 따라 금융데이터값이 변하는 것을 그린 그래프로 시간 t를 가로축으로 하고 시계열 관측값을 세로축으로 한 꺽은선 그래프로 표현된다. 금융데이터에 대해 시계열도표를 그리는 것은 금융데이터가 가지는 특징을 한 눈에 알아보기 위한 것이다.

(4) 금융데이터의 사례

한국거래소는 1983년부터 상장된 모든 주식을 대상으로 주가에 상장주식 수를 곱한 시가총액을 기준으로 기준시점의 시가총액과 비교시점의 시가총액을 비교하여 산출하는 시가총액식 주가지수인 한국종합주가지수를 산출하고 있다. 한국종합주가지수의 기준시점은 1980년 1월 4일이며 이 시점의 주가지수는 100이다.

〈그림 1-2〉는 일별 종합주가지수의 움직임을 나타내는 도표이다. 봉(또는 캔들)으로 일 단위 내의 가격의 움직임(시가, 종가, 고가, 저가)을 요약하고 이를 일별로 나타난 도표이다. 여기에서 나타나는 선은 각각 5일선, 20일선, 60일선과 120일선으로 데이터의 이동평균한 값들로 주가의 움직임을 보다 명확하게 파악할 수 있다.

〈그림 1-2〉 일별 종합주가지수 추이

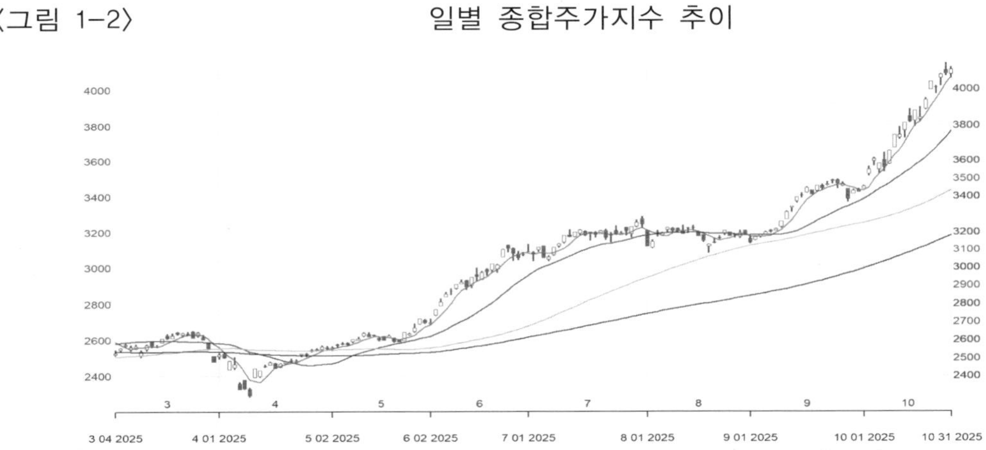

우리나라는 환율이 외환시장에서 수요와 공급에 따라 결정되는 변동환율제도를 채택하고 있다. 1997년 외환위기 이후에는 변동 폭에 제한이 없는 자유변동환율제도를 채택하고 있다. 따라서 원/달러 환율은 시장에서의 외환수급 사정이나 경제여건은 물론 국제통화시세의 변동 및 시장참가자들의 기대 등에 따라 변동하고 있다. 〈그림 1-3〉을 보면 2015년부터 2019년까지 환율은 주로 1,100~1,200원 사이에서 오르내리는 안정적인 흐름을 보였다.

하지만 2020년 코로나19 이후 세계 금융시장이 흔들리면서 환율이 급격히 오르기 시작했고, 변동 폭도 훨씬 커졌다. 2022년에는 미국의 빠른 금리 인상과 전쟁 등으로 환율이 1,400원대까지 급등했고, 그 이후에도 쉽게 낮아지지 않으며 1,400원대에서 등락하는 모습이 이어지고 있다.

〈그림 1-3〉 우리나라 원/달러 환율의 추이

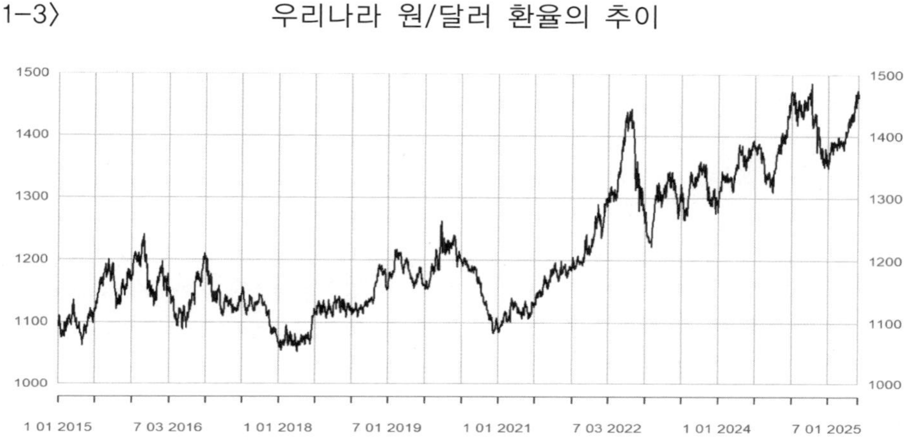

〈그림 1-4〉는 미국 국채(10년) 수익률의 일별 움직임이다. 2015~2019년에는 대체로 1.5~3% 범위에서 등락하며 완만한 흐름을 보였으나, COVID-19 직후(2020년) 1% 이하로 급락했다가, 2022년 이후 미 연준의 급격한 금리 인상으로 한때 장중 5%를 넘기도 했다.

〈그림 1-4〉 미국 국채(10년) 수익률 추이

CDS는 채권을 발행한 기업, 국가 등의 신용위험에 대한 보장을 거래하는 신용파생상품이며 CDS 프리미엄은 위험 보장의 대가이다. 〈그림 1-5〉에서 우리나라 CDS 프리미엄 추이를 보면 2008년 글로벌 금융위기로 인해 급등한 후 지속적으로 하락하고 있다.

〈그림 1-5〉 한국 CDS 프리미엄 추이

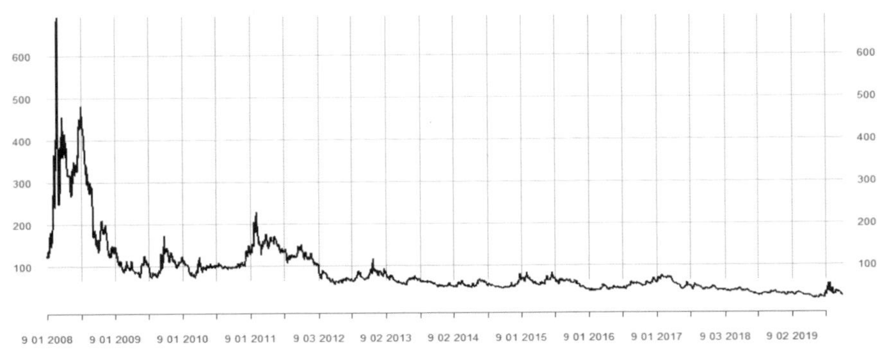

출처 : 한국은행 금융안정보고서(2020년 6월), 블룸버그

제 2 절 통계학의 원리

1. 모집단과 표본

통계학의 중요한 출발점은 관심대상 전체를 모두 조사하지 않고 일부만 조사 · 관측하여 전체를 파악하는 것이다. 이때 관심의 대상이 되는 전체를 모집단(population)이라 하고, 실제로 조사되는 모집단의 일부를 표본(sample)이라 한다. 표본이 모집단을 잘 대표할 수 있도록 하려면 모집단의 구성을 잘 섞은 후 표본을 모집단에서 임의로 추출해야 한다. 표본은 임의로 추출되기 때문에 서로 독립적이다.

【예 1-1】 A 은행 고객에 대해 현재 대출 상환능력에 대해 살펴보려고 한다. 이를 위해 임의로 1,000명의 고객을 조사하려고 한다. 이때 모집단과 표본을 정의하시오.

〈풀이〉 모집단은 A 은행 고객 전체이고 표본은 임의로 뽑힌 1,000명의 고객이다.

2. 불확실성과 확률

우리의 생활주변에는 비슷한 사건이 반복해서 자주 발생되거나 실행되고 있다. 어떤 사건이 미래에 발생할지 여부는 알 수 없으나 그 사건이 장기적으로 어떤 비율(가능성, 확률)로 발생하는 것은 알 수 있다. 예를 들면 기업들이 대출한 후 일부 기업이 부도를 낸다. 그러나 대출시점에는 그 기업이 부도날지 여부는 알 수 없다. 기업에 대출할 때

'여러 가지 가능한 결과'는 알 수 있지만, 그러나 '정확히 무슨 결과'가 발생할지는 모른다. 이때 확률(probability)로 그 가능성을 측정하게 된다.

【예 1-2】 로또(Lotto 6/45) 복권은 45개의 숫자 중에서 자신이 원하는 6개의 복권 번호를 선택하여 번호를 맞추는 복권이다. 45개의 숫자 중에서 선택한 6개의 번호가 모두 일치할 경우 1등에 당첨되고, 3개 이상의 번호를 맞히면 당첨금을 받는 복권이다. 1등으로 당첨될 확률을 구하시오.

<풀이> 1등이 당첨될 확률은 45개의 수에서 6개의 숫자가 나올 모든 경우의 수(순서를 고려하지 않음)중의 하나이다. 45개의 수에서 6개의 숫자가 나올 모든 경우의 수가 8,145,060가지이므로 1등으로 당첨될 확률은 1/8,145,060이다.

3. 통계적 추론

모집단은 보통 구체적으로 알 수 없고 불확실하다. 모집단의 불확실성은 확률과 확률분포로 표현할 수 있다. 여기서 확률은 0과 1 사이의 값으로 어떤 사건이 발생할 가능성을 표현한 것이다. 모집단은 몇 개의 모수(parameter)를 가진 특정한 수학함수의 형태를 띤 확률분포를 따른다고 흔히 가정한다. 이때 모수는 모집단에 대한 수치 특성값을 말한다. 모수를 안다면 확률분포의 형태도 정확히 파악할 수 있다고 생각한다. 만약 모집단이 정규분포를 따른다고 가정하면 정규분포의 모수는 모집단의 평균과 분산이다.

통상 모집단의 모수는 알 수 없는 상수이므로 표본을 추출하여 모수를 추정해야 한다. 모집단의 모수는 표본의 함수인 통계량(statistic)을 이용하여 추정된다. 대표적인 통계량으로는 모평균과 모분산을 추정할 수 있는 표본평균과 표본분산이 있다. 표본은 추출할 때마다 통계량값이 변한다. 따라서 통계량은 그 나름의 확률분포인 표본분포를 가진다.

모집단과 표본, 다시 말하면 모집단의 확률분포와 통계량의 표본분포 간에는 일정한 관계가 있다. 이 관계를 바탕으로 통계량을 이용하여 모집단의 모수를 추정하거나 검정한다.

4. 통계학

통계학은 다양하게 정의된다. 켄들과 스튜어트(Kendall and Stuart)는 통계학은 자연현상의 성질을 측정한 데이터를 다루는 학문이라고 하였으며, 체르노프와 모세스(Chernoff and Moses)는 불확실한 상황에서의 의사결정과 관련된 학문으로 정의하였다. 이를 종합하면 통계학은 불확실성, 불완전성, 변동성을 포함한 데이터로부터 지식을 일반화하고 효율적으로 사용할 수 있도록 하는 학문이라고 정의할 수 있다.

좀 더 구체적으로 정리하면 통계학은 우리 주위의 현상에 대한 수량적 결과인 데이터를 수집하여 요약하고, 관심대상인 집단에 대해 조사한 결과로부터 일반성을 찾아내고 이것을 근거로 불확실한 사실에 대한 결론이나 예측을 하는 데 필요한 이론과 방법을 제시하는 학문으로 정의된다.

제 3 절 금융과 통계학

1. 금융통계분석의 사례

(1) VaR

금융상품의 위험을 종합적으로 파악하기 위해서는 VaR(Value-at-Risk)을 이용하고 있다. 1994년 J.P. Morgan은 VaR을 이용한 시장위험측정방법론을 제시하였고 1996년 BIS 바젤위원회에서 VaR을 시장위험 규제를 위한 내부모형으로 제시하였다. 이에 따라 VaR은 금융기관의 위험을 측정하는 대표적인 방법이 되었다. VaR은 정상적인 금융시장에서 주어진 신뢰수준 하에서 보유기간 동안에 발생할 수 있는 잠재적인 최대 손실 금액이다. VaR이 1억원이라면 과거의 시장가격 동향으로 볼 때 정상적인 시장에서 99%의 확률로 10일 동안 발생할 수 있는 최대 손실 규모가 1억원이라는 의미이다. 다시 말하면 10일 동안 보유 포지션에서 1억원을 초과하는 손실이 발생될 확률은 1%라는 것을 의미한다.

(2) 부도확률

부도확률(expected default frequency)은 기업의 자산가치가 일정 기간(1년) 이내에 부채가치를 하회할 확률을 의미한다. 옵션가격결정모형(Merton, Black-Scholes)을 바탕으로 현재 시점의 주가정보로부터 1년 이후의 자산가치와 주가변동성을 예측할 수 있다. 부도확률은 1년(T) 후 금융회사 자산의 시장가치(V_A)가 장부상 부채가치(X_t)를 하회할 확률을 의미하며, 식 (1.5)와 같이 구한다. 여기서 Φ는 누적표준정규분포이며 μ와 σ_A는 각각 자산가치의 기댓값과 표준편차이다.[1)]

1) 자세한 내용은 Crosbie, P. and J. R. Bohn (2003), "Modeling Default Risk", Moody's KMV 참조

$$부도확률 = \Phi\left(-\frac{\ln(V_A/X_t)+(\mu-\sigma_A^2/2)T}{\sigma_A\sqrt{T}}\right) \quad (1.5)$$

〈그림 1-6〉은 2007~2012년의 저축은행의 부도확률의 추이인데 이를 보면 저축은행의 부도확률이 2009년 2월 역사적 고점 기록 후 하락했던 것으로 나타났다.

〈그림 1-6〉 저축은행의 부도확률

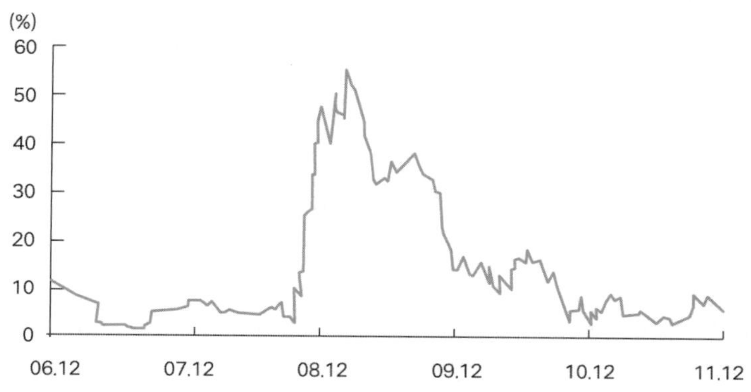

출처 : 금융감독원(2012), 금융리스크 분석

(3) 자본자산 가격결정모형

샤프(W. F. Sharpe)와 린트너(J. Lintner)는 자산의 기대수익률($E(r_i)$)과 위험지표인 시장베타(β_i) 사이에 선형관계가 식 (1.6)과 같이 있음을 보였다. 여기서 절편 r_F는 무위험 수익률, 기울기는 체계적 위험에 대한 보상($E(r_M)-r_F$)이며, r_M은 시장수익률이다.

$$E(r_i) = r_F + \beta_i[E(r_M) - r_F] \quad (1.6)$$

이 모형을 샤프-린트너의 자본자산 가격결정모형(Capital Asset Pricing Model, CAPM)이라고 부른다. CAPM에 따르면 위험과 기대수익률의 관계는 선형적이며 시장베타가 유일한 위험의 척도이다.

2. 금융통계분석의 필요성

금융시장은 불확실하다. 금융시장의 불확실성을 확률분포 등으로 표현하면서 금융시장을 이해하고 예측해왔다. 금융시장의 특성을 이해하기 위해서 수많은 금융데이터를 측정해왔다.

우리는 금융데이터로부터 숨겨진 생성원리인 통계모형에 관심을 가지게 된다. 측정된 금융데이터에는 오차가 포함되어 있어서 금융데이터로부터 직접 숨겨진 생성원리인 모형을 찾기 어렵다. 따라서 통계학의 원리를 이용하여 금융데이터로부터 통계모형을 작성하고 이를 이용하여 금융시장을 분석 및 예측하게 된다. 구체적으로 보면 금융변수의 패턴 또는 금융변수 간 관계를 살펴보고 이를 통계적 모형으로 설정한 다음 금융데이터와 통계적 방법을 이용하여 동 모형을 구체화한다. 이를 바탕으로 금융시장을 설명하거나 예측하게 된다.

금융데이터가 점점 많아지고 다양화되면서 금융시장을 분석, 예측할 때 필수적으로 통계분석을 하게 된다. 금융데이터의 통계분석을 통해 보다 객관적으로 금융시장을 바라볼 수 있다.

연습문제

(※ 1~2) 정부는 A 지역의 가계부채의 심각도를 조사하기 위해서 그 지역의 모든 가구 중에서 임의로 1,000가구를 추출하여 조사하였다. 그 결과 조사가구 중 60%는 가계부채가 심각하다고 응답하였다.

1. 모집단은 무엇인가?
   ① A 지역의 모든 가구
   ② A 지역의 추출된 1,000가구
   ③ 우리나라 전 가구
   ④ 60%
   ⑤ 가계부채의 심각도

2. 표본은 무엇인가?
   ① A 지역의 모든 가구
   ② A 지역의 추출된 1,000가구
   ③ 우리나라 전 가구
   ④ 60%
   ⑤ 가계부채의 심각도

3. 로그수익률이 가질 수 있는 최솟값은?
   ① $-\infty$%
   ② 0%
   ③ −100%
   ④ −200%
   ⑤ 100%

4. 다음 통계학에 대한 설명 중 ( )에 들어갈 단어로 가장 적당한 것은?
   통계학은 (   )을 포함한 데이터로부터 지식을 일반화하고 효율적으로 사용할 수 있도록 하는 학문이라고 정의할 수 있다.
   ① 확실성
   ② 불확실성
   ③ 일반성
   ④ 규칙성
   ⑤ 정확성

5. 다음 설명 중 가장 바르게 설명된 것은?
   ① 통계량은 모수의 함수이며 상수이다.
   ② 통계량은 모수의 함수이며 그 나름의 확률분포를 가지고 있다.
   ③ 통계량은 표본의 함수이며 상수이다.
   ④ 통계량은 표본의 함수이며 그 나름의 확률분포를 가지고 있다.
   ⑤ 통계량은 표본과 모수의 함수이며 상수이다.

정답 및 해설

1. ① 모집단은 전체대상으로 A 지역의 모든 가구이다.
2. ② 표본은 A 지역에서 추출된 1,000가구이다.
3. ① 로그수익률의 값의 범위는 $-\infty$에서 ∞까지이다.
4. ② 통계학은 불확실성을 포함한 데이터로부터 지식을 일반화하고 효율적으로 사용할 수 있도록 하는 학문이다.
5. ④ 통계량은 표본의 함수이고 표본이 어떻게 추출되느냐에 따라 그 값이 변하므로 그 나름의 확률분포를 가지고 있다.

제 2 장

확률의 이해

학습목표

1. 확률을 정의할 수 있다.
2. 확률을 계산할 수 있다.
3. 조건부 확률을 정의하고 베이즈 정리를 이해할 수 있다.
4. 확률분포를 이해할 수 있다.
5. 기댓값과 분산을 이해할 수 있다.
6. 공분산과 상관계수를 이해할 수 있다.

학습개요

우리 생활주변에는 비슷한 사건이 반복해서 자주 발생한다. 이때 어떤 사건이 발생할 가능성을 확률이라 한다. 확률은 기상예보, 생명표, 부도가능성계산 등 불확실성을 포함하는 분야에 활용되어 왔다. 금융시장은 불확실하므로 금융위험 측정, 금융시장 예측모형 작성 등에서 확률은 기본적으로 이용되고 있다. 이 장에서는 확률, 조건부확률, 확률분포에 대해서 살펴본 후 확률분포를 요약 · 정리할 수 있는 기댓값, 분산, 공분산과 상관계수에 대해 살펴본다.

제 1 절 확률의 정의

금융시장을 보면 비슷한 사건이 반복해서 자주 발생된다. 기업들이 수없이 많이 창업되지만 그 기업 중 일부만이 10년 이상 유지된다. 또한 금융기관은 개인에게 대출하지만 그 개인이 대출금을 만기에 상환할 수 있을지 알 수 없다. 우리가 알 수 있는 것은 개인이 파산될 가능성이 있다는 것뿐이다. 여기서 가능성 또는 불확실성은 확률로 표현된다. 확률은 어떤 사건이 일어날 가능성을 0과 1 사이의 실수로 표시한다. 한 사건이 발생할 가능성이 높으면 확률을 1에 가까운 수로 표시하고, 반대로 발생할 가능성이 낮으면 확률을 0에 가까운 수로 표시한다.

1. 경험적 확률

확률은 경험적으로 느끼게 된다. 주사위를 던져서 눈금 1이 나올 확률은 주사위를 수없이 많이 던져보면 알 수 있다. 처음 몇 번 던질 때는 주사위 눈금 1이 나오는 횟수가 지나치게 많거나 적게 나타날 수 있다. 그러나 시행 횟수가 늘어나면서 눈금 1이 나오는 비율이 전체 6면 중 1의 면 비율인 1/6에 근접하는 것을 알 수 있다. 이러한 사실로부터 주사위 눈금 1이 나타날 가능성을 1/6이라고 생각하게 된다. 이와 같은 시행을 통해 어떤 사건이 나타날 비율은 일종의 경험적 확률인데 식 (2.1)과 같이 정의된다.

$$\text{주사위 눈금 1이 나올 확률} = \frac{\text{1이 나온 횟수}}{\text{전체 시행 횟수}} \tag{2.1}$$

주사위를 던져서 눈금 1이 몇 번 나온 것은 우연이지만, 반복하면 그 횟수는 다른 눈금의 횟수와 비슷해진다. 이와 같은 확률을 정의하는 것을 확률의 상대도수적 정의라고 한다. n번의 총 도수 또는 총 시행수 중 관심 있는 사건(A), 또는 사건이 a번 발생했을 때 사건 A가 일어날 확률은 식 (2.2)와 같이 정의된다.

$$P(A) = \frac{a}{n} \tag{2.2}$$

【예 2-1】 2000년 1월 4일 이후 2014년 12월 24일까지의 한국종합주가지수 데이터를 바탕으로 한국종합주가지수가 종가기준으로 전거래일보다 상승할 확률을 구하시오.

<풀이> 일별 한국종합주가지수의 종가 데이터를 구하고 이로부터 거래일 수와 상승한 거래일 수를 구해보면 각각 3,703일과 1,964일이다. 따라서 상승할 확률을 상대도수적으로 정의해보면 1,964/3,703 = 0.53이다.

2. 이론적 확률

(1) 표본공간과 사건

확률을 이론적으로 정의하기 위해서는 표본공간(sample space)과 사건(event)이라는 개념이 필요하다. 표본공간은 통계적 실험의 모든 가능한 결과의 집합이다. 표본공간은 표본점들로 구성된다. 표본공간은 표본공간의 표본점을 하나씩 셀 수 있는 이산 표본공간과 원소를 하나씩 셀 수 없는 연속 표본공간으로 구분된다. 【예 2-2】과 【예 2-3】은 각각 이산 표본공간과 연속 표본공간의 예이다.

【예 2-2】 한 개의 동전을 던져서 앞면(H)과 뒷면(T)이 나온다면 이의 표본공간은 무엇인가?

<풀이> $S = \{H, T\}$이며 H, T가 표본점이 된다. 표본공간 S는 이산 표본공간이다.

【예 2-3】 내일 A 기업의 주가의 단순수익률을 예측하려고 한다. 내일 A 기업 주가의 단순수익률의 표본공간은 무엇인가?

<풀이> 주가는 전일 대비 상하로 30% 움직이도록 제한되어 있다면 A 기업의 주가의 단순수익률의 표본공간 $S=\{R|-30\% \le R \le 30\%\}$은 연속형 표본공간이다.

사건은 표본공간의 부분집합이다. 【예 2-4】와 【예 2-5】는 사건의 예이다.

【예 2-4】 한 개의 동전을 던져서 앞면(H)과 뒷면(T)이 나올 경우 표본공간의 사건을 모두 나열하시오.

<풀이> 표본공간은 $\{H, T\}$이므로 이의 부분집합인 사건은 다음과 같다.

$$\{H, T\},\ \{H\},\ \{T\},\ \phi$$

【예 2-5】 내일 A 기업의 주가의 단순수익률이 10%보다 클 사건을 정의하시오.

<풀이> 표본공간이 $S=\{R|-30\% \le R \le 30\%\}$이므로 내일 A 기업의 주가의 단순수익률이 10%보다 클 사건은 다음과 같다.

$$A=\{R|10\% < R \le 30\%\}$$

(2) 고전적 확률

표본공간 S의 표본점이 발생될 가능성을 포함하고 표본공간의 표본점의 수가 n개이고 사건 A의 표본점 수가 k라고 하면 사건 A가 발생할 확률은 식 (2.3)과 같다. 이를 고전적 확률이라 부르는데, 가장 간단한 이론적 확률이다.

$$P(A)=\frac{\text{사상 } A\text{에 속하는 원소의 수}}{\text{표본공간}(S)\text{의 전체 원소의 수}}=\frac{k}{n} \tag{2.3}$$

【예 2-6】 동전을 던져서 앞면이 나올 확률을 구하시오.

<풀이> 표본공간은 {앞면, 뒷면}으로 원소의 수가 2이고, 사건은 {앞면}으로 원소의 수가 1이므로 앞면이 나올 확률은 $\frac{1}{2}$로 계산된다.

고전적 확률을 구하려면 표본공간과 사건의 원소의 수를 세는 것이 중요하다. 표본공간에서 사건은 복원추출될 수도 있고 비복원추출될 수도 있다. 복원추출은 표본공간에서 원소를 뽑을 때 추출된 것을 되돌려 넣고 추출하는 것이며, 비복원추출은 원소를 뽑을 때 되돌려 넣지 않고 추출하는 것이다. 표본공간의 수가 n이고 복원추출한 표본의 수가 r일 때 경우의 수는 ${}_n\Pi_r = n^r$이다. 한편 n개의 표본공간에서 r개의 표본을 비복원추출하고 순서를 고려하지 않는다면 경우의 수는 ${}_nC_r$이며 식 (2.4)와 같이 표현된다.

$$ {}_nC_r = \frac{n!}{r!(n-r)!} \tag{2.4} $$

【예 2-7】 금융상품 a, b, c가 있다고 하자. 이를 중복을 허락하여 2개 뽑아서 포트폴리오를 구성한다고 하자. 이 때 경우의 수를 구하시오.

<풀이> 금융상품 a, b, c 중 2개를 중복을 허락하여 뽑을 때 나타나는 조합은 다음과 같다. 따라서 경우의 수는 ${}_3\Pi_2 = 3^2 = 9$이다.

【예 2-8】 금융상품 a, b, c가 있다고 하자. 이를 중복을 허락하지 않고 2개 뽑아서 포트폴리오를 구성한다고 하자. 이 때 경우의 수를 구하시오.

<풀이> 금융상품 a, b, c 중 2개를 중복을 허락하지 않고 순서를 고려하지 않고 뽑을 때 나타나는 조합은 (a, b), (b, c), (c, a)이다. 따라서 경우의 수는 ${}_3C_2 = 3$이다.

【예 2-9】 금융상품 10개 중 5개를 뽑았을 때 수익률이 높은 5개를 뽑을 확률을 각각 구하시오.

<풀이> 금융상품 10개 중에서 5개가 나올 모든 경우의 수, 즉 표본공간의 수는 다음과 같다.

$$_{10}C_5 = \frac{10!}{5!5!} = 252$$

수익률이 높은 5개가 포함되는 경우는 1개이므로 이 확률은 $\frac{1}{252}$ 이다.

(3) 공리적 확률

확률의 고전적 정의를 이용하여 현실의 확률을 계산하는데 큰 문제는 없다. 고전적 정의에서는 표본공간의 모든 원소가 발생할 가능성이 같다고 가정하고 있다. 하지만 이 가정이 만족되지 않는 경우가 많다. 따라서 보다 포괄적으로 확률을 정의할 필요가 있다. 러시아 수학자인 콜모고로프(Kolmogorov)는 표본공간 S의 사건 A에 대한 확률 $P(A)$를 다음 3개의 조건(공리)을 만족시키는 측도(measure)로 정의하였다.

① $0 \leq P(A) \leq 1$, $P(A)$는 0과 1 사이에 있다.

② $P(S) = 1$, 표본공간의 확률은 1이다.

③ $A_1, A_2, \cdots, A_i, \cdots$가 서로 배반사건일 때 다음이 성립된다.

$$P(\bigcup_{i=1}^{\infty} A_i) = \sum_{i=1}^{\infty} P(A_i)$$

이러한 공리적 확률은 상대도수적 확률의 극한값과 같다. 또한 표본공간의 원소들의 발생가능성이 같다면 공리적 확률은 고전적 확률과 같아진다.

제 2 절 확률의 계산

1. 여사건의 확률

사건 A의 확률 $P(A)$를 알면 그 여사건의 확률을 쉽게 알 수 있다. 표본공간 S는 사건 A와 A의 여집합(A^C)의 합집합으로 표현되고, A와 A^C는 서로 배반사건이므로 공리적 확률의 두 번째 공리가 성립되므로 $P(S)=1$이고, 세 번째 공리를 이용하면 $P(S)=P(A)+P(A^C)$이 성립된다. 따라서 식 (2.5)가 성립된다.

$$P(A^C) = 1 - P(A) \tag{2.5}$$

【예 2-10】 20명의 개인에게 신용대출하면 통상 2명이 대출상환하지 못한다. 20명의 개인 중 임의로 2명을 선택해서 대출했을 때 다음 확률을 구하시오.

(1) 대출 개인 중 모두 대출상환하는 경우

(2) 대출 개인 중 대출상환하지 못하는 개인이 적어도 1명 있는 경우

<풀이> (1) 대출대상 개인 중 대출상환하지 못하는 사람이 1명도 없을 사건을 A라 하자. 20명 중 2명을 임의로 선택할 때 경우의 수는 다음과 같다.

$$_{20}C_2 = \frac{20\times19}{2\times1} = 190$$

따라서 대출자가 모두 대출상환하는 경우의 확률은 다음과 같다.

$$P(A) = \frac{_{18}C_2}{_{20}C_2} = \frac{18\times17/2}{20\times19/2} = \frac{153}{190}$$

(2) 대출된 개인 중 대출 상환하지 못하는 개인이 적어도 1명 있는 경우는 앞의 사건의 여사건이다. 즉, A^C이다.

따라서 $P(A^C) = 1 - P(A) = 1 - \frac{153}{190} = \frac{37}{190}$이다.

2. 확률의 덧셈정리

두 사건 A, B의 합사건 확률은 식 (2.6)과 같이 정의된다.

$$P(A \cup B) = P(A) + P(B) - P(A \cap B) \tag{2.6}$$

같은 방법으로 세 사건의 합사건의 확률을 식 (2.7)과 같이 구할 수 있다.

$$\begin{aligned} P(A \cup B \cup C) &= P(A) + P(B) + P(C) \\ &\quad - P(A \cap B) - P(B \cap C) - P(C \cap A) + P(A \cap B \cap C) \end{aligned} \tag{2.7}$$

【예 2-11】 A 은행 개인고객 중 예금이 5% 이상 증가한 고객 비율은 20%이다. A 은행 개인고객 중 가계대출이 5% 이상 증가한 고객 비율은 30%이다. A 은행 고객 중 예금이 5% 이상 증가하면서 가계대출이 5% 증가한 고객 비율은 10%이다. A 은행에서 임의로 1명을 뽑았을 때 그 고객이 예금이 5% 이상 증가하거나 가계대출이 5% 이상 증가한 고객일 확률을 구하시오.

<풀이> A 은행 개인고객 중 예금이 5% 이상 증가한 사건을 A라 하고, A 은행 개인고객 중 가계대출이 5% 이상 증가한 사건을 B라 하자. 이때 다음이 성립된다.

$$P(A) = 0.2,\ \ P(B) = 0.3$$
$$P(A \cap B) = 0.1$$

따라서 A 은행 고객 예금이 5% 이상 증가하거나 가계대출이 5% 이상 증가한 사건은 $A \cup B$로 정의된다. A 은행에서 임의의 어떤 고객의 예금이 5% 이상 증가하거나 가계대출이 5% 이상 증가한 확률은 다음과 같다.

$$\begin{aligned} P(A \cup B) &= P(A) + P(B) - P(A \cap B) \\ &= 0.2 + 0.3 - 0.1 = 0.4 \end{aligned}$$

제3절 조건부 확률

1. 조건부 확률의 정의

주사위를 던질 때 1의 눈이 나올 확률은 1/6이다. 그런데 주사위의 눈이 1,2,3으로 각각 2개씩으로 구성되었다면 1의 눈이 나올 확률은 1/3이다. 이처럼 주어진 조건 B에 따라 어떤 사건 A가 발생할 확률이 달라지는데 이때 구한 확률을 조건부 확률이라 하며 $P(A|B)$로 표현한다.

【예 2-12】 어느 은행의 기업고객 200개를 대상으로 신용등급과 영업이익을 조사한 자료가 다음과 같다고 하자. 신용등급은 '우수'와 '불량'으로 구분되고 영업이익은 '흑자'와 '적자'로 구분된다. 이때 다음 물음에 답하시오.

(1) 임의로 선택된 기업의 영업이익이 흑자일 확률을 구하시오.

(2) 임의로 선택된 기업의 신용등급이 '우수'일 때 이 기업의 영업이익이 흑자일 확률을 구하시오.

		신용등급		계
		우수	불량	
영업이익	흑자	70	10	80
	적자	30	90	120
계		100	100	200

<풀이> 사건 A와 B를 다음과 같다고 하자.

A : 임의로 선택된 기업의 영업이익이 흑자인 사건

B : 임의로 선택된 기업의 신용등급이 우수인 사건

(1) 국내 200개 기업 중 임의로 한 개 기업을 선택할 때 그 기업의 영업이익이 흑자일 확률인 $P(A)$를 구해 보자. 옆의 표를 보면 전체 200개 기업 중 영업이익이 흑자인 기업 수는 80개이다. 따라서 사건 A가 발생될 확률은 $P(A)=\frac{80}{200}=\frac{2}{5}$이다.

(2) 이번에는 임의로 선택된 기업의 신용등급이 '우수' 등급이라는 조건이 주어졌을 때 그 기업의 영업이익이 흑자일 확률을 구해 보자. 선택된 기업 중 신용등급이 '우수' 등급이라는 조건이 주어지면, 선택의 범위가 전체 200개에서 100개로 축소된다. 이 중에서 영업이익이 흑자인 기업의 수가 70개이므로 조건부 확률은 다음과 같다.

$$P(A\mid B)=\frac{70}{100}=\frac{7}{10}$$

〈예 2-12〉의 조건부 확률 $P(A|B)$에서 분모인 100은 주어진 조건(우수등급)을 만족하는 기업의 수이며, 분자인 70은 주어진 조건(우수등급)과 구하고자 하는 경우(영업이익 흑자)를 동시에 만족하는 기업의 수이다. 조건부 확률을 변형하면 다음과 같이 다시 나타낼 수 있다.

$$P(A|B)=\frac{70}{100}=\frac{70/200}{100/200}$$

위에서 분모는 전체 200명 중에서 신용등급 우수인 기업의 비율이므로 확률 $P(B)$이며, 분자는 전체 200명 중에서 신용등급 우수이면서 영업이익 흑자인 기업의 비율이므로 사건 A와 B가 동시에 발생할 확률인 $P(A\cap B)$이다.

따라서 사건 B가 발생했다는 조건이 주어졌을 때, 사건 A의 조건부 확률은 식 (2.8)과 같이 계산된다.

$$P(A\mid B)=\frac{P(A\cap B)}{P(B)} \tag{2.8}$$

식 (2.8)의 조건부 확률식으로부터 공통집합(교집합) $A\cap B$의 확률은 식 (2.9)와 같이 표현된다.

$$P(A \cap B) = P(A|B)P(B) \tag{2.9}$$

2. 베이즈 정리

조건부 확률은 신용평가기관이 기업의 신용평가 결과를 이용하여 기업이 파산할 확률을 구하는 데에도 이용된다. 즉, 어떤 새로운 기업이 있다고 할 때 그 기업이 파산할지 여부는 일반적인 신생 기업의 파산확률을 적용할 수밖에 없다. 그러나 1년 동안 영업활동을 한 후 신용평가기관으로부터 신용등급을 부여받으면 그 조건 하에서 실제 파산확률을 다시 계산할 수 있다. 이와 같이 초기 확률로부터 새로운 정보를 바탕으로 내가 알고자 하는 확률을 구하는 것과 관련된 정리가 베이즈 정리(Bayes' theorem)이다.

베이즈 정리를 도출해보자. 일반적으로 B_1, B_2, $\cdots$, B_k가 표본공간을 분할할 때 사건 A는 식 (2.10)과 같이 표현된다.

$$A = (A \cap B_1) \cup (A \cap B_2) \cup \cdots \cup (A \cap B_k) \tag{2.10}$$

$(A \cap B_1)$, $(A \cap B_2)$, $\cdots$, $(A \cap B_k)$는 서로 배반사건이므로 식 (2.11)이 성립된다.

$$P(A) = P(A \cap B_1) + P(A \cap B_2) + \cdots + P(A \cap B_k) \tag{2.11}$$

조건부 확률의 정의를 이용하면 $P(A \cap B_i) = P(A|B_i)P(B_i)$이므로 식 (2.12)가 성립된다.

$$P(A) = P(A|B_1)P(B_1) + P(A|B_2)P(B_2) + \cdots + P(A|B_k)P(B_k) \tag{2.12}$$

한편 사건 A가 발생하였다는 정보가 주어졌을 때, B_i의 조건부 확률 $P(B_i|A)$는 식 (2.13)과 같이 구할 수 있다.

$$P(B_i|A) = \frac{P(A \cap B_i)}{P(A)} \tag{2.13}$$

여기서 $P(A \cap B_i) = P(A|B_i)P(B_i)$이고, 식 (2.12)가 성립하므로 $P(B_i | A)$는 식 (2.14)와 같이 표현된다. 식 (2.14)와 같이 주어진 확률로 역확률을 구하는 식을 베이즈 정리라 부른다.

$$P(B_i | A) = \frac{P(A | B_i)P(B_i)}{P(A | B_1)P(B_1) + P(A | B_2)P(B_2) + \cdots + P(A | B_k)P(B_k)} \tag{2.14}$$

【예 2-13】 A 산업의 기업들 중 5%가 파산한다고 한다. B 은행에서 A 산업 기업들의 파산 가능성을 알아보기 위해서 신용평가기관 평가결과를 조사한 결과, 최근 1년간 파산한 기업 중 불량으로 판정된 기업은 95%이고, 최근 1년간 파산하지 않은 기업 중 90%는 우량으로 판정된 것으로 나타났다. 이때 다음 물음에 답하시오.

(1) 어떤 기업의 신용평가 결과가 불량으로 판정될 때, 이 기업이 파산할 확률을 구하시오.

(2) 어떤 기업의 신용평가 결과가 우량으로 판정될 때, 이 기업이 파산하지 않을 확률을 구하시오.

<풀이> (1) 사건 D, D^C, T^+, T^-를 다음과 같이 정의하자.

D = 기업이 파산한 사건

D^C = 기업이 파산하지 않는 사건

T^+ = 신용평가 결과 불량으로 판정된 사건

T^- = 신용평가 결과 우량으로 판정된 사건

A 산업 전체 기업의 5%가 파산하므로 $P(D)$와 $P(D^C)$는 다음과 같다.

$P(D) = 0.05$, $P(D^C) = 0.95$

파산 기업 중 95%는 신용평가 결과 불량으로 나타나고 파산하지 않은 기업 중 90%는 우량으로 나타났다. 따라서 다음이 성립된다.

$P(T^+ | D) = 0.95$, $P(T^- | D) = 0.05$

$$P(T^+ | D^C) = 0.1,\ \ P(T^- | D^C) = 0.9$$

기업은 파산하거나 파산하지 않으므로 D와 D^C은 표본공간을 분할하므로 다음이 성립한다.

$$\begin{aligned} P(T^+) &= P(T^+ \cap D) + P(T^+ \cap D^C) \\ &= P(T^+ | D)P(D) + P(T^+ | D^C)P(D^C) \end{aligned}$$

$$P(T^-) = P(T^- | D)P(D) + P(T^- | D^C)P(D^C)$$

어떤 기업의 신용평가 결과가 불량으로 판정된 경우 기업이 파산할 확률은 $P(D| T^+)$이며 베이즈 정리에 의하여 이 확률은 다음과 같이 계산된다.

$$\begin{aligned} P(D| T^+) &= \frac{P(D \cap T^+)}{P(T^+)} \\ &= \frac{P(T^+ | D)P(D)}{P(T^+ | D)P(D) + P(T^+ | D^C)P(D^C)} \\ &= \frac{0.95 \times 0.05}{0.95 \times 0.05 + 0.10 \times 0.95} = \frac{1}{3} \end{aligned}$$

(2) 신용평가 결과가 우량으로 판정될 때 이 기업이 파산하지 않을 확률 $P(D^C| T^-)$는 다음과 같이 계산된다.

$$\begin{aligned} P(D^C| T^-) &= \frac{P(D^C \cap T^-)}{P(T^-)} \\ &= \frac{P(T^- | D^C)P(D^C)}{P(T^- | D)P(D) + P(T^- | D^C)P(D^C)} \\ &= \frac{0.90 \times 0.95}{0.05 \times 0.05 + 0.90 \times 0.95} = \frac{342}{343} \end{aligned}$$

3. 독립성

두 사건 A와 B 사이에 연관성이 없다면, 사건 A에 대한 정보로부터 사건 B에 대한 정보를 얻을 수 없으므로 조건부 확률 $P(B|A)$는 $P(B)$와 같다. 이처럼 두 사건 A와 B 사이에 연관성이 없는 경우, 즉 조건부 확률 $P(B|A)$가 $P(B)$와 같을 때, A와 B는 서로 독립(independent)이라 하며 식 (2.15)가 성립된다.

$$P(A \cap B) = P(A)P(B) \tag{2.15}$$

여러 개의 사건 A_i, $i = 1, 2, \cdots, n$이 독립적이라면 이들의 교집합의 확률은 각각의 확률의 곱으로 식 (2.16)과 같이 표현된다.

$$P(\cap_{i=1}^{n} A_i) = \Pi_{i=1}^{n} P(A_i) \tag{2.16}$$

【예 2-14】 주사위를 던질 때 사건 A와 B를 각각 $A =$ 짝수인 사건, $B = 3$의 배수인 사건이라 할 때, A와 B는 서로 독립인지 검토하시오.

<풀이> 사건 $A, B, A \cap B$는 각각 다음과 같다.

$$A = \{2, 4, 6\},\ B = \{3, 6\},\ A \cap B = \{6\}$$

각 사건의 확률은 다음과 같다.

$P(A) = \frac{3}{6} = \frac{1}{2}$, $P(B) = \frac{2}{6} = \frac{1}{3}$, $P(A \cap B) = \frac{1}{6}$

$P(A \cap B) = P(A) \times P(B)$이므로 사건 A와 B는 서로 독립이다.

【예 2-15】 한국종합주가지수가 전거래일에 비해 상승할 확률이 0.5이고 일별 상승 여부가 서로 독립적이라고 한다면 3일 연속 한국종합주가지수가 상승할 확률을 구하시오.

<풀이> P(한국종합주가지수의 상승) = 0.5이다. 일별 상승할 사건이 독립이므로 3일 연속 주가가 상승할 확률은 일별 상승 확률을 3번 곱해서 다음과 같이 구할 수 있다.

P(3일 연속 한국종합주가지수의 상승) = 0.5×0.5×0.5 = 0.125

제 4 절 확률분포

1. 확률변수

동전 3개를 던질 때 어떤 동전이 앞면이고 어떤 동전이 뒷면인지는 관심이 없고 전체 앞면의 수에 관심을 가지게 된다. 예를 들어 3개의 동전 중 앞면(H)이 나타난 수가 2라면 그 경우는 다음과 같다.

$$\{(H,H,T),\ (H,T,H),\ (T,H,H)\}$$

앞면의 수가 X라면 위의 경우는 $X = 2$인 사건이다. 이와 같이 관심이 되는 사건을 수치로 변환하여 표현한 것을 확률변수(random variable)라고 한다. 동전던지기 예에서 확률변수 X는 0, 1, 2, 3의 값을 가질 수 있다.

확률변수는 이산형 확률변수와 연속형 확률변수로 구분된다. 이산형 확률변수는 몇 개의 가능한 값 중 하나를 가지거나, 정수 혹은 자연수와 같은 값을 가지는 확률변수이다. 앞에서 동전 앞면의 수가 이산형 확률변수이다. 연속형 확률변수는 어떤 구간에 속하는 값을 가지는 확률변수이다. 연속형 확률변수의 예로는 키, 몸무게, 시간 등이 있다. 연속형 확률변수가 하나의 값을 가질 확률 즉 점확률값은 0이지만, 어떤 구간에 속할 확률값은 존재한다. 이산형 확률분포는 확률변수가 가질 수 있는 각 값의 확률인 점확률에 의하여 확률분포가 결정되지만, 연속형 확률변수는 구간의 확률에 의하여 그 확률분포가 결정된다.

(1) 확률질량함수

동전 3개를 던질 때 앞면의 수 X는 0, 1, 2, 3의 값을 가질 수 있다. 모든 가능한 경우의 수는 8이고, X의 각 값의 경우의 수는 각각 1, 3, 3, 1이다. 따라서 X의 각 값의 확률은 경우의 수를 8로 나누어 구할 수 있다. 이를 X의 값들에 대응하여 표로 정리한 것이 〈표 2-1〉의 확률분포표이다. X의 값들에 대응하는 점확률함수 $f(x)=P(X=x)$를 확률질량함수라고 한다.

〈표 2-1〉 동전을 3개 던질 때 앞면의 수의 분포

X	0	1	2	3	합
$P(X)$	$\frac{1}{8}$	$\frac{3}{8}$	$\frac{3}{8}$	$\frac{1}{8}$	1

이산형 확률변수 X가 $x_1, x_2, \ldots, x_n$의 값을 가지고 X가 각각의 값을 취할 확률이 $p_1, p_2, \ldots, p_n$이라면 〈표 2-2〉와 같은 확률분포표를 얻을 수 있다.

〈표 2-2〉 이산형 확률변수의 확률분포표

X	x_1	x_2	$\cdots$	x_n	합
$P(X=x_i)$	p_1	p_2	$\cdots$	p_n	1

여기서 $P(X=x_i)=p_i$는 확률질량함수이고, $P(X \le x_i)=\sum_{j=1}^{i} p_j$는 누적분포함수이다.

이산형 확률변수 X의 값 $x_i(1 \le i \le n)$에 대응하는 확률 p_i는 0과 1 사이에 있고, x_i의 발생 확률의 합은 1이 된다. 이를 정리하면 확률함수 $p_i=P(X=x_i)$는 다음과 같은 성질을 가진다.

① $0 \le p_i \le 1$

② $P(X=x_1)+P(X=x_2)+\cdots+P(X=x_n)=\sum_{i=1}^{n} p_i = 1$

③ $P(X=x_1 \text{ 또는 } x_2)=P(X=x_1)+P(X=x_2)=p_1+p_2$

【예 2-16】 A, B, C, D 기업의 주가의 상승 여부는 서로 독립이고 각 주가가 전 거래일 대비 상승할 확률은 0.5이다. 어떤 날 상승한 기업 수가 다음 분포를 따를 때 어떤 날 주가가 상승한 기업 수 X가 1보다 작거나 같을 확률을 구하시오.

X	0	1	2	3	4	합
$P(X)$	$\frac{1}{16}$	$\frac{4}{16}$	$\frac{6}{16}$	$\frac{4}{16}$	$\frac{1}{16}$	1

<풀이> 어떤 날 주가가 상승한 기업 수가 1보다 작거나 같을 확률 $P(X \leq 1)$은 다음과 같이 구할 수 있다.

$$P(X \leq 1) = P(X=0 \text{ 또는 } X=1) = P(X=0) + P(X=1) = \frac{1}{16} + \frac{4}{16} = \frac{5}{16}$$

(2) 확률밀도함수

연속형 확률변수는 한 값의 확률이 존재하지 않고 오직 구간의 확률만 존재한다. 이산형 확률분포에서의 확률질량함수와 같이 연속형 확률분포를 결정지어 주는 점확률함수를 생각할 수 있다. 이 함수를 확률밀도함수(probability density function, pdf)라 부르는데 이 함수는 구간확률에서 구간크기를 0으로 수렴시켜 구한다.

연속형 확률변수의 어떤 값 x 이하 구간 $(-\infty, x]$에 속할 확률함수인 누적분포함수(cumulative distribution function, cdf) $F(x)$는 식 (2.17)과 같이 정의된다.

$$F(x) = P(X \in (-\infty, x]) = P(X \leq x) \tag{2.17}$$

확률밀도함수 $f(x)$는 점확률이며 누적분포함수 $F(x)$를 미분한 함수로 정의된다. 따라서 X가 x보다 작을 확률인 누적분포함수 $F(x)$는 x보다 작은 구간에서 확률밀도함수 $f(x)$와 x축으로 둘러싸인 부분의 넓이가 된다. 이는 식 (2.18)과 같이 $f(x)$의 적분으로 표현된다.

$$F(x) = \int_{-\infty}^{x} f(t)\,dt \tag{2.18}$$

연속형 확률변수의 확률분포를 나타내는 확률밀도함수는 다음과 같은 성질을 가진다.

① 확률밀도함수의 값은 항상 0보다 크거나 같다.

② 전체 구간에서 x축과 확률밀도함수에 의하여 둘러싸인 부분의 넓이는 1이다. 확률밀도함수를 전체 구간에서 적분한 값은 1이다.

③ 확률변수가 a보다 크고 b보다 작을 확률은 〈그림 2-1〉과 같이 구간 $[a, b]$에서 x축과 확률밀도함수에 의하여 둘러싸인 부분의 넓이이며 식 (2.19)와 같이 표현된다.

$$P(a \le X \le b) = \int_{a}^{b} f(x)\,dx \tag{2.19}$$

〈그림 2-1〉 연속형 확률변수가 a보다 크고 b보다 작을 확률

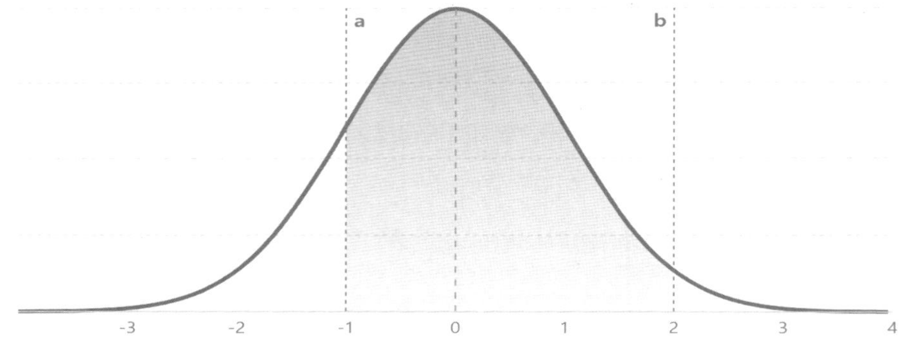

제 5 절 기댓값과 분산

1. 기댓값

확률변수 X의 기댓값은 확률분포의 중심을 나타내며 상수 μ로 표현된다. 확률변수 X의 확률분포가 〈표 2-2〉와 같을 때 X의 기댓값 $E(X)$는 모든 가능한 X의 값에 해당하는 확률을 곱한 다음 이를 모두 합해서 식 (2.20)과 같이 구한다.

$$E(X) = x_1 p_1 + x_2 p_2 + \cdots + x_i p_i + \cdots + x_n p_n \qquad (2.20)$$
$$= \sum_{i=1}^{n} x_i p_i$$

【예 2-17】 다음과 같이 1년 뒤 주가를 현재 주가에 비교해서 받는 금액이 달라지는 금융상품이 있을 때 100만원을 예금했을 때 1년 뒤 받을 수 있는 기대금액을 구하시오.

1년 뒤 상황	확률값	기대금액
주가 상승률 < 0%	0.5	100만원
0% ≤ 주가상승률 ≤ 15%	0.3	110만원
15% < 주가상승률	0.2	101만원

<풀이> 1년 뒤 기대금액을 확률변수 X라 하면 이의 기대금액 $E(X)$는 다음과 같이 구할 수 있다.

$E(X) = 0.5 \times 100$만원 $+ 0.3 \times 110$만원 $+ 0.2 \times 101$만원 $= 103.2$만원

기댓값의 주요 특성은 다음과 같다. 여기서 X, Y는 확률변수이며, a, b는 상수이다.

① $E(a) = a$
② $E(aX+b) = aE(X)+b$
③ $E(aX+bY) = aE(X)+bE(Y)$

2. 분산과 표준편차

우리는 확률변수가 기댓값을 중심으로 어떻게 흩어져 있는지 관심을 가지게 된다. 이는 확률변수값과 기댓값의 거리를 바탕으로 구하게 된다. 그런데 확률변수 X와 기댓값 $\mu = E(X)$의 차이는 음의 값을 가질 수도 있기 때문에 그 차이를 제곱해서 기댓값(평균)을 구한 식 (2.21)의 분산(variance)을 통해 확률변수의 흩어짐을 파악하게 된다. 분산($Var(X)$)은 그리스 문자로 σ^2이라고 표시한다.

$$Var(X) = E(X-\mu)^2 = \sum_{i=1}^{n}(x_i-\mu)^2 \times p_i \tag{2.21}$$

분산은 확률변수값을 제곱하여 구하므로 그 단위는 원래의 확률변수의 단위의 제곱으로 표현된다. 따라서 산포 측정 단위와 확률변수의 단위를 일치시킬 수 있도록 분산을 제곱근하여 식 (2.22)와 같이 표준편차 σ를 구하게 된다.

$$\sigma = \sqrt{Var(X)} \tag{2.22}$$

【예 2-18】 3개 기업의 주가는 서로 독립적이고 내일 오를 확률은 모두 0.5일 때 내일 주가가 오르는 기업 수 X의 확률분포표는 다음과 같을 때 확률변수 X의 기댓값과 분산, 표준편차를 구하시오.

X	0	1	2	3	합
$P(X)$	$\frac{1}{8}$	$\frac{3}{8}$	$\frac{3}{8}$	$\frac{1}{8}$	1

<풀이> X의 기댓값은 다음과 같이 구한다.

$$E(X) = 0\times\frac{1}{8}+1\times\frac{3}{8}+2\times\frac{3}{8}+3\times\frac{1}{8}= \frac{12}{8}= \frac{3}{2}$$

X의 분산은 다음과 같이 구한다.

$$\begin{aligned} Var(X) &= E[(X-E(X))^2] \\ &= E(X^2)-[E(X)]^2 \\ &= 0^2\times\frac{1}{8}+1^2\times\frac{3}{8}+2^2\times\frac{3}{8}+3^2\times\frac{1}{8}-(\frac{3}{2})^2 = \frac{3}{4} \end{aligned}$$

표준편차 σ는 분산을 제곱근한 $\frac{\sqrt{3}}{2}$이 된다.

분산 또는 표준편차도 기댓값과 마찬가지로 일정한 특성을 가지고 있다. 상수 a, b, 확률변수 X의 분산의 주요 특성은 다음과 같다.

① $Var(a) = 0$

② $Var(aX+b) = a^2 Var(X)$

③ $\sigma(aX+b) = |a|\,\sigma(X)$

【예 2-19】【예 2-18】의 확률변수 X를 변환한 Y의 기댓값과 분산을 구하시오.

$$Y= \frac{X-\mu}{\sigma}= \frac{X-3/2}{\sqrt{3}/2}$$

<풀이> 기댓값과 분산은 기댓값과 분산의 성질을 이용하여 다음과 같이 구할 수 있다.

$$E(Y) = E(\frac{X-3/2}{\sqrt{3}/2}) = \frac{2}{\sqrt{3}}E(X) - \frac{2}{\sqrt{3}}\frac{3}{2} = 0$$

$$Var(Y) = Var(\frac{X-3/2}{\sqrt{3}/2}) = (\frac{2}{\sqrt{3}})^2 Var(X) = 1$$

위와 같이 어떤 확률변수에서 기댓값을 뺀 후 표준편차로 나누어서 구한 확률변수는 기댓값이 0, 분산이 1이 된다. 이와 같은 변화를 표준화라고 부른다.

제 6 절 공분산과 상관계수

1. 결합확률분포

확률변수가 2개 이상이라면 확률변수값의 교집합 확률분포를 살펴볼 필요가 있다. 이 교집합의 확률분포를 결합확률분포(joint probability distribution)라 부른다. 두 확률변수 X와 Y 모두 이산형인 경우의 결합분포에 대해 알아보자. X가 가질 수 있는 값을 x_1, x_2, ..., x_m이라 하고, Y가 가질 수 있는 값을 y_1, y_2, ..., y_n이라 하자. 결합분포는 X와 Y가 가질 수 있는 각 값에서의 확률로 식 (2.23)과 같이 정의된다.

$$P(X=x_i,\ Y=y_j) \tag{2.23}$$

결합확률분포는 〈표 2-3〉과 같은데 〈표 2-3〉에서 $p(x_i, y_j)$을 결합확률질량함수(joint probability mass function)라고 한다.

〈표 2-3〉 이산형 결합분포표

		Y			
		y_1	y_2	$\cdots$	y_n
X	x_1	$p(x_1, y_1)$	$p(x_1, y_2)$	$\cdots$	$p(x_1, y_n)$
	x_2	$p(x_2, y_1)$	$p(x_2, y_2)$	$\cdots$	$p(x_2, y_n)$
	$\vdots$	$\vdots$	$\vdots$	$\vdots$	$\vdots$
	x_m	$p(x_m, y_1)$	$p(x_m, y_2)$	$\cdots$	$p(x_m, y_n)$

X와 Y의 결합분포가 주어지면 X의 확률분포를 각각 식 (2.24)와 식 (2.25)와 같이 〈표 2-3〉에서 i 번째 행의 합과 j 번째 열의 합으로 구할 수 있다.

$$P(X=x_i)=p(x_i, y_1)+p(x_i, y_2)+\cdots+p(x_i, y_n) \tag{2.24}$$

$$P(Y=y_j)=p(x_1, y_j)+p(x_2, y_j)+\cdots+p(x_m, y_j) \tag{2.25}$$

【예 2-20】 두 기업의 주가수익률은 경기에 따라 다음 표와 같이 변한다고 하자. 이때 두 기업의 주가수익률의 결합확률분포표를 작성하시오.

미래 경기	기업 A	기업 B	확률
상승	10 %	30 %	0.3
횡보	0 %	0 %	0.5
하강	-5 %	-25 %	0.2

<풀이> 두 기업의 주가수익률(%)을 각각 X, Y라 하면 결합확률분포는 다음과 같이 정리할 수 있다.

		X: −5	0	10	합
Y	30	0	0	0.3	0.3
	0	0	0.5	0	0.5
	−25	0.2	0	0	0.2
	합	0.2	0.5	0.3	1.0

2. 공분산과 상관계수

두 개의 확률변수에 대한 결합확률분포를 구하면 이 분포로부터 두 변수 간의 관계를 파악할 수 있는 값을 찾게 되는데 이때 주로 이용되는 것이 공분산(covariance)이다. 공분산은 두 확률변수의 편차를 곱해서 기댓값(평균)을 구한 것이다. 구체적으로 보면 두 확률변수는 X, Y이고 그 기댓값이 $\mu_X = E(X)$, $\mu_Y = E(Y)$일 때 공분산 $Cov(X, Y)$는 식 (2.26)과 같이 정의된다.

$$Cov(X, Y) = E[(X-\mu_X)(Y-\mu_y)] \tag{2.26}$$
$$= E(XY) - \mu_X\mu_Y$$

이산형 확률변수에 대한 공분산은 식 (2.27)과 같이 계산된다.

$$Cov(X, Y) = \sum_{i,j}(x_i - E(X))(y_j - E(Y))P(X = x_i\,,\ Y = y_i)$$
$$= \sum_{i,j} x_i\, y_j\ P(X = x_i\,,\ Y = y_j) - E(X)E(Y) \tag{2.27}$$

공분산은 두 변수 X, Y가 같은 방향으로 선형적으로 움직이면 양의 값, 다른 방향으로 움직이면 음의 값을 가지며, 서로 관련이 없으면 0의 값을 가진다.

【예 2-21】【예 2-20】에서 두 기업의 주가수익률을 X, Y라 하면 두 변수의 공분산을 구하시오.

<풀이> 공분산은 다음과 같이 구할 수 있다.

$$Cov(X, Y) = 0.3\times 0.1\times 0.3 + 0\times 0\times 0.5 + (-0.25)\times(-0.05)\times 0.2$$
$$-0.02\times 0.04 = 0.0107$$

공분산 값은 양의 값을 가지므로 두 수익률은 같은 방향으로 움직임을 알 수 있다.

공분산의 특성을 살펴보자. a, b가 상수이며 X, Y 는 확률변수이다. 첫째, 확률변수와 상수항 간 공분산은 0이다. 둘째, 자기 변수 간 공분산은 분산이다. 셋째, 상수항을 곱한 두 확률변수의 공분산은 두 변수의 공분산에 각각의 상수항을 곱한 것과 같다. 넷째, 두 확률변수의 선형결합의 분산은 각각의 분산을 재가중한 후 결합하고 공분산으로 조정하여 구한다.

① $Cov(X,a)=0$

② $Cov(X,X)=Var(X)$

③ $Cov(aX,bY)=ab\,Cov(X,Y)$

④ $Var(aX\pm bY)=a^2\,Var(X)+b^2\,Var(Y)\ \pm\ 2ab\,Cov(X,Y)$

두 확률변수가 서로 독립인 경우 두 변수 간 공분산은 0이며 두 변수 합의 분산은 각각 분산의 합으로 전환된다.

① $Cov(X,Y)=0$

② $Var(X\pm Y)=Var(X)+Var(Y)$

확률변수의 공분산은 확률변수의 단위로 표현된다. 따라서 단위에 의존하지 않는 두 변수 간 관계를 알 수 있도록 표준화된 지표를 작성할 필요가 있다. 이와 관련된 지표는 공분산을 각 변수의 표준편차를 나누어서 작성된 식 (2.28)과 같은 상관계수(ρ)이다.

$$\rho=Corr(X,Y)=\frac{Cov(X,Y)}{\sigma_X\sigma_Y} \tag{2.28}$$

상관계수는 -1과 1 사이의 값을 가지고 있으며, 상관계수의 절댓값이 클수록 두 변수 간 선형관계가 큰 것을 알 수 있다.

① $-1\le\rho\le 1$

② $\rho>0$이면 두 변수 간 양의 선형관계

③ $\rho<0$이면 두 변수 간 음의 선형관계

④ $\rho=0$이면 두 변수 간 선형관계가 없음

【예 2-22】【예 2-20】에서 두 기업 A, B의 주가수익률을 X, Y라 하면 두 변수의 상관계수를 구하시오.

<풀이> 먼저 두 변수의 표준편차를 구해보자.

미래 경기	기업 A	기업 B	확률
상승	10 %	30 %	0.3
횡보	0 %	0 %	0.5
하강	-5 %	-25 %	0.2

$$Var(X) = E(X^2) - E(X)^2$$

$$= 0.1^2 \times 0.3 + 0^2 \times 0.5 + (-0.05)^2 \times 0.2 - 0.02^2$$

$$= 0.0031$$

$$Var(Y) = 0.3^2 \times 0.3 + 0^2 \times 0.5 + (-0.25)^2 \times 0.2 - 0.04^2$$

$$= 0.0379$$

따라서 $\rho = Corr(X, Y) = \dfrac{0.0107}{\sqrt{0.0031}\sqrt{0.0379}} = 0.987$ 이다.

연습문제

(※ 1~2) 기업 A, 기업 B의 도산 확률이 각각 0.5, 0.6($P(A)=0.5$, $P(B)=0.6$)이고, 기업 A의 도산과 기업 B의 도산이 서로 독립일 때 다음 물음에 답하시오.

1. 기업 A와 기업 B가 동시에 도산할 확률 $P(A \cap B)$는 얼마인가?
   ① 0 ② 0.1 ③ 0.3 ④ 0.5 ⑤ 0.6

2. 기업 A가 도산하거나 기업 B가 도산할 확률 $P(A \cup B)$는 얼마인가?
   ① 0.1 ② 0.3 ③ 0.5 ④ 0.6 ⑤ 0.8

(※ 3~4) 100만원을 투자한 다음 3개의 투자안을 보고 물음에 답하시오.

A : 1년 후 확실히 110만원을 회수할 수 있다.
B : 1년 후 상황에 따라 반반의 확률로 100만원 또는 120만원을 회수할 수 있다.
C : 1년 후 상황에 따라 반반의 확률로 80만원 또는 140만원을 회수할 수 있다.

3. 다음 투자안 중 기대수익률이 가장 높은 투자안은?
   ① 모두 같다 ② A ③ B
   ④ C ⑤ 알 수 없다.

4. 다음 투자안 중 분산이 가장 큰 투자안은?
   ① 모두 같다. ② A ③ B
   ④ C ⑤ 알 수 없다.

연습문제

(※ 5~7) 다음 이산형 결합확률질량함수를 보고 물음에 답하시오.

$f(x,y)$		X		합
		0	1	
Y	0	0.25	0.25	0.5
	1	0.25	0.25	0.5
합		0.5	0.5	1

5. $P(X=1)$ 은 얼마인가?

① 0 ② 0.25 ③ 0.35 ④ 0.5 ⑤ 0.75

6. X의 기댓값 $E(X)$는 얼마인가?

① 0 ② −0.25 ③ −0.5 ④ 0.5 ⑤ 0.25

7. X, Y의 공분산 $Cov(X, Y)$ 값은 얼마인가?

① 0 ② −0.25 ③ −0.5 ④ 0.5 ⑤ 0.25

8. 주식 A 수익률의 분산이 100 ($Var(A)=100$), 주식 B 수익률의 분산이 200 ($Var(B)=200$)이고, 두 주식의 수익률이 서로 독립일 때 $\frac{1}{2}A + \frac{1}{2}B$의 분산 $Var(\frac{1}{2}A + \frac{1}{2}B)$은 얼마인가?

① 50 ② 75 ③ 100 ④ 150 ⑤ 200

정답 및 해설

1. ③ $P(A \cap B) = P(A) \cdot P(B) = 0.5 \times 0.6 = 0.3$
2. ⑤ $P(A \cup B) = P(A) + P(B) - P(A \cap B) = 0.5 + 0.6 - 0.3 = 0.8$
3. ① 기대수익률이 모두 10%이다.
   A 투자안 : $10\% \times 1 = 10\%$
   B 투자안 : $0\% \times 0.5 + 20\% \times 0.5 = 10\%$
   C 투자안 : $-20\% \times 0.5 + 40\% \times 0.5 = 10\%$
4. ④ C 투자안이 가장 분산이 크다.
   A 투자안 : $(10-10)^2 \times 1 = 0\%^2$
   B 투자안 : $(0-10)^2 \times 0.5 + (20-10)^2 \times 0.5 = 100\%^2$
   C 투자안 : $(-20-10)^2 \times 0.5 + (40-10)^2 \times 0.5 = 900\%^2$
5. ④ $P(X=1) = P(X=1, Y=0) + P(X=1, Y=1) = 0.25 + 0.25 = 0.5$
6. ④ $E(X) = 0.5 \times 0 + 0.5 \times 1 = 0.5$
7. ① $Cov(X, Y) = E(XY) - E(X) \cdot E(Y) = 0.25 - 0.5 \cdot 0.5 = 0$
8. ② $Var(\frac{1}{2}A + \frac{1}{2}B) = \frac{1}{4} Var(A) + \frac{1}{4} Var(B) = \frac{100}{4} + \frac{200}{4} = 25 + 50 = 75$

제 3 장

확률분포의 이해

학습목표

1. 이산형 균등분포를 이해할 수 있다.
2. 이항분포를 이해할 수 있다.
3. 포아송분포를 이해할 수 있다.
4. 연속형 균등분포를 이해할 수 있다.
5. 정규분포를 이해할 수 있다.
6. 로그정규분포를 이해할 수 있다.
7. 베타분포를 이해할 수 있다.

학습개요

확률분포는 이산형 확률분포와 연속형 확률분포로 구분된다. 이산형 분포로는 균등분포, 이항분포와 포아송분포 등이 있으며, 연속형 균등분포, 정규분포와 로그정규분포 등이 있다. 이 장에서는 이들 분포로부터 특정 확률을 계산하고, 이들 분포의 기댓값과 분산을 구해서 확률분포의 특성을 살펴본다.

제 1 절 이산형 확률분포

확률변수값을 셀 수 있는 이산형 확률변수와 관련된 분포로는 이산형 균등분포, 이항분포, 포아송분포 등이 있다.

1. 이산형 균등분포

이산형 확률변수 X는 그 값이 유한개이며 각 값에서의 확률이 모두 같을 때($p_i = p_0$), 이 확률변수는 이산형 균등분포(discrete uniform distribution)를 따르는 확률변수이다. 이산형 균등분포를 따르는 확률변수의 점확률인 확률질량함수 $f(x)$와 누적확률분포 $F(x)$는 각각 식 (3.1)과 식 (3.2)와 같다.

$$f(x) = P(X = x_i) = \frac{1}{n}, \quad i = 1, 2, \cdots, n \tag{3.1}$$

$$F(x) = P(X \le x) = \sum_{i=1}^{x} \frac{1}{n} = \frac{x}{n}, \quad x = 1, 2, \cdots, n \tag{3.2}$$

이산형 균등분포를 따르는 확률변수 X의 기댓값과 분산은 다음과 같다.

$$E(X) = \frac{n+1}{2} \tag{3.3}$$

$$Var(X) = \frac{n^2 - 1}{12} \tag{3.4}$$

【예 3-1】 주사위를 한 번 던졌을 때 다음 물음에 답하시오.

(1) 주사위의 눈금수의 확률분포를 구하시오.

(2) $P(3 \le X \le 5)$의 값을 구하시오.

(3) 이 확률변수의 기댓값과 분산을 구하시오.

<풀이> (1) X가 취할 수 있는 값은 1에서 6인데 각각의 확률값은 $\frac{1}{6}$로 모두 동일하므로 확률변수의 확률질량함수의 누적분포함수는 다음과 같다.

$X=x$	1	2	3	4	5	6
$f(x)$	$\frac{1}{6}$	$\frac{1}{6}$	$\frac{1}{6}$	$\frac{1}{6}$	$\frac{1}{6}$	$\frac{1}{6}$
$F(x)$	$\frac{1}{6}$	$\frac{2}{6}$	$\frac{3}{6}$	$\frac{4}{6}$	$\frac{5}{6}$	1

(2) $P(3 \le X \le 5) = P(X \le 5) - P(X \le 2)$

$$= F(5) - F(2)$$

$$= \frac{5}{6} - \frac{2}{6} = \frac{1}{2}$$

(3) 주사위 눈금의 기댓값과 분산은 다음과 같다.

$$E(X) = \frac{6+1}{2} = 3.5,\ \ Var(X) = \frac{6^2-1}{12} = \frac{35}{12}$$

2. 이항분포

제2장에서 동전을 3번 던져서 나오는 앞면의 수의 분포에 대해서 살펴보았는데 이와 관련된 분포가 이항분포이다. 이항분포를 따른 확률변수는 베르누이 시행의 합으로 표현된다.

(1) 베르누이 시행

동전을 던질 때 '앞면'과 '뒷면' 중 하나가 나타난다. 기업 또는 개인에게 대출할 때 대출을 '상환'하거나 '미상환'한다. 시험을 본 경우 '합격'과 '불합격'으로 결과가 나타난다. 이와 같이 하나의 시행에서 오직 두 가지 서로 배반적인 사건(성공 또는 실패)을 가질 때 이 시행을 베르누이(Bernoulli) 시행이라고 부른다. 베르누이 시행에서 확률변수 X는 '성공'이면 1, '실패'면 0의 값을 가지며 확률변수 X의 확률분포는 식 (3.5)와 같다.

$$P(X=1) = p,\ \ P(X=0) = 1-p = q \tag{3.5}$$

(2) 이항분포

동전을 3번 던질 때 앞면의 수는 베르누이 시행을 독립적으로 3번 할 때 성공 횟수와 같다. 표본공간은 〈표 3-1〉과 같이 8개의 조합으로 구성되어 있고 각 경우별 확률은 $\frac{1}{8}$이다.

〈표 3-1〉 동전 3번 던졌을 때의 앞면의 수와 확률

	동전 1	동전 2	동전 3	앞면의 수	확률
1	H	H	H	3	$\frac{1}{8}$
2	H	H	T	2	$\frac{1}{8}$
3	H	T	H	2	$\frac{1}{8}$
4	H	T	T	1	$\frac{1}{8}$
5	T	H	H	2	$\frac{1}{8}$
6	T	H	T	1	$\frac{1}{8}$
7	T	T	H	1	$\frac{1}{8}$
8	T	T	T	0	$\frac{1}{8}$

3개의 사건이 독립적이며 각각의 확률이 $\frac{1}{2}$인 사건이 동시에 일어날 확률은 $\frac{1}{2}\times\frac{1}{2}\times\frac{1}{2}=\frac{1}{8}$이다. 동전의 앞면의 수는 0, 1, 2, 3으로 구성되어 있고, 각 경우의 수는 ${}_3C_0, {}_3C_1, {}_3C_2, {}_3C_3$이다. 〈표 3-1〉을 앞면의 수를 기준으로 정리하면 〈표 3-2〉와 같은 확률분포표를 얻을 수 있다.

〈표 3-2〉 동전 3번 던질 때 앞면의 수 관련 확률분포표

<table>
<tr><td>X</td><td>0</td><td>1</td><td>2</td><td>3</td><td>합</td></tr>
<tr><td rowspan="2">$P(X)$</td><td>$\frac{1}{8}$</td><td>$\frac{3}{8}$</td><td>$\frac{3}{8}$</td><td>$\frac{1}{8}$</td><td rowspan="2">1</td></tr>
<tr><td>${}_3C_0\left(\frac{1}{2}\right)^0\left(1-\frac{1}{2}\right)^3$</td><td>${}_3C_1\frac{1}{2}\left(1-\frac{1}{2}\right)^2$</td><td>${}_3C_2\left(\frac{1}{2}\right)^2(1-\frac{1}{2})$</td><td>${}_3C_3\left(\frac{1}{2}\right)^3\left(1-\frac{1}{2}\right)^0$</td></tr>
</table>

베르누이 시행이 독립적으로 n번 이루어질 때 성공확률이 p이고 시행횟수가 n이라면 성공 횟수 X는 이항분포(binomial distribution)를 따르는 확률변수이다. 확률변수 X는 식 (3.6)과 같은 확률질량함수를 가진다.

$$P(X=x) = {}_nC_x\, p^x (1-p)^{n-x}, \qquad x=0, 1, \cdots, n \tag{3.6}$$

이를 $X \sim B(n, p)$로 표현한다. $n=1$인 경우 확률변수 X는 베르누이 분포를 따른다. 〈표 3-1〉에서 동전 3번 던지기에서 성공 횟수 확률변수는 성공확률 $p=\frac{1}{2}$이고 시행 횟수 $n=3$인 이항분포를 따르는 확률변수이다.

이항분포는 성공확률 p와 시행 횟수 n에 따라서 확률질량함수의 모습이 달라진다. 〈그림 3-1〉는 $X \sim B(10, p)$에서 p=0.1, 0.5, 0.9를 달리한 이항분포 확률변수의 확률질량함수의 그래프이다. 이를 보면 p가 0.5에 근접할수록 대칭적이며 0과 1에 근접할수록 비대칭적인 형태를 가짐을 알 수 있다. 〈그림 3-2〉는 $X \sim B(n, 0.2)$에서 n=5, 10, 30을 달리한 이항분포 확률변수의 확률질량함수의 그래프이다. 이를 보면 n이 커지면서 분포 모습이 대칭적으로 변하는 것을 볼 수 있다.

〈그림 3-1〉 성공확률에 따른 이항분포

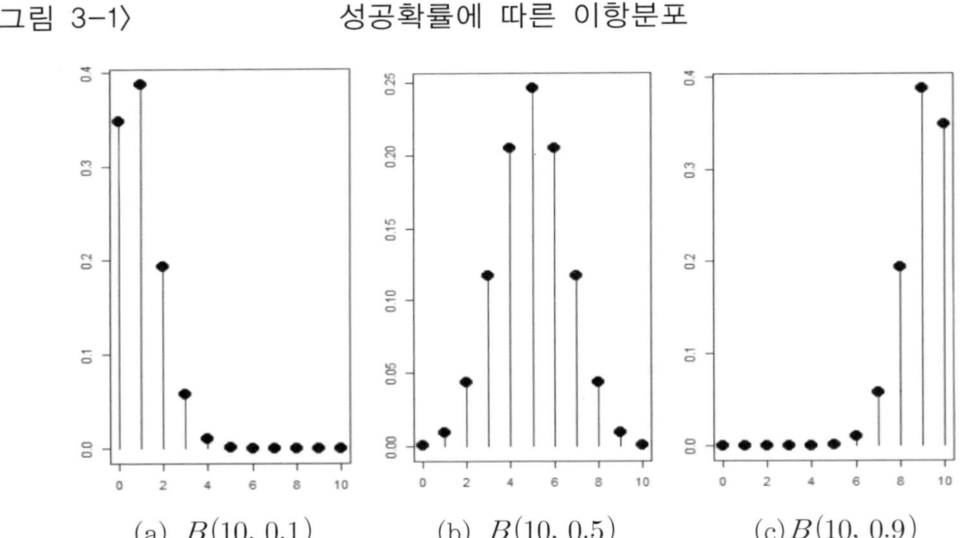

(a) $B(10, 0.1)$ (b) $B(10, 0.5)$ (c) $B(10, 0.9)$

〈그림 3-2〉 시행 횟수에 따른 이항분포

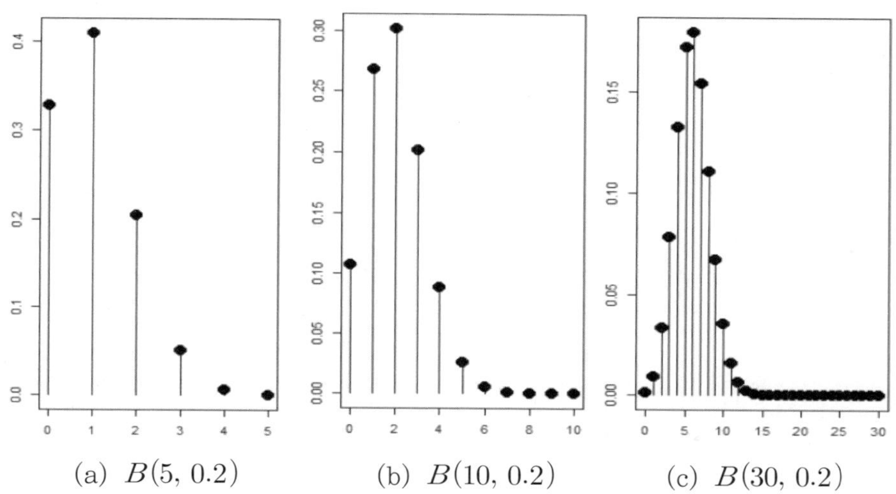

(a) $B(5,\ 0.2)$ (b) $B(10,\ 0.2)$ (c) $B(30,\ 0.2)$

【예 3-2】 어떤 기업의 영업이익이 전년보다 증가할 확률이 0.6이다. 영업이익의 증감 여부는 매해 독립적일 때 다음 물음에 답하시오.

(1) 향후 3년 동안 두 해의 영업이익이 전년보다 증가할 확률을 구하시오.

(2) 향후 3년 동안 적어도 한 해의 영업이익이 증가할 확률을 구하시오.

<풀이> (1) 세 해 중 영업이익이 증가한 해의 수를 X라 하면 $X=2$일 확률은 다음과 같이 구할 수 있다.

$$P(X=2) = {}_3C_2 \left(\frac{3}{5}\right)^2 \left(\frac{2}{5}\right) = \frac{54}{125}$$

(2) 향후 3년 동안 적어도 한 해의 영업이익이 증가하는 사건은 3년 동안 영업이익이 한 해도 증가하지 않을 사건의 여사건이므로 향후 3년 동안 적어도 한 해의 영업이익이 증가할 확률은 다음과 같이 구할 수 있다.

$$\begin{aligned} P(\{X=0\}^C) &= 1 - P(X=0) \\ &= 1 - {}_3C_0 \left(\frac{3}{5}\right)^0 \left(\frac{2}{5}\right)^3 = \frac{117}{125} \end{aligned}$$

이항분포를 따르는 확률변수 X의 평균과 분산은 각각 식 (3.7)과 식 (3.8)과 같이 구할 수 있다.

$$E(X) = np \tag{3.7}$$

$$Var(X) = np(1-p) \tag{3.8}$$

【예 3-3】 종합주가지수가 상승할 확률이 0.6이라 하자. 거래일의 종합주가지수 상승률이 서로 독립이고 5거래일 동안 상승일수를 X라 할 때 X의 기댓값과 분산을 구하시오.

<풀이> X는 이항분포 $B\left(5, \frac{3}{5}\right)$를 따른다. 따라서 그 기댓값은 $E(X) = 5 \times \frac{3}{5} = 3$이며, 분산 $Var(X) = 5 \times \frac{3}{5} \times \frac{2}{5} = \frac{6}{5}$이다.

3. 포아송분포

일년 동안 파산하는 기업의 수는 이항분포로 표현될 수 있으나, 기업의 수는 많지만 파산하는 기업의 수는 상대적으로 적기 때문에 분포 계산이 복잡해진다. 이와 같이 발생 가능성(p)은 매우 낮지만 시행 횟수(n)는 충분히 큰 확률변수의 분포로 이항분포보다는 포아송(Poisson)분포를 이용하는 것이 보다 편리하다.

포아송분포는 이항분포에서 기댓값($\lambda = np$)이 일정하다는 가정 하에 시행 횟수 n이 커지면서 근사되는 분포이다. 포아송분포를 따르는 확률변수의 확률질량함수는 식 (3.9)와 같다.

$$P(X = x) = \frac{\lambda^x}{x!} e^{-\lambda}, \qquad x = 0, 1, 2, \cdots \tag{3.9}$$

이를 $Poisson(\lambda)$로 표현한다. 여기서 e는 무리수로 약 2.718281…이다. 포아송분포는 기댓값 λ에 따라서 확률질량함수의 모습이 달라진다. 〈그림 3-3〉는 $X \sim Poisson(\lambda)$에서 $\lambda = 1, 5, 20$을 달리하여 그린 확률질량함수이다. 이를 보면 λ가 커지면서 포아송분포가 대칭적 분포에 근접하는 것으로 나타났다.

〈그림 3-3〉 포아송분포

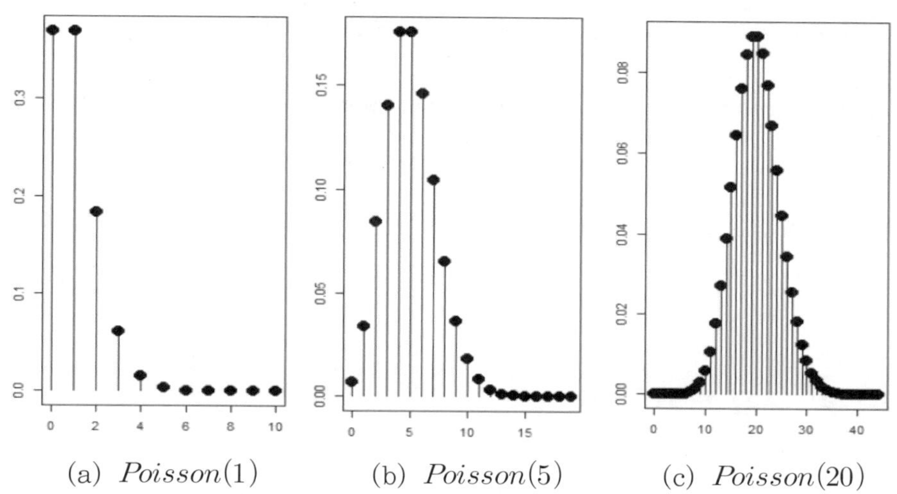

(a) $Poisson(1)$ (b) $Poisson(5)$ (c) $Poisson(20)$

포아송분포를 따르는 확률변수 X의 기댓값과 분산은 같으며 각각 식 (3.10)과 식 (3.11)과 같이 구할 수 있다.

$$E(X) = \lambda \tag{3.10}$$

$$Var(X) = \lambda \tag{3.11}$$

【예 3-4】 일반적으로 10년 동안 평균 1번의 금융위기를 경험한다고 할 때 다음 물음에 답하시오.

(1) 향후 10년 동안 2번의 금융위기를 겪을 확률을 구하시오.

(2) 향후 10년 동안 1번 이상의 금융위기를 겪을 확률을 구하시오.

(3) 향후 10년 동안 겪을 금융위기 횟수의 기댓값과 분산을 구하시오.

<풀이> (1) 금융위기 횟수 X는 $Poisson(1)$을 따른다.

따라서 $P(X=2) = \frac{1^2}{2!}e^{-1} \fallingdotseq 0.184$

(2) $P(X \geq 1) = 1 - P(X=0) = 1 - \frac{1^0}{0!}e^{-1} \fallingdotseq 0.632$

(3) $E(X) = \lambda = 1, \quad Var(X) = \lambda = 1$

제 2 절 연속형 확률분포

연속형 확률변수와 관련된 분포로는 연속형 균등분포, 정규분포, 지수분포, 로그정규분포 등이 있다.

1. 연속형 균등분포

연속형 균등분포는 연속형 확률변수가 특정한 영역에서 같은 가능성을 가지는 확률분포이다. 연속형 균등분포가 이용되는 예로는 0부터 1 사이에서 임의로 선택된 수, 지하철이 3분 단위로 도착할 때 내가 임의로 지하철역에 가서 기다리는 시간 등이 있다.

연속형 균등분포는 구간 $[a,b]$에 속하는 모든 값에서 같은 가능성을 가지며, $U(a,b)$로 표현한다. 연속형 균등분포의 확률밀도함수는 상수인데 전체 확률인 그 면적이 1이어야 하므로 연속형 균등분포를 따르는 확률변수의 확률밀도함수는 식 (3.12)와 같다.

$$f(x)=\begin{cases}0, & x<a \text{ 또는 } x>b \\ \dfrac{1}{b-a}, & a\le x\le b\end{cases} \tag{3.12}$$

연속형 균등 확률변수의 누적분포함수 $F(x)=P(X\le x)$는 이 확률변수가 x보다 작을 확률은 전체 구간의 길이 $b-a$ 중 a에서 x 사이의 구간이 차지하는 구간의 비율인 $(x-a)/(b-a)$이다. 따라서 연속형 균등분포 $U(a,b)$를 따르는 확률변수의 누적확률분포는 식 (3.13)과 같다.

$$F(x)=\begin{cases}0, & x<a \\ \dfrac{x-a}{b-a}, & a\le x\le b \\ 1, & x>b\end{cases} \tag{3.13}$$

〈그림 3-4〉는 구간 [2, 6]의 연속형 균등분포의 확률밀도함수와 누적확률분포함수의 그래프이다.

〈그림 3-4〉 연속형 균등분포

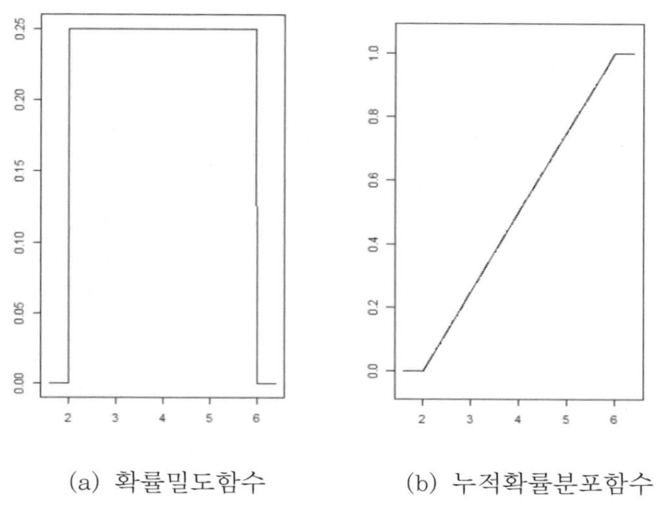

(a) 확률밀도함수 (b) 누적확률분포함수

연속형 균등분포 $U(a,b)$를 따르는 확률변수 X의 기댓값과 분산은 각각 식 (3.14)와 식 (3.15)와 같다.

$$E(X) = \frac{a+b}{2} \tag{3.14}$$

$$Var(X) = \frac{1}{12}(b-a)^2 \tag{3.15}$$

【예 3-5】 확률변수 X가 $U(2,6)$를 따르는 확률변수일 때 다음 물음에 답하시오.

(1) X가 3보다 클 확률을 구하시오.

(2) X가 4보다 크고 5보다 작을 확률을 구하시오.

(3) X의 기댓값을 구하시오.

<풀이> (1) X가 3보다 클 확률은 다음과 같다.

$$P(X>3) = 1-P(X \le 3) = 1-F(3) = \frac{3}{4}$$

(2) X가 4보다 크고 5보다 작을 확률은 다음과 같다.

$$P(4 < X < 5) = P(X < 5) - P(X < 4) = F(5) - F(4)$$
$$= \frac{5-2}{4} - \frac{4-2}{4} = \frac{1}{4}$$

(3) X의 기댓값은 다음과 같다. $E(X) = \dfrac{2+6}{2} = 4$

2. 정규분포

연속형 확률분포 중에 가장 광범위하게 이용되고 있는 분포는 정규분포(normal distribution)이다. 금융데이터의 확률분포로도 정규분포가 주로 이용되고 있다. 이는 일반적으로 우리가 얻는 데이터의 분포는 대부분 좌우 대칭적이며 중심값에 몰려 있고 중심에서 멀어질수록 자료의 수가 적어지는 종 모양의 정규분포 모양을 가지는 경우가 많기 때문이다.

〈그림 3-5〉는 2010년~2025년 중 일별 종합주가지수 로그수익률과 일별 원/달러 환율 로그증감률의 히스토그램이다. 이를 보면 평균을 중심으로 대칭적이며 중심에서 멀어질수록 그 발생 빈도가 낮아짐을 볼 수 있다. 금융데이터의 분포가 중심점을 기준으로 좌우 대칭적이며 종 모양의 확률분포를 띠고 있음을 알 수 있다.

〈그림 3-5〉 금융데이터의 히스토그램

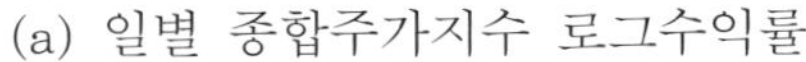

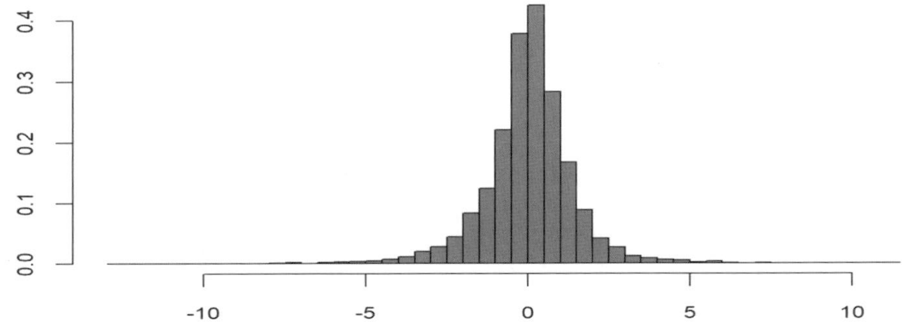

(b) 일별 원/달러 환율 로그증감률

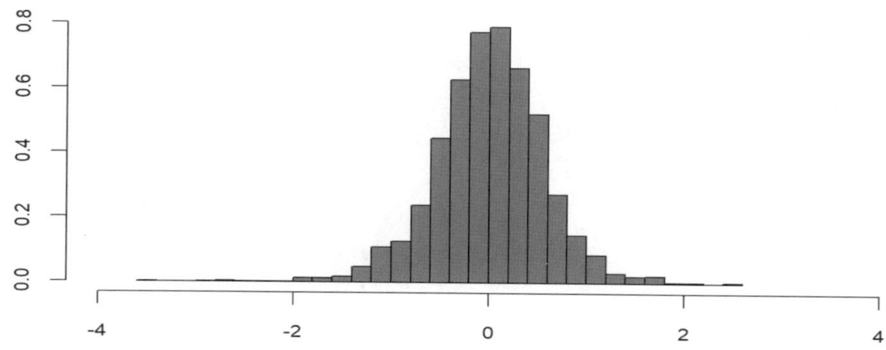

정규분포는 실수 전체의 영역에서 정의되며, 기댓값과 분산에 따라 확률분포의 형태가 달라진다. 기댓값 μ와 분산 σ^2인 정규분포 $N(\mu,\sigma^2)$의 확률밀도함수는 식 (3.16)과 같다.

$$f(x) = \frac{1}{\sqrt{2\pi\sigma^2}} e^{-\frac{(x-\mu)^2}{2\sigma^2}} \tag{3.16}$$

기댓값 μ는 중심위치를, 분산 σ^2은 중심위치로부터 퍼진 정도를 나타낸다. 〈그림 3-6〉은 $N(0,1)$의 확률밀도함수를 $N(1,1)$ 및 $N(0,2^2)$의 확률밀도함수와 비교한 그래프이다. 이를 보면 분산이 작을수록 정규분포의 확률밀도함수가 중심에 더 몰려 있고, 기댓값이 $\mu=0$에서 $\mu=1$로 변하면 정규분포의 확률밀도함수의 중심값이 x축으로 1만큼 평행 이동한 형태가 된다.

〈그림 3-6〉

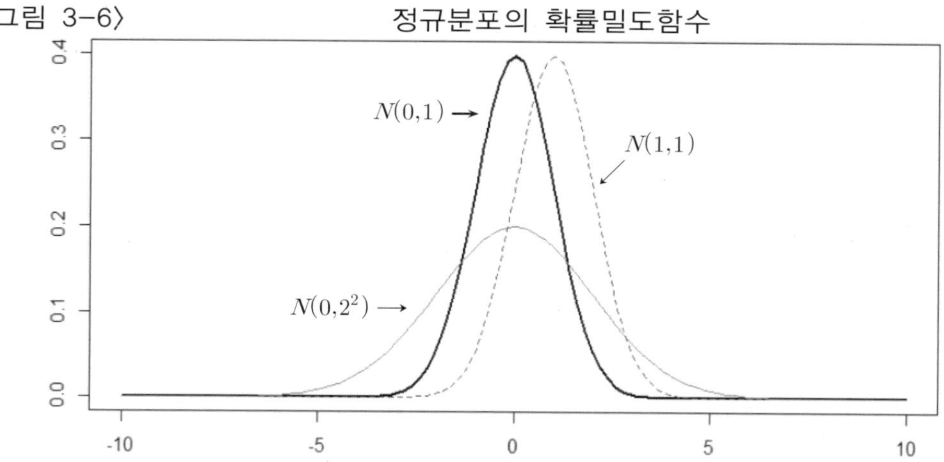

확률변수 X가 평균 μ, 분산 σ^2인 정규분포를 따를 때, X가 a보다 크고 b보다 작을 확률은 구간 $[a, b]$ 위에서 확률밀도함수에 의하여 둘러싸인 부분의 넓이(적분값)이다.[1)]

먼저, 정규분포는 중심인 기댓값 μ를 중심으로 대칭이므로 식 (3.17)과 같이 확률변수 X가 μ보다 크거나 작은 확률은 0.5이다.

$$P(X < \mu) = P(X \geq \mu) = 0.5 \tag{3.17}$$

확률변수 X값이 기댓값을 중심으로 1 표준편차의 거리 안에 있을 확률이 0.6827이며, 2 표준편차의 거리 안에 있을 확률이 0.9545, 3 표준편차의 거리 안에 있을 확률이 0.9973이다. 확률변수 X의 구간 확률은 수식으로 적분해서 직접 구하기 어려우므로 표를 이용하거나 R, Python, SAS와 SPSS 등 통계 소프트웨어를 이용하여 계산하는 것이 일반적이다.

$$\begin{aligned} P(\mu - \sigma \leq X \leq \mu + \sigma) &= 0.6827 \\ P(\mu - 2\sigma \leq X \leq \mu + 2\sigma) &= 0.9545 \\ P(\mu - 3\sigma \leq X \leq \mu + 3\sigma) &= 0.9973 \end{aligned} \tag{3.18}$$

【예 3-6】 회사 A의 주당순이익(EPS)은 평균 1,000원, 표준편차 300원인 정규분포를 따른다고 한다. 어떤 해에 이 회사의 주당순이익이 400원에서 1,600원 사이일 확률을 구하시오.

<풀이> 주당순이익 X는 정규분포 $N(1{,}000, 300^2)$를 따르므로 구간 [400, 1,600]은 $[\mu - 2\sigma, \mu + 2\sigma]$에 해당한다. 이 회사의 주당순이익이 400원에서 1,600원 사이일 확률은 0.9545이다.

정규분포 중 평균 $\mu = 0$, 분산 $\sigma^2 = 1$인 정규분포를 표준정규분포(standard normal distribution)라 한다. 표준정규분포를 따르는 확률변수 Z의 확률밀도함수는 식 (3.19)와 같다.

$$f(z) = \frac{1}{\sqrt{2\pi}} e^{-\frac{z^2}{2}} \tag{3.19}$$

1) 이는 $P(a \leq X \leq b) = \int_a^b f(x)dx$와 같으며 $f(x)$는 정규분포를 따르는 확률밀도함수이다.

표준정규분포의 확률밀도함수는 0을 중심으로 좌우 대칭이므로 Z가 0보다 작을 확률과 클 확률은 같은 0.5이다. 또한 표준정규분포의 확률밀도함수가 0을 중심으로 좌우 대칭이므로 Z가 -2보다 작을 확률인 $P(Z \leq -2)$은 Z가 2보다 클 확률 $P(Z \geq 2)$과 같다. 표준정규분포의 구간 확률은 식 (3.20)과 같으며 관련된 영역은 〈그림 3-7〉과 같다.

$$\begin{aligned} P(-1.645 \leq Z \leq 1.645) &= 0.90 \\ P(-1.96 \leq Z \leq 1.96) &= 0.95 \\ P(-2.575 \leq X \leq 2.575) &= 0.99 \end{aligned} \qquad (3.20)$$

〈그림 3-7〉 표준정규분포의 확률변수의 구간 확률

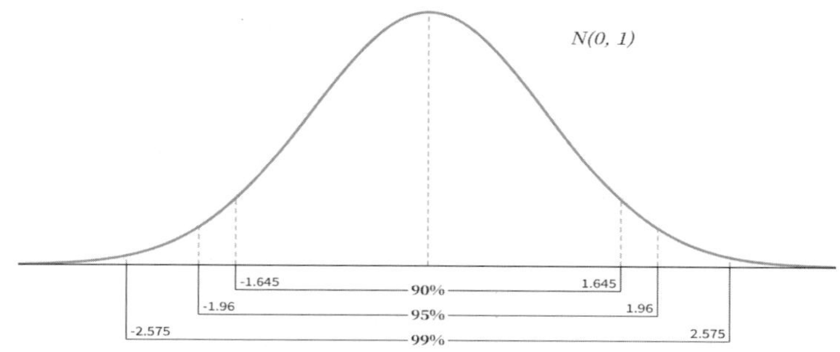

확률변수 X가 평균 μ, 분산 σ^2 인 정규분포를 따를 때, 상수 a와 b에 대하여 확률변수 X의 선형변환인 $aX+b$는 평균 $a\mu+b$, 분산 $a^2\sigma^2$인 정규분포 $N(a\mu+b,\, a^2\sigma^2)$을 따른다. $a=\dfrac{1}{\sigma}$이고 $b=-\dfrac{\mu}{\sigma}$이고 X가 평균 μ, 분산 σ^2인 정규분포를 따를 때 $aX+b=\dfrac{X-\mu}{\sigma}$는 표준정규분포가 된다. 식 (3.21)과 같은 변환 즉 확률변수에서 기댓값을 빼고 표준편차로 나눈 변환을 표준화라고 한다.

$$Z=\frac{X-\mu}{\sigma} \qquad (3.21)$$

정규분포를 바탕으로 확률을 구할 때는 일반적으로 표준정규분포를 이용한다. 표준정규분포는 0을 중심으로 대칭이므로 식 (3.22)와 같은 관계가 성립된다. 여기서 $P(Z>z_\alpha)=\alpha$이다.

$$P(Z > z_{\alpha}) = P(Z < -z_{\alpha}) \tag{3.22}$$
$$P(Z > z_{\alpha}) = 1 - P(Z \le z_{\alpha})$$

식 (3.22)를 이용하여 식 (3.23)과 같이 구간 확률을 구할 수 있다.

$$P(-z_{\alpha/2} < Z < z_{\alpha/2}) = P(Z < z_{\alpha/2}) - P(Z < -z_{\alpha/2})$$
$$= P(Z < z_{\alpha/2}) - P(Z > z_{\alpha/2}) \tag{3.23}$$
$$= 2P(Z < z_{\alpha/2}) - 1$$

【예 3-7】 확률변수 X가 $N(10,\ 5^2)$을 따를 때 다음을 구하시오.

(1) X가 20보다 작을 확률을 구하시오.

(2) X가 5보다 크고 20보다 작을 확률을 구하시오.

<풀이> (1) X를 표준화한 확률변수 $Z = \dfrac{X-10}{5}$는 표준정규분포를 따르게 된다. X가 20보다 작을 확률은 다음과 같다.

$P(X \le 20) = P\left(\dfrac{X-10}{5} \le \dfrac{20-10}{5}\right) = P(Z \le 2)$

$P(Z \le 2)$는 표로부터 0.9772이다.

(2) X가 5보다 크고 20보다 작을 확률은 다음과 같다.

$$P(5 \le X \le 20) = P\left(\frac{5-10}{5} \le \frac{X-10}{5} \le \frac{20-10}{5}\right)$$
$$= P(-1 \le Z \le 2)$$
$$= P(Z \le 2) - P(Z \le -1)$$

표준정규분포의 누적확률에 대한 표로부터 $P(Z \le 2) = 0.9772$이고 $P(Z \le -1) = 0.1587$임을 알 수 있으므로 구하고자 하는 확률은 0.8185이다.

【예 3-8】 회사 A의 주당순이익(EPS)은 평균 1,000원, 표준편차 300원인 정규분포를 따른다고 한다. 어떤 해에 이 회사의 주당순이익이 400원에서 1,600원 사이일 확률을 구하시오.

〈풀이〉 【예 3-6】과 동일한 문제인데 이를 표준정규분포를 이용하여 풀어보면 다음과 같다. 주당순이익 X는 정규분포 $N(1,000, 300^2)$을 따르므로 다음이 성립된다.

$$P(400 \le X \le 1600) = P(\frac{400-1000}{300} \le \frac{X-1000}{300} \le \frac{1600-1000}{300})$$
$$= P(-2 \le Z \le 2) = P(Z \le 2) - P(Z \le -2)$$
$$= 0.9772 - 0.0227 = 0.9545$$

따라서 이 회사의 주당순이익이 400원에서 1,600원 사이일 확률은 0.9545이다.

정규분포의 퀀타일(quantile) 또는 퍼센타일(percentile)은 특정 확률에 해당하는 확률변수값을 의미한다. $\alpha \times 100\%$ 퀀타일값 q_α은 식 (3.24)로부터 구할 수 있으며 〈그림 3-8〉과 같다.

$$\alpha \times 100\% = \int_{-\infty}^{q_\alpha} \frac{1}{\sqrt{2\pi\sigma^2}} e^{-\frac{(x-\mu)^2}{2\sigma^2}} dx \tag{3.24}$$

〈그림 3-8〉 정규분포의 퀀타일

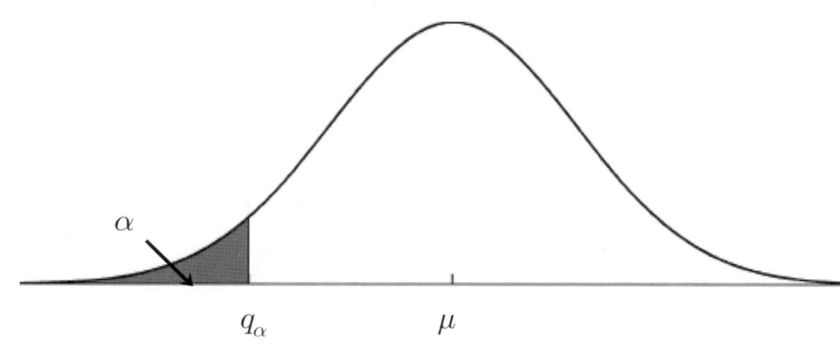

만약 $X \sim N(\mu, \sigma^2)$, $Z \sim N(0,1)$이면 $P(X < q_\alpha) = \alpha$, $P(Z > z_\alpha) = P(Z < -z_\alpha) = \alpha$이고 식 (3.25)가 성립된다.

$$P(\frac{X-\mu}{\sigma} < \frac{q_\alpha - \mu}{\sigma}) = P(Z < -z_\alpha) \rightarrow q_\alpha = \mu - \sigma z_\alpha \tag{3.25}$$

금융상품의 일일 로그수익률이 r이라 하면 r은 평균 μ, 분산 σ^2인 정규분포인 $N(\mu,\sigma^2)$을 따른다고 하자. 손실이 나는 하위 $\alpha \times 100$ % 수익률은 식 (3.26)을 이용하여 이에 해당하는 값을 찾을 수 있다.

$$P(r < R^*) = \int_{-\infty}^{R^*} \frac{1}{\sqrt{2\pi}\,\sigma} e^{-\frac{(r-\mu)^2}{2\sigma^2}} dr = \alpha \tag{3.26}$$

정규분포 관련 확률은 확률변수 r을 표준화하여 구한다. 식 (3.26)을 표준화하면 식 (3.27)과 같다.

$$\begin{aligned} P(r < R^*) &= P\left(\frac{r-\mu}{\sigma} < \frac{R^*-\mu}{\sigma}\right) \\ &= P\left(Z < \frac{R^*-\mu}{\sigma}\right) = \alpha \end{aligned} \tag{3.27}$$

표준정규분포에서 식 (3.27)을 만족하는 Z값을 식 (3.28)과 같이 찾을 수 있다.

$$\begin{aligned} &\frac{R^*-\mu}{\sigma} = -z_\alpha \\ &\Rightarrow R^* = \mu - z_\alpha \times \sigma \end{aligned} \tag{3.28}$$

$(1-\alpha)\times 100$ % 신뢰수준에 해당하는 1일 VaR은 식 (3.29)와 같이 정의된다. 여기서 z_α는 표준정규분포의 $(1-\alpha)\times 100$ % 값이며 σ는 표준편차이다.

$$VaR = z_\alpha \times \text{투자금액} \times \sigma \tag{3.29}$$

그러면 99% 신뢰수준에서 위험노출 금액이 1억원이고 일일 변동성(표준편차)이 1%이면 1일 VaR은 2.326 × 1억원 × 1% = 232.6만원이다.

【예 3-9】 개인고객의 신용평점이 평균 700, 표준편차 90인 정규분포를 따른다.

(1) 신용평점이 565점 이하를 받은 개인고객의 비율을 구하시오.

(2) 상위 20%에 드는 개인고객이 A로 평가된다고 할 때, A를 받기 위해서는 몇 점 이상이 되어야 하는가?

〈풀이〉

(1) 개인고객의 신용평점을 X라 할 때 $X \sim N(700, 90^2)$이므로, X를 표준화한 확률변

수 $Z=(X-700)/90$는 표준정규분포를 따르게 된다. 따라서 신용평점이 565점 이하일 확률은 다음과 같이 구한다.

$$P(X \le 565) = P\left(\frac{X-700}{90} \le \frac{565-700}{90}\right)$$
$$= P(Z \le -1.5)$$

〈부록〉의 〈표 1〉의 표준정규분포표를 보면 $P(Z \le -1.5) = P(Z \ge 1.5) = 0.0668$이므로, 전체 개인고객 중 6.68%는 565점 이하의 성적을 받게 된다.

(2) 신용평점이 상위 20%에 드는 점수를 구하기 위해서는 먼저 표준정규분포에서 어느 값보다 클 확률이 0.2인 위치를 찾아야 한다. 즉, $P(Z>a)=0.2$인 값 a를 구하여야 한다. $P(Z>a)=0.2$일 때, 〈부록〉의 〈표 1〉의 표준정규분포표에서 이에 해당하는 값을 찾아보면 a의 값은 약 0.842이다.

신용평점을 변환한 $Z=\dfrac{X-700}{90}$ 이 표준정규분포를 따르므로, 신용평점이 상위 20%에 드는 점수를 b라 하면 다음이 성립한다.

$$P(X>b) = P\left(\frac{X-700}{90} > \frac{b-700}{90}\right)$$
$$= P\left(Z > \frac{b-700}{90}\right) = 0.2$$

따라서 $\dfrac{b-700}{90}=0.842$이므로, $b=775.78$이다. 상위 20%에 들기 위해서는 신용평점이 최소 775.78점이 되어야 한다.

3. 로그정규분포

확률변수 Y가 정규분포를 따를 때 e^Y는 로그정규분포를 따른다. 따라서 로그정규분포를 따르는 확률변수는 0보다 큰 값을 가지므로 로그정규분포는 음의 값을 가지지 않는 자산가격을 모형화하는데 유용하다. 어떤 확률변수 $X=e^Y$가 로그정규분포를 따른다면 X는 식 (3.30)의 확률밀도함수를 가진다. 로그정규분포는 $\ell nN(\mu, \sigma^2)$로 표현한다. 참고로 $Y \sim N(\mu, \sigma^2)$이다.

$$f(x) = \frac{1}{x\sqrt{2\pi\sigma^2}} \exp[-\frac{1}{2\sigma^2}(\ln(x) - \mu)^2], \quad x > 0 \tag{3.30}$$

로그정규분포 확률밀도함수의 모습은 μ와 σ^2에 따라 그 값이 변하는데 〈그림 3-9, 10〉과 같다. 이를 보면 로그정규분포의 확률밀도함수는 치우쳐있고(skewed to the right, positive skewed), μ와 σ^2가 커지면서 오른쪽 꼬리부분 확률이 증가한다.

〈그림 3-9〉 σ^2에 따른 로그정규분포

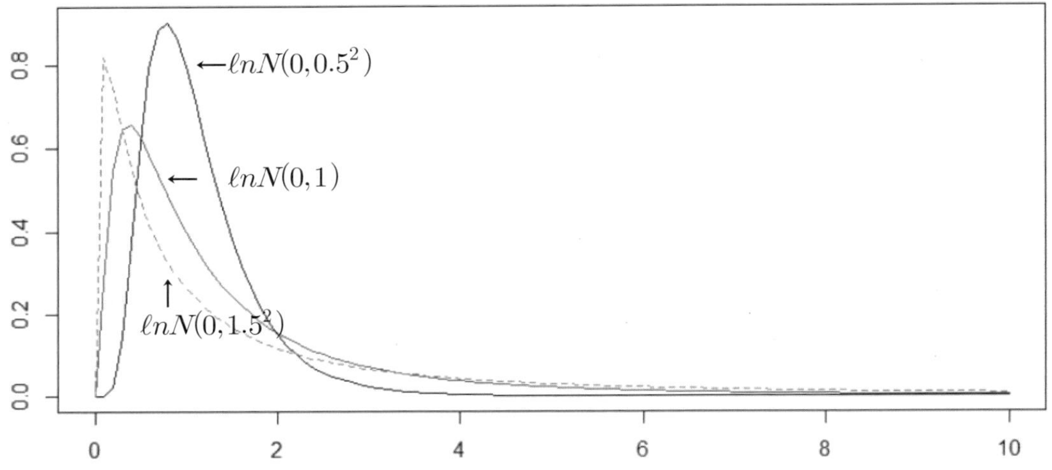

〈그림 3-10〉 μ에 따른 로그정규분포

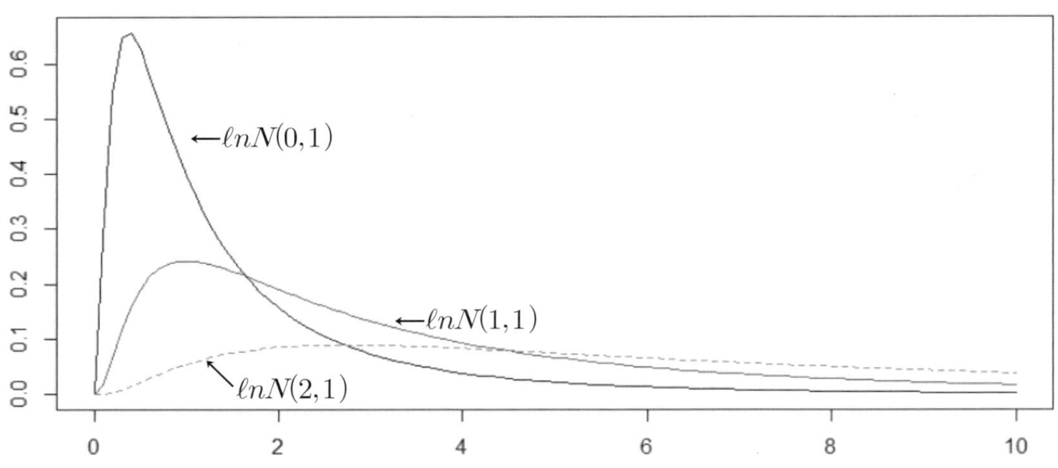

로그정규분포를 따르는 확률변수 X의 기댓값과 분산은 각각 식 (3.31)과 식 (3.32)와 같다.

$$E(X) = \exp[\mu + \frac{1}{2}\sigma^2] \tag{3.31}$$

$$Var(X) = \exp(2\mu + 2\sigma^2) - \exp(2\mu + \sigma^2) \tag{3.32}$$

로그정규분포의 특징 중 하나는 분산이 평균에 비례해서 증가한다는 것이다. 만약 주가지수가 로그정규분포를 따른다면 주가지수의 분산은 평균에 비례해서 커진다. 한편 확률변수 X가 식 (3.24)의 로그정규분포를 따르는 경우 $Y = \ln(X)$는 기댓값과 분산이 각각 μ와 σ^2인 정규분포를 따른다.

【예 3-10】 주식 가격의 전기 대비는 로그정규분포 $\ln N(0,\ 0.02^2)$을 따를 때 이 주식의 로그수익률이 2%보다 클 확률을 구하시오.

〈풀이〉 t시점의 주식가격을 P_t이라 하자. 전기 대비 $X = P_t/P_{t-1}$은 로그정규분포 $\ln N(0,\ 0.02^2)$를 따른다. 따라서 로그수익률 $\ln X$는 정규분포 $N(0,\ 0.02^2)$을 따른다. 따라서 로그수익률이 2%보다 클 확률은 〈부록〉의 〈표 1〉의 표준정규분포표를 이용하면 다음과 같이 구해진다.

$$P(\ln(X)/0.02 > 0.02/0.02) = P(Z > 1) = 0.1587$$

연습문제

1. 일별 원/달러 환율이 상승할 확률이 0.5라고 하자. 거래일별 환율변동이 독립이라 할 때 10거래일 동안 상승일수를 X라 할 때 X의 기댓값은?
   ① 0.5 ② 1.0 ③ 3.0 ④ 5.0 ⑤ 10.0

2. 일반적으로 10년 동안 평균 2번의 금융위기를 경험하며 금융위기 횟수는 포아송 분포를 따를 때 향후 5년 동안 한 번도 금융위기를 겪지 않을 확률로 가장 적당한 값은?
   ① 0.0 ② e^{-1} ③ e^{-2} ④ $1-e^{-1}$ ⑤ $1-e^{-2}$

3. 회사 B의 주당순이익(EPS)은 평균 500원, 표준편차 100원인 정규분포를 따른다. 어떤 해에 이 회사의 주당순이익이 400원에서 600원 사이일 확률값과 가장 가까운 값은?

   $P(Z \leq 2) = 0.9772,\ P(Z \leq 1) = 0.8413$

   ① 0.683 ② 0.3173 ③ 0.9547 ④ 0.9973 ⑤ 0.5

(※ 4~5) 평평한 동전을 6번 던져서 나타나는 앞면의 수를 X라 할 때 다음 물음에 답하시오.

4. 확률변수 X는 어떤 분포를 따르는가?
   ① 이항분포 ② 지수분포 ③ 정규분포
   ④ 포아송분포 ⑤ 균등분포

5. 확률변수 X의 분산값은?
   ① $\frac{1}{2}$ ② $\frac{3}{2}$ ③ 3 ④ 6 ⑤ 12

연습문제

(※ 6~7) 확률변수 X가 평균이 1, 분산이 9인 정규분포를 따를 때 다음 물음에 답하시오. 표준정규분포를 따르는 확률변수 Z는 다음의 특성이 있다.

$$P(Z \le 2) = 0.9772,\ P(Z \le 1) = 0.8413$$

6. X가 4보다 작을 확률은?
① 0.9772 ② 0.8413 ③ 0.1569 ④ 0.0228 ⑤ 0.5

7. X가 7보다 클 확률은?
① 0.9772 ② 0.8413 ③ 0.1569 ④ 0.0228 ⑤ 0.5

8. 은행 A의 신용불량 고객의 신용이 회복될 확률이 0.2라고 한다. 신용불량 고객 10명이 있고 이들 중 신용이 회복된 고객 수를 X라 할 때 X의 기댓값은?(여기서 신용불량 고객들은 서로 독립이라 가정한다.)
① 0 ② 1 ③ 2 ④ 3 ⑤ 4

9. 어느 회사의 채권가격이 평균 100, 분산 9인 정규분포를 따른다. 채권가격이 106보다 클 확률을 가장 잘 표현한 것은?(여기서 Z는 표준정규분포의 확률변수이다.)
① $P(Z > 1)$ ② $P(Z < 1)$ ③ $P(Z > 2)$
④ $P(Z < 2)$ ⑤ $P(Z = 2)$

10. 주가 P의 로그수익률 X가 정규분포 $N(0,1)$을 따른다면 주가 P의 기댓값은?
① 0 ② 1 ③ e ④ e^{-1} ⑤ $e^{\frac{1}{2}}$

정답 및 해설

1. ④ 상승일수 $X \sim B(10,\ 0.5)$이므로 X의 기댓값 $E(X) = 10 \times 0.5 = 5$이다.

2. ② 금융위기가 10년에 2회 발생하므로 5년에는 평균 1번 발생한다. 따라서 5년 동안 금융위기가 발생한 횟수는 평균이 1인 포아송분포를 따른다.

$$P(X=0) = \frac{1^0 e^{-1}}{0!} = e^{-1}$$

3. ① $P(400 < EPS < 600) = P(\frac{400-500}{100} < \frac{EPS-500}{100} < \frac{400-500}{100})$

$$= P(-1 < Z < 1) = 0.6827$$

4. ① 이항분포 $X \sim B(6, \frac{1}{2})$ 를 따른다.

5. ② $Var(X) = 6\frac{1}{2}\frac{1}{2} = \frac{3}{2}$

6. ② $P(X < 4) = P(\frac{X-1}{3} < \frac{4-1}{3}) = P(Z < 1) = 0.8413$

7. ④ $P(X > 7) = P(\frac{X-1}{3} > \frac{7-1}{3}) = P(Z > 2) = 1 - P(Z \leq 2) = 0.0228$

8. ③ 이항분포의 기댓값 $E(X) = np = 10 \times 0.2 = 2$

9. ③ $P(X > 106) = P((X-100)/3 > (106-100)/3) = P(Z > 2)$

10. ⑤ $E(X) = \exp[\mu + \frac{1}{2}\sigma^2] = \exp[0 + \frac{1}{2}] = e^{1/2}$

제 4 장

확률분포의 응용

학습목표

1. 이변량정규분포를 이해할 수 있다.
2. 포트폴리오의 분포를 이해할 수 있다.
3. 확률과정을 이해할 수 있다.
4. 이항분포과정을 이해할 수 있다.
5. 시뮬레이션을 이해할 수 있다.

학습개요

확률은 금융 관련 현상을 분석하는데 다양하게 이용되고 있다. 이 장에서는 결합확률분포를 바탕으로 포트폴리오의 분포를 정리하고, 이항나무모형과 기하브라운 운동을 이용하여 옵션 가치를 계산한다. 아울러 시뮬레이션을 통해 금융데이터를 생성하고 VaR을 구하는 방안에 대해 살펴본다.

제 1 절 결합확률분포

포트폴리오를 구성해서 포트폴리오의 수익률과 위험에 대해 살펴보려면 결합확률분포를 구할 필요가 있다. 이 절에서는 이변량정규분포, 합의 분포와 포트폴리오의 분포에 대해서 살펴본다.

1. 이변량정규분포

확률변수 X와 Y가 각각 정규분포 $N(\mu_x, \sigma_x^2)$와 $N(\mu_y, \sigma_y^2)$를 따르고 두 확률변수 간 상관계수가 ρ라면 이들 변수들의 결합확률분포는 이변량정규분포로 표현할 수 있다. 이변량확률분포의 확률밀도함수는 식 (4.1)과 같다. 이를 $BN(\mu_x, \mu_{y,} \sigma_x^2, \sigma_y^2, \rho)$로 표현한다.

$$f(x,y) = \frac{1}{2\pi\sigma_x\sigma_y\sqrt{1-\rho^2}}\exp\left[-\frac{1}{2(1-\rho^2)}[(\frac{x-\mu_x}{\sigma_x})^2 + (\frac{y-\mu_y}{\sigma_y})^2 - 2\rho(\frac{x-\mu_x}{\sigma_x})(\frac{y-\mu_y}{\sigma_y})]\right] \tag{4.1}$$

확률변수 X와 Y를 표준화한 변수를 각각 Z_X, Z_Y라 하면 이변량정규분포는 식 (4.2)와 같이 표현된다.

$$f(z_x, z_y) = \frac{1}{2\pi\sqrt{1-\rho^2}}\exp\left[-\frac{z_x^2 + z_y^2 - 2\rho z_x z_y}{2(1-\rho^2)}\right] \tag{4.2}$$

〈그림 4-1〉은 각각 두 개의 표준정규분포를 따르는 확률변수에 대해 ρ를 0.5와 − 0.5로 두고 결합확률분포를 그래프로 그린 것이다.

〈그림 4-1〉 이변량정규분포

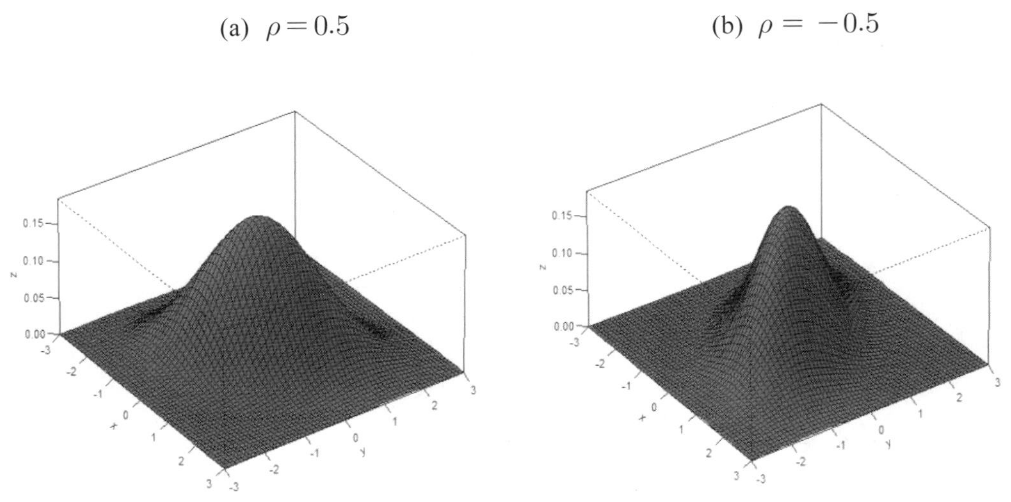

$X=x$로 주어진 경우 Y의 조건부 분포는 식 (4.3)과 같다.

$$Y|x \sim N\left(\mu_x + \rho\frac{\sigma_y}{\sigma_x}(x-\mu_x),\ \sigma_y^2(1-\rho^2)\right) \tag{4.3}$$

두 확률변수 간 상관계수 ρ가 0이면 두 확률변수는 독립이며, 반대로 두 확률변수가 독립이면 상관계수 ρ는 0이다. 따라서 두 확률변수가 이변량정규분포를 따를 때 상관계수로 두 확률변수의 독립성을 파악할 수 있다.

A 주식의 로그수익률과 B 주식의 로그수익률이 각각 $N(0.1, 0.1^2)$과 $N(0.05, 0.05^2)$이고 상관계수가 - 0.5와 0.5일 때 두 주식 모두 로그수익률이 0.05보다 작을 확률을 구해보면 상관계수가 0.5일 때의 확률값(0.227)이 상관계수가 - 0.5일 때의 확률값(0.082)보다 크게 나타난다. 이는 두 확률변수 간 양의 상관관계가 강할수록 두 변수가 모두 0.05보다 작을 확률은 높아지고, 음의 상관관계가 강할수록 두 변수가 모두 0.05보다 작을 확률은 낮아진다는 것을 의미한다.

2. 확률변수 합의 분포

두 확률변수 X, Y가 각각 정규분포 $N(\mu_X, \sigma_X^2)$, $N(\mu_Y, \sigma_Y^2)$를 따르고 서로 독립이라면 $X+Y$는 정규분포 $N(\mu_X+\mu_Y, \sigma_X^2+\sigma_Y^2)$를 따른다. 이는 n개의 확률변수로 확장될 수 있다. 만약 $X_1, X_2, \cdots, X_n$이 서로 독립이고 각각 $N(\mu_i, \sigma_i^2)$을 따를 경우 그 합은 다음과 같이 정규분포를 따른다.

① $X_1+\cdots+X_n \sim N\left(\sum_{i=1}^{n}\mu_i, \sum_{i=1}^{n}\sigma_i^2\right)$

② $X_1, X_2, \cdots, X_n$의 평균과 분산이 각각 μ와 σ^2으로 동일하다면

$X_1+\cdots+X_n \sim N(n\mu, n\sigma^2)$이다.

【예 4-1】 금융상품의 일별 로그수익률 R_t는 서로 독립적이고 동일한 분포 $N(0.1, 0.1^2)$이다. 10일간 로그수익률의 합 즉 $\sum_{t=1}^{10}R_t$의 분포를 구하시오.

<풀이> $R_1, R_2, \cdots, R_{10}$이 서로 독립이고 각각 $N(0.1, 0.1^2)$을 따를 경우 $\sum_{i=1}^{10}R_i$는 $N(10\times0.1, 10\times0.1^2)=N(1, 0.1)$인 정규분포를 따른다.

【예 4-2】 어느 투자자가 100억원을 투자하는 경우 일일 수익률이 평균 0%, 표준편차 2%인 정규분포를 따르며 서로 독립적으로 움직일 때 하위 1%에 해당하는 10일간의 최대손실가능액 VaR값을 구하시오.

<풀이> 10일간 수익률 $\sum_{t=1}^{10}R_t$는 평균 0%, 표준편차 $\sigma=\sqrt{10}\times2\%=6.324\%$인 정규분포를 따른다. 따라서 $\sum_{t=1}^{10}R_t/\sigma$는 표준정규분포를 따른다. 표준정규분포의 하위 1%에 해당하는 값은 −2.326이다. 따라서 10일간의 손실금액은 하위 1%에 해당하는 수익률에 100억원을 곱해서 다음과 같이 구한다.

$$2.326\times6.324\%\times100\text{억원}=14.71\%\times100\text{억원}=14.71\text{억원}$$

따라서 10일간의 최대손실가능액 VaR값은 14.71억원이다.

3. 포트폴리오의 분포

포트폴리오(portfolio)는 자산의 집합을 말한다. 투자자들이 한 자산에 투자할 수도 있지만 보통의 경우에는 둘 이상의 자산에 투자하게 되는데, 이러한 투자 자산 전체를 일컬어 포트폴리오라고 한다. 어떤 투자자가 기업 A, B 주식에 투자금을 일정 비율로 나누어 투자한다고 하자. 기업 A, B의 주식의 수익률은 각각 X, Y이고 투자 비중이 w_1, w_2 $(w_1 + w_2 = 1$)이라고 하면 이 투자자의 포트폴리오인 $Z = w_1 X + w_2 Y$의 기대수익률은 식 (4.4)와 같이 구할 수 있다.

$$E(Z) = w_1 E(X) + w_2 E(Y) \tag{4.4}$$

이때 두 자산의 포트폴리오 Z의 분산은 X, Y의 분산 $Var(X)$, $Var(Y)$ 와 공분산 $Cov(X, Y)$ 를 이용하여 식 (4.5)와 같이 구할 수 있다. 여기서 σ_X, σ_Y 와 ρ는 각각 X, Y의 표준편차와 상관계수이다.

$$\begin{aligned} Var(Z) &= Var(w_1 X + w_2 Y) \\ &= w_1^2 Var(X) + w_2^2 Var(Y) + 2 w_1 w_2 Cov(X, Y) \qquad (4.5) \\ &= w_1^2 Var(X) + w_2^2 Var(Y) + 2 w_1 w_2 \sigma_X \sigma_Y \rho \end{aligned}$$

이를 n개의 자산으로 일반화해보자. 만약 가지고 있는 자산의 수익률 $X_1, \cdots, X_n$의 기대수익률이 각각 $\mu_1, \cdots, \mu_n$이고, 이의 투자 비중이 $w_1, \cdots, w_n (\sum_{i=1}^{n} w_i = 1)$이라고 하면 이 포트폴리오 식 (4.6)의 기대수익률은 식 (4.7)과 같다.

$$Z = w_1X_1 + w_2X_2 + \cdots + w_nX_n \tag{4.6}$$

$$= \sum_{i=1}^{n} w_iX_i$$

$$E(Z) = \sum_{i=1}^{n} w_iE(X_i) = \sum_{i=1}^{n} w_i\mu_i \tag{4.7}$$

이 포트폴리오 식 (4.6)의 분산은 식 (4.8)과 같이 구할 수 있다.

$$Var(Z) = Var(\sum_{i=1}^{n} w_iX_i)$$

$$= \sum_{i=1}^{n} w_i^2\, Var(X_i) + 2\sum_{i=1}^{n} \sum_{j=i+1}^{n} w_iw_j\, Cov(X_i, X_j) \tag{4.8}$$

【예 4-3】 두 주식 A, B의 기대수익률이 2%, 4%이고, 분산이 $4\%^2$, $9\%^2$이며 상관계수는 - 0.5이다. 동 주식을 각각 30%, 70% 비중으로 보유한 포트폴리오의 기대수익률과 분산을 구하시오.

<풀이> 기대수익률은 다음과 같이 구할 수 있다.

$$E(Z) = 0.3E(X) + 0.7E(Y)$$

$$= 0.3 \times 2\% + 0.7 \times 4\% = 3.4\%$$

한편 분산은 다음과 같이 구할 수 있다.

$$Var(Z) = Var(0.3X + 0.7Y)$$

$$= 0.3^2\, Var(X) + 0.7^2\, Var(Y) + 2 \times 0.3 \times 0.7\, Cov(X, Y)$$

$$= 0.09 \times 4 + 0.49 \times 9 - 0.42 \times 2 \times 3 \times 0.5$$

$$= 3.51\%^2$$

식 (4.5)에서 두 자산 수익률 간 상관계수 ρ가 +1이 되면 두 자산으로 구성된 포트폴리오의 분산이 최대가 되며, 두 자산 수익률 간 상관계수가 −1이면 포트폴리오의 분산은 최소가 된다. 이 경우 두 주식의 수익률이 비례하여 상관계수가 1일 가능성은 매우 낮으므로 포트폴리오를 구성하면 포트폴리오의 분산 즉 위험이 줄어든다. 포트폴리오에 포함되어 있는 자산의 수가 증가할수록 위험은 더 감소한다. 이를 포트폴리오의 위험분산효과라고 한다.

포트폴리오의 분포는 정규분포의 가법성을 이용하여 구할 수 있다. 개별 자산의 수익률이 정규분포를 따른다면 포트폴리오는 식 (4.7)의 평균, 식 (4.8)의 분산을 가진 정규분포를 따른다.

제 2 절 확률과정

1. 확률과정의 정의

금융데이터는 시간의 흐름을 따라 관측되고 있는데 이를 보면 시간에 따라 변화하며, 미래 데이터는 어떤 값을 가질지 알 수 없다. 〈표 4-1〉은 원/달러 환율 종가를 날짜별로 정리한 표이다. 이를 보면 원/달러 환율은 매일 매일, 매시점 별로 변하고 있으나 내일의 원/달러 환율을 알 수는 없다.

〈표 4-1〉 원/달러 환율의 추이

(단위 : 원)

날짜	2025.11.20	11.21	11.24	11.25	11.26	11.27
환율	1,475.2	1,472.0	1,475.20	1,466.20	1,470.5	1,463.3

어느 시점에서의 원/달러 환율값은 여러 가능한 값 중 한 값을 가지며 순차적으로 관측된다. 이와 같이 각 시점 t별로 확률변수 $X(t)$를 정의하고 이들을 순차적으로 모은 $X(t_1)$, $X(t_2)$, $\cdots$, $X(t_n)$을 확률과정(stochastic process)이라 한다. 환율값의 종가에 대한 예는 다음과 같이 표현된다.

$$X(t_1) = 1474.2,\ \ X(t_2) = 1,472.0,\ \ \cdots$$

이러한 자료를 시계열이라 하는데 우리는 이 시계열의 확률적 특징을 모형화하고 이를 바탕으로 미래의 값 또는 확률분포를 예측하게 된다. 예를 들면 일별 원/달러 데이터로부터 이들의 시간에 따른 연관성을 분석함으로써 확률과정 구조를 파악하고, 이를 바탕으로 1주일 후 원/달러 환율값을 알아내고자 한다. 확률과정 $X(t)$를 이산형 확률과정과 연속형 확률과정으로 나눌 수도 있다.

확률과정 $\{X_0, X_1, X_2, \cdots, X_n\}$을 통해 알고자 하는 것은 다음 관측값 X_{n+1}이다. X_{n+1}은 여러 가지 가능한 값 중 하나이므로, X_{n+1}은 특정 확률분포를 따른다. 예를 들면 최근 3일간 원/달러 환율값이 차례로 1,466원, 1,471원, 1,463원이라 할 때 내일의 원/달러 환율은 얼마일까? X_{n+1}의 확률분포는 과거부터 현재까지의 관측값에 영향을 받게 되므로 측정된 관측값 X_0, X_1, $\cdots$, X_{n-1}, X_n이 주어진 상태에서 X_{n+1}의 조건부 확률분포이다.

금융데이터는 임의보행모형을 따르는 경우가 많은데 이 확률과정의 경우 X_{n+1}의 조건부 확률분포가 현재에만 의존하는 무기억성(memoryless)을 가지고 있다. 이는 미래 상태는 오직 현재 상태에만 의존하는 것을 의미한다. 즉, 미래 특정 시점의 확률분포가 과거의 확률분포와는 독립적임을 의미한다. 확률과정이 이와 같은 무기억성 성질을 가지고 있을 때, 이러한 성질을 가지는 확률과정을 마코프 과정(Markov process)이라 한다.

마코프 과정 중 하나인 위너 과정(Wiener process)에 대해 살펴보자. 짧은 시간 Δt에 측정된 확률변수의 변화 Δz는 평균이 0이고 분산은 짧은 시간 Δt인 정규분포를 따르고 서로 다른 Δt 기간의 Δz가 독립적일 때 Δz를 위너 과정이라 부른다. 위너 과정은 평균변화 a와 변동성 b를 고려하여 식 (4.9)와 같이 일반화된다.

$$\Delta x = a\Delta t + b\Delta z \tag{4.9}$$

2. 이항나무모형

이항나무모형(binomial tree)은 주가의 변화를 단순화하여 모형화하는데 유용한 확률과정이다. 각 시점에서 주가변화는 두 가지만 가능할 때 3일 후까지의 가격변화를 그림으로 나타내면 〈그림 4-2〉와 같이 각 마디마다 2개의 가지를 가지는 나무를 그릴 수 있다. 주가는 다음날 10% 상승하거나 10% 하락한다.

〈그림 4-2〉 이항나무모형

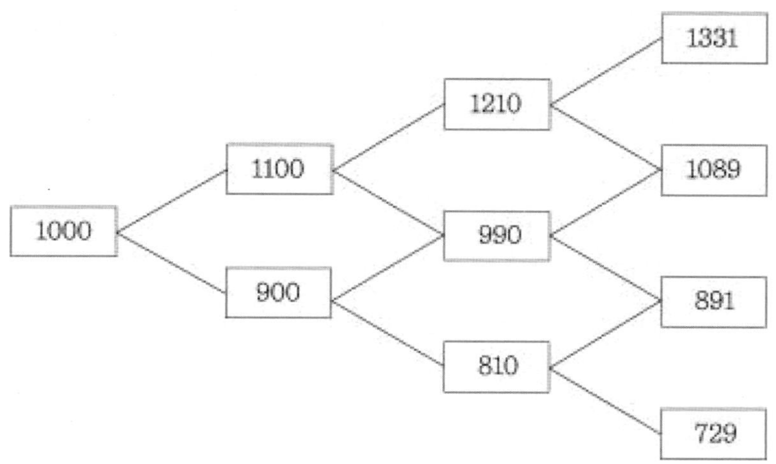

【예 4-4】 <그림 4-2>의 이항나무모형에서 주가가 상승할 확률이 0.6, 하락할 확률이 0.4이다. 일별 주가변화가 각각 독립일 때 다음 물음에 답하시오.

(1) 주가가 3일 모두 하락할 확률을 구하시오.

(2) 주가가 3일 중 적어도 1일 상승할 확률을 구하시오.

<풀이> (1) 주가 상승일수를 확률변수 X라 하면 X는 이항분포 $B(3, 0.6)$를 따른다. 따라서 주가가 3일 모두 하락할 확률은 다음과 같이 계산된다.

$P(X=0) = {}_3C_0 \times 0.6^0 \times 0.4^3 = 0.064$

(2) 주가가 3일 중 적어도 1일 상승할 확률은 (1)의 여사건의 확률로 구할 수 있다.

$P(\{\mathrm{X}=0\}^{\mathrm{C}}) = 1 - P(X=0) = 1 - 0.064 = 0.936$

이항나무모형을 이용하여 행사가격이 10,000원이고 만기일은 3개월 후인 콜옵션[1]의 가격을 구해보자. 〈그림 4-3〉과 같이 현재가격이 10,000원인 주식은 3개월 후 10% 상승하거나 10% 하락한다고 하자. 콜옵션의 행사가격이 10,500원이고 만기일은 3개월 후이다. 콜옵션의 행사가격이 10,500원이므로 만기일의 주식가격이 11,000원이면 이 옵션의 가치는 500원이 된다. 만기일의 주식가격이 9,000원인 경우 행사가격이 주식가격보다 높기 때문에 옵션을 행사할 필요가 없으므로 옵션의 가치는 0이 된다. 따라서 만기일의 콜옵션의 가치는 각각 500원과 0이 된다.

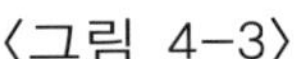
〈그림 4-3〉 3개월 후 가격과 콜옵션 가치

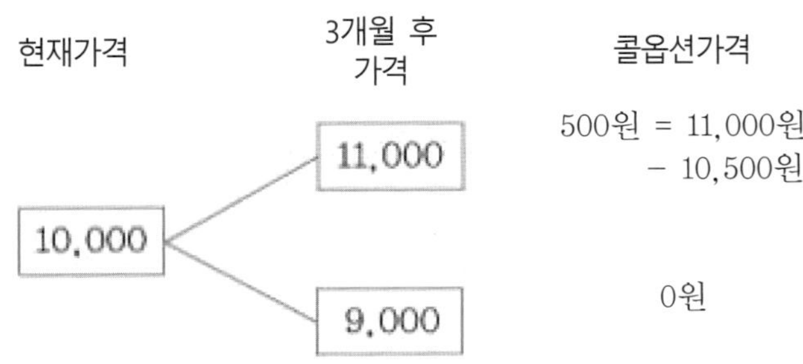

어떤 투자자가 주식을 a주 소유하고 콜옵션 하나를 매도해서 위험을 회피하고자 한다. 현재 콜옵션의 가치를 f라고 하면 이 투자의 현재 가치는 주식을 a주 소유하고 콜옵션을 매도했으므로 $10,000 \times a - f$이다. 3개월 후 주가가 11,000원이 되면 3개월 후 투자 가치는 $11,000 \times a - 500$이 된다. 3개월 후 주가가 9,000원이 되면, 매도한 옵션의 가치는 0이 되므로 3개월 후 가치는 $9,000 \times a$가 된다. 옵션 만기일에서의 주가와 관계없이 보유한 자산가치가 같게 하는 주식 수 a는 식 (4.10)과 같이 계산되어 0.25가 된다.

$$11,000 \times a - 500 = 9000 \times a \tag{4.10}$$

투자자가 0.25주를 소유하면, 옵션 만기일에 이 투자자의 자산가치는 변동 없이 2,250

1) 옵션은 미래의 어느 시점에 일정한 가격으로 사거나 팔 수 있는 권리이다. 옵션은 살 수 있는 권리인 콜옵션(call option)과 팔 수 있는 권리인 풋옵션(put option)으로 구분된다. 이 책에서는 특정한 만기에만 권리를 행사할 수 있는 유럽형 옵션만을 고려했다.

원이 된다. 이 자산가치는 3개월 후의 가치이므로 이자율을 이용하여 현재가치로 전환한다. 이자율이 연 4%이고 연속 복리를 적용할 때, 2,250원의 현재가치는 식 (4.11)과 같이 2,227.61원이 된다.2)

$$2,250 \times e^{-0.04/4} = 2,227.61 \tag{4.11}$$

$10,000 \times 0.25 - f = 2,227.61$이 성립하므로 콜옵션의 현재가치는 $f = 272.39$원이 된다.

이를 일반화해보자. 현재 주식가격을 S라 하고, 옵션 만기일의 주식가격은 u 배 상승하거나 d 배 하락하며 이자율은 r이라 하자. 그리고 만기일에 주식가격이 u배 상승할 때 옵션의 가치를 f_u, 주식가격이 d배 하락할 때 옵션의 가치를 f_d라 하면 옵션의 가치는 식 (4.12)와 같이 구해진다.

$$f = e^{-rt}\left[\left(\frac{e^{rt}-d}{u-d}\right)f_u + \left(1-\frac{e^{rt}-d}{u-d}\right)f_d\right] \tag{4.12}$$

【예 4-5】 현재가격이 1,000원인 주식이 6개월 후 주식가격은 5% 상승하거나 하락한다고 하자. 현재 이자율이 연 4%일 때 6개월 만기의 행사가격이 1,100원인 풋옵션의 가치를 구하시오.

<풀이> 6개월 후 주식가격은 5% 상승하거나 하락한다. 6개월 후 주식가격은 1,050원이거나 950원이다. 따라서 만기 풋옵션의 가치는 50원 또는 150원이 된다. 주식가격은 5% 상승하거나 하락하므로 $u = 1.05$, $d = 0.95$이고, 만기까지의 기간은 $t = \frac{1}{2}$, 금리는 $r = 0.04$이므로 풋옵션의 현재가치를 다음과 같이 구할 수 있는데 약 78.2원이다.

$$f = e^{-0.04/2}\left[\left(\frac{e^{0.04/2}-0.95}{1.05-0.95}\right)\times 50 + \left(1-\frac{e^{0.04/2}-0.95}{1.05-0.95}\right)\times 150\right] = 78.2$$

앞서 설명한 한 단계의 이항나무모형을 이용하여 옵션의 가치를 구하는 방법을 n단계를

2) 원금 A에 연속 복리를 사용하면 1년 후 받을 수 있는 금액은 $A \times \lim_{m \to \infty}(1+\frac{r}{m})^m = A \times e^r$이 된다.

가지는 이항나무모형으로 확장할 수 있다. 이 경우 구해진 옵션 가치를 이용하여 순차적으로 이전 단계의 옵션의 가치를 구하여 현재 시점에서 옵션의 가치를 구할 수 있다.

3. 기하브라운 운동

1900년 바슐리에(Louis Bachelier)는 프랑스 금융시장의 가격변동을 브라운 운동으로 모형화 했고, 이를 바탕으로 1950년대 중반 새뮤얼슨(Paul Samuelson)은 기하브라운운동(geometric Brownian motion)을 제안하여 금융시장의 가격을 살펴보기 시작했다. 금융상품 가격 S의 짧은 기간 dt동안 로그수익률은 평균 μdt와 분산 $\sigma^2 dt$인 정규분포를 따르며 식 (4.13)과 같이 표현될 때 금융상품 가격이 기하브라운 운동을 따른다.

$$\frac{\Delta S}{S} = \mu dt + \sigma dz \tag{4.13}$$

여기서 첫째항 μdt는 추세항이고, 두 번째 항 σdz는 확률변동항이며, dz는 평균 0과 분산 dt를 갖는 정규분포를 따른다. 식 (4.13)은 T시점의 주식 가격 S_T가 식 (4.14)와 같이 로그정규분포를 따른다는 것을 의미한다.

$$\ln S_T \sim N(\ln S_0 + (\mu - \frac{\sigma^2}{2})T, \sigma^2 T) \tag{4.14}$$

식 (4.14)를 다시 정리하면 두 시점의 로그수익률은 식 (4.15)와 같은 정규분포를 따른다.

$$\ln(\frac{S_T}{S_0}) \sim N((\mu - \frac{\sigma^2}{2})T, \sigma^2 T) \tag{4.15}$$

블랙과 숄즈(Black and Schols, 1973)는 주가가 기하브라운 운동을 할 때 유럽형 옵션을 구하는 수식을 도출하였다. 이는 파생상품시장의 중요한 수식으로 자리 잡게 되었다. 블랙과 숄즈는 다음의 가정 하에서 옵션가격을 구했다. 첫째, 주가는 연속적으로 움직이며, 로그정규분포를 따른다. 둘째, 주식의 거래비용과 세금은 없고, 증권은 분할 가능하다. 또한 거래는 연속적으로 이루어지며 차익거래 기회는 없다. 셋째, 옵션만기일까지 주식의 배당이 없다. 넷째, 이자율은 알려져 있고 일정하다.

그들의 옵션가격결정모형을 통해 유럽형 콜옵션과 유럽형 풋옵션 가치는 각각 식 (4.16)과 식 (4.17)과 같이 계산할 수 있다.

$$c = S\Phi(d_1) - Ke^{-rT}\Phi(d_2) \tag{4.16}$$

$$p = Ke^{-rT}\Phi(-d_2) - S\Phi(-d_1) \tag{4.17}$$

여기서 S는 현재주가, K는 행사가격, r은 무위험이자율, T는 만기이며 σ는 주가의 변동성이다. $\Phi(d)$는 식 (4.18)의 표준정규분포의 누적확률함수이다.

$$\Phi(d) = \int_{-\infty}^{d} \frac{1}{\sqrt{2\pi}} e^{-\frac{1}{2}x^2} dx \tag{4.18}$$

여기서 $d_1 = \dfrac{\ln(S/K) + (r + \sigma^2/2)T}{\sigma\sqrt{T}}$, $d_2 = \dfrac{\ln(S/K) + (r - \sigma^2/2)T}{\sigma\sqrt{T}} = d_1 - \sigma\sqrt{T}$이다.

【예 4-6】 현재 주가 21,000원, 행사가격 20,000원, 무위험이자율 4%, 변동성 10%, 만기 6개월이고 해당 주식에 대한 배당이 없다. 주가의 로그수익률이 정규분포를 따를 때 콜옵션과 풋옵션의 가치를 구하시오.

<풀이> 식 (4.16)과 식 (4.17)에 현재주가(S), 행사가격(K), 무위험이자율(r), 만기(T)이며 주가의 변동성(σ)을 대입하여 가치를 구한다.

$$d_1 = \frac{\ln(21{,}000/20{,}000) + (0.04 + 0.1^2/2) \times 0.5}{0.1\sqrt{0.5}} = 1.008195$$

$$d_2 = 1.008195 - 0.1\sqrt{0.5} = 0.9375$$

$\Phi(1.0082) = 0.8433$, $\Phi(-1.0082) = 0.1567$

$\Phi(0.9375) = 0.8257$, $\Phi(-0.9375) = 0.1743$

$$Ke^{-rT} = 20{,}000 \times e^{-0.04 \cdot 0.5} = 19{,}604$$

콜옵션의 가치는 다음과 같다.

$c = 21{,}000 \times 0.8433 - 19{,}604 \times 0.8257 = 1{,}522.3$원

풋옵션의 가치는 다음과 같다.

$p = 19{,}604 \times 0.1743 - 21{,}000 \times 0.1567 = 126.3$원

제 3 절 시뮬레이션

시뮬레이션(simulation)은 복잡한 문제를 해결하기 위하여 실제와 비슷한 모형을 만들고 모의적으로 실험하여 그 특성을 파악하는 것이다. 시뮬레이션은 과거 데이터를 바탕으로 한 분포로부터 금융데이터를 생성하여 분석하는 역사적 시뮬레이션(historical simulation)과 금융데이터가 특정 확률분포를 따른다고 가정하고 이로부터 난수(random number)를 생성하여 분석하는 몬테카를로 시뮬레이션(Monte Carlo simulation)으로 구분된다.

1. 역사적 시뮬레이션

역사적 시뮬레이션은 과거의 금융데이터의 분포가 미래에도 유지된다고 생각하고 이를 바탕으로 다양한 금융데이터 분석을 실시하는 것이다. 예를 들면 최근 일정 기간 여러 종류의 자산으로 이루어진 포트폴리오의 가치를 계산한 후 이 포트폴리오의 가치를 값 크기대로 정리한 후 5%에 해당하는 값을 그에 해당하는 포트폴리오 가치라고 보고 원금에서 이 값을 차감하여 VaR(Value at Risk, 5%)을 구할 수 있다.

〈그림 4-4〉는 2000년 이후 15년 간의 월별 종합주가지수 로그수익률의 히스토그램이다. 이 계열의 표본 수는 178개이다. 이를 로그수익률이 낮은 순서로 정리하고 약 95%에 해당하는 값을 끝에서 9번째 값이라고 가정하면 그 값은 −12.79%이다. 종합주가지수에 1,000만원을 투자했다면 95% 신뢰수준 VaR은 1,000만원×0.1279로 127.9만원이 된다.

〈그림 4-4〉 월별 종합주가지수 수익률의 히스토그램

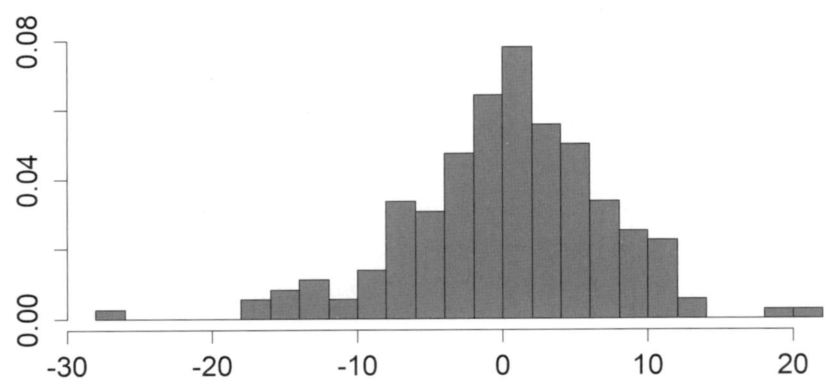

2. 몬테카를로 시뮬레이션

금융데이터 분석에서 이용되는 시뮬레이션인 몬테카를로 시뮬레이션(Monte Carlo simulation)은 특정한 확률분포로부터 확률적 난수(random number)를 생성하여 불확실한 현실을 모의적으로 살펴볼 수 있다.

확률분포에서 난수를 무작위하게 산출하는 데에서 몬테카를로 시뮬레이션이 시작된다. 확률분포의 난수는 통상 [0, 1] 구간의 연속형 균일분포에서 난수를 생성한 후 역누적확률분포함수를 이용하여 원하는 확률분포로 전환한다. 예를 들면 누적정규분포함수 $F(y)$는 0과 1사이의 값을 가진다. 따라서 정규분포를 따르는 확률변수의 난수를 생성하기 위해서는 $y=F^{-1}(x)$가 되는 y를 찾는다.

정규분포 $N(2,\ 3^2)$을 따르는 확률변수값(난수)을 10,000개 생성하고 히스토그램을 그렸다. 〈그림 4-5〉는 이 값들의 히스토그램인데 이를 보면 2를 중심으로 대칭적인 형태를 보이는 정규분포의 형태를 띠는 것으로 나타났다. 정규분포 $N(2,\ 3^2)$을 따르는 확률변수값(난수)으로부터 단순평균과 분산을 구하면 이론적 모수인 기댓값, 분산과 거의 같다. 또한 난수를 이용한 확률 계산도 이론적 확률값과 거의 같게 된다.

〈그림 4-5〉 정규분포 $N(2, 3^2)$을 따르는 10,000개 난수의 히스토그램

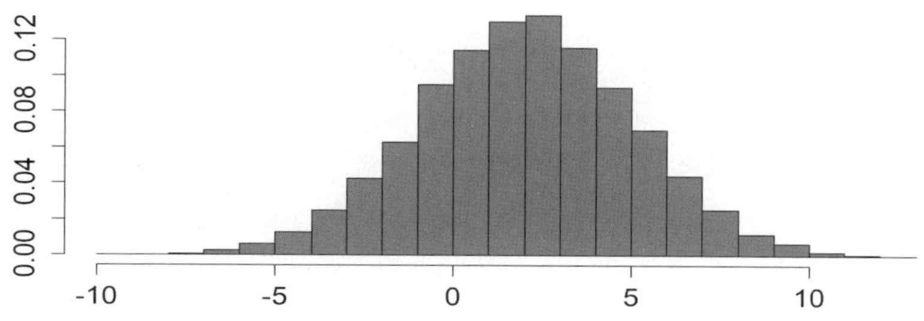

예를 들어 2개의 주식을 각각 50%씩 포트폴리오를 만들어 투자한다고 하자. 이 경우 2개 주식의 로그수익률이 이변량정규분포를 따른다고 가정할 수 있다. 이로부터 여러 개의 포트폴리오를 생성하고 포트폴리오의 기대수익률과 위험을 계산할 수 있다. 〈그림 4-6〉은 2개 주식의 로그수익률의 기댓값과 표준편차가 각각 (0.03, 0.02), (0.06, 0.04)이고 상관계수가 0.6인 이변량정규분포에서 1,000개가 생성된 수익률들 간 산점도이다.

〈그림 4-6〉 이변량정규분포로부터 생성된 1,000개의 산점도

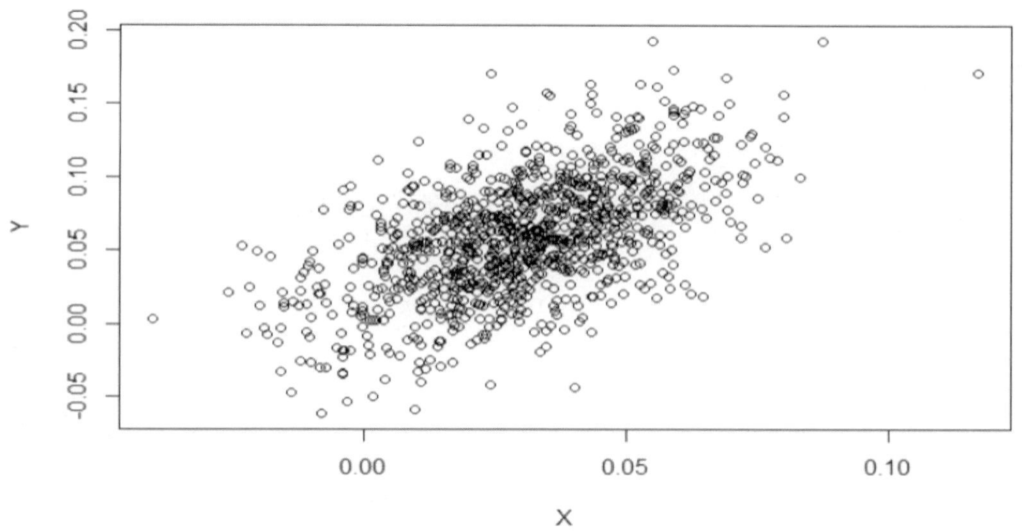

〈그림 4-7〉은 〈그림 4-6〉의 로그수익률을 바탕으로 두 주식에 각각 500만원씩 투자한 포트폴리오의 히스토그램이다. 평균이 1046.4만원, 표준편차 28.5만원이다. 이를 오름차순으로 정리한 후 하루 1%에 해당하는 값 즉, 99% 신뢰수준에 해당하는 값을 구했더니 9,815,061원이다. 따라서 이에 해당하는 VaR(Value at Risk)은 184,939원이다.

〈그림 4-7〉 포트폴리오의 히스토그램

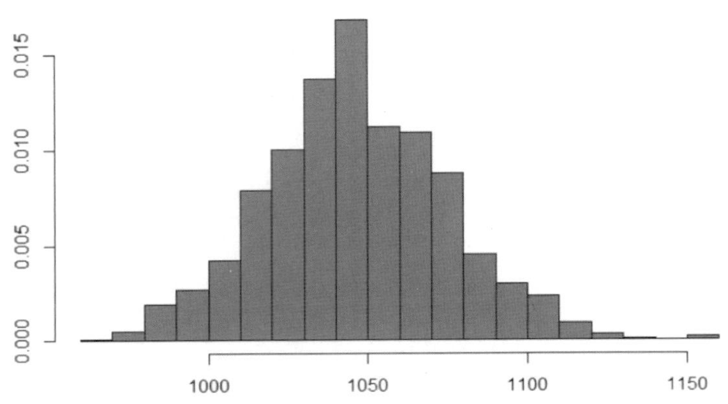

3. 금융데이터의 생성

금융데이터가 식 (4.13)의 기하브라운 운동모형에서 생성되었다고 하자. 이때 연속적 확률과정이 실제에는 이산적으로 측정되므로 dt를 Δt로 전환하는데 Δt는 현재 시점과 만기 시점을 n으로 나눈 값이다. 이 경우 식 (4.13)은 식 (4.19)와 같이 표현된다.

$$\Delta S_t = S_{t-1}(\mu \Delta t + \sigma \varepsilon_t \sqrt{\Delta t}) \tag{4.19}$$

이와 같은 금융데이터를 다음의 과정으로 생성할 수 있다.

① 표준정규분포 난수 $\varepsilon_1, \varepsilon_2, \cdots, \varepsilon_n$를 구한다.

② 초기값은 S_0라 할 때 다음과 같은 순서로 S_i를 구한다.

$$S_1 = S_0 + S_0(\mu\Delta t + \sigma\varepsilon_1\sqrt{\Delta t})$$
$$S_2 = S_1 + S_1(\mu\Delta t + \sigma\varepsilon_2\sqrt{\Delta t})$$
$$\vdots$$
$$S_n = S_{n-1} + S_{n-1}(\mu\Delta t + \sigma\varepsilon_n\sqrt{\Delta t})$$

〈그림 4-8〉은 $\mu = 0.1$, $\sigma = 0.3$인 기하브라운 운동모형에서 생성한 3개 데이터이다. 이를 보면 3개의 시작은 100이지만 이후 서로 다르게 움직인다.

〈그림 4-8〉 기하브라운 운동모형으로부터 생성된 3개 계열 추이

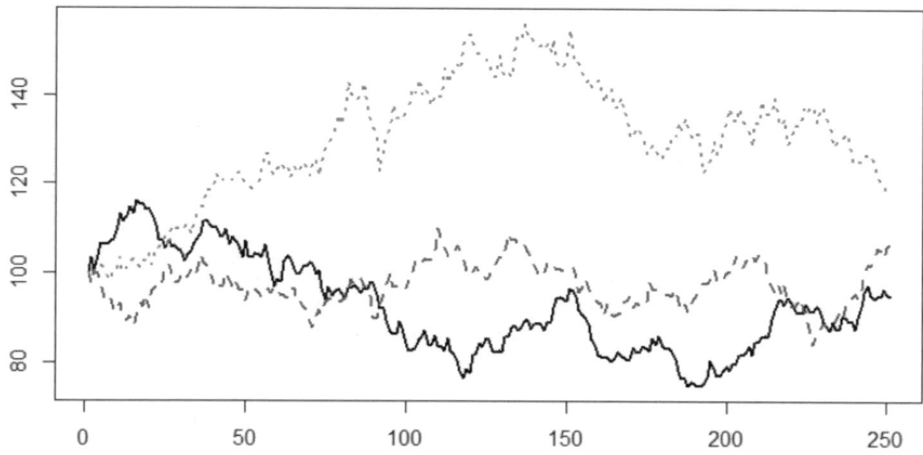

연습문제

(※ 1~2) 두 기업의 영업이익 로그증감률 X, Y는 이변량정규분포를 따른다. 여기서 $X \sim N(1, 1^2)$과 $Y \sim N(2, 2^2)$일 때 다음 물음에 답하시오.

1. 두 기업의 영업이익 로그증감률 X, Y가 서로 독립일 때 상관계수값은?
① −1.0　② −0.5　③ 0.0　④ 0.5　⑤ 1.0

2. 두 기업의 영업이익 로그증감률 X, Y가 모두 적자일 확률이 가장 낮은 상관계수값은?
① −0.75　② −0.50　③ 0.0　④ 0.50　⑤ 0.75

(※ 3~4) 금융상품의 일별 로그수익률 R_t는 서로 독립적이고 동일한 분포 $N(0.02, 0.1^2)$이다. 다음 물음에 답하시오.

3. 5일간 로그수익률의 합 $\sum_{t=1}^{5} R_t$의 분포는?
① t분포　② χ^2분포　③ F분포　④ 정규분포　⑤ 로그정규분포

4. 5일간 로그수익률의 합 $\sum_{t=1}^{5} R_t$의 분산은?
① 0.001　② 0.05　③ 0.1　④ 0.2　⑤ 0.25

(※ 5~6) 투자자가 200만원으로 다음의 포트폴리오를 구성하였을 때 물음에 답하시오.

	투자액	기대수익률	표준편차
A증권	100만원	3%	3%
B전자	100만원	7%	7%

5. 포트폴리오의 기대수익률은?
① 3%　② 5%　③ 7%　④ 10%　⑤ 12%

연습문제

6. 두 자산의 포트폴리오 수익률의 분산은 두 자산 수익률의 상관계수에 따라 변동한다. 다음 상관계수 중 포트폴리오 수익률의 분산을 최대로 만드는 상관계수값은?
① 1.0 ② 0.5 ③ 0.0 ④ −0.5 ⑤ −1.0

(※ 7~8) 이항나무모형에서 일별 주가가 상승할 확률이 0.5, 하락할 확률이 0.5이다. 일별 주가 변화가 각각 독립일 때 다음 물음에 답하시오.

7. 주가가 5거래일 모두 상승할 확률값은?
① $\frac{1}{64}$ ② $\frac{1}{32}$ ③ $\frac{1}{16}$ ④ $\frac{15}{16}$ ⑤ $\frac{31}{32}$

8. 주가가 5거래일 중 적어도 1일 하락할 확률값은?
① $\frac{1}{64}$ ② $\frac{1}{32}$ ③ $\frac{1}{16}$ ④ $\frac{15}{16}$ ⑤ $\frac{31}{32}$

9. 확률분포로부터 확률적 난수(random number)를 생성하여 불확실한 현실을 모의적으로 살펴보는 것을 무엇이라 부르는가?
① 역사적 시뮬레이션 ② 기하브라운 운동 ③ 이항과정
④ 몬테카를로 시뮬레이션 ⑤ 베이즈 정리

정답 및 해설

1. ③ 두 기업의 영업이익 로그증감률 X, Y가 서로 독립일 때 공분산 및 상관계수 값은 0이다.
2. ① 두 기업의 영업이익 로그증감률 X, Y가 서로 반대로 움직일 때 모두 적자일 확률이 낮아진다.
3. ④ 독립적인 정규분포 확률변수의 합은 정규분포를 따른다.
4. ② $\sum_{i=1}^{5} R_i$는 $N(5\times0.02,\ 5\times0.1^2)=N(0.1,\ 0.05)$인 정규분포를 따른다.
5. ② 포트폴리오의 기대수익률은 $3\times0.5+7\times0.5=5.0$이다.
6. ① 두 자산이 같은 방향으로 움직이는 정도가 강하면 포트폴리오 수익률의 분산이 최대로 된다.
7. ② 상승일수를 X라 할 때 $P(X=5)={}_5C_5\times0.5^5=\frac{1}{2^5}=\frac{1}{32}$
8. ⑤ 7번 문제의 여사건이므로 $1-\frac{1}{32}=\frac{31}{32}$
9. ④ 몬테카를로 시뮬레이션은 확률분포로부터 확률적 난수(random number)를 생성하여 불확실한 현실을 모의적으로 살펴보는 것이다.

제 5 장

금융데이터의 정리와 요약

학습목표

1. 금융데이터의 히스토그램을 그릴 수 있다.
2. 금융데이터의 표본평균, 중앙값과 최빈값을 구할 수 있다.
3. 금융데이터의 표본분산, 표본표준편차와 사분위범위를 구할 수 있다.
4. 금융데이터 분포의 왜도와 첨도를 구할 수 있다.
5. 확률분포를 추정할 수 있다.

학습개요

우리는 어떤 현상을 데이터로 측정하여 그 현상을 분석한다. 데이터는 변수와 관측값으로 구성되어 있으며 이 데이터의 특성을 파악하기 위해서 분포의 중심값과 산포를 살펴보게 된다. 중심값은 표본평균, 중앙값 또는 최빈값 등으로 파악하고, 산포는 표준편차, 사분위범위 등으로 파악한다. 그리고 분포는 히스토그램으로 파악한다. 이 장에서는 데이터의 일반적 구조를 살펴보고 이를 도수분포표, 히스토그램으로 정리한 후 표본평균과 표준편차 등으로 수치를 요약하는 방법에 대해 살펴본다.

제1절 히스토그램

제3장에서 모집단의 이론적 확률분포에 대해서 살펴보았다. 우리는 금융시장 또는 경제상황을 데이터로 측정하고 이 데이터가 이론적 확률분포로부터 생성되었다고 생각한다. 이러한 데이터로 히스토그램을 작성하여 데이터의 분포를 살펴보게 된다.

1. 도수분포표

금융시장의 움직임을 이해하려면 금융시장을 측정해서 데이터(data)를 얻어야 한다. 데이터는 관심의 대상인 사물이나 사건의 특성을 일정한 규칙에 의해 측정, 관찰, 조사, 실험함으로써 얻게 되는 것이다. 데이터는 〈표 5-1〉과 같은 변수(variable)와 관측값(observation)으로 구성된 직사각형 구조를 가진다. 변수는 데이터에서 동일한 특성을 가지는 것이다. 관측값은 동일한 개체(개인, 기업, 국가 등)에 대해 변수들을 측정한 결과이다. 원/달러 환율과 한국종합주가지수 등 금융데이터가 시간에 따라 측정된다면 원/달러 환율과 한국종합주가지수가 변수이고, 〈표 5-1〉의 관측값 1～n은 시간별로 측정된 원/달러 환율과 한국종합주가지수이다.

〈표 5-1〉 데이터의 구조

	변수1	변수 2	⋯	변수 k
관측치 1			⋮	
관측치 2				
⋮		⋯	⋮	⋮
관측치 n				

변수는 그 특성에 따라 질적 변수(qualitative variable)와 양적 변수(quantitative variable)로 구분된다. 질적 변수는 범주형 변수로 순위가 없는 명목형 변수와 순위형 변수로 구분된다. 양적 변수는 수치로 표현되어 사칙 연산이 가능한 변수로 이산형 변수와 연속형 변수로 구분된다.

측정된 데이터를 정리하고 요약해서 데이터의 모집단을 살펴보게 된다. 데이터는 평균, 중앙값과 같이 하나의 숫자정보로 요약된다. 이러한 데이터의 분포는 도수분포표(frequency table)를 통해 파악된다.

도수분포표는 질적 변수와 양적 변수 등 변수 특성에 따라 작성방법이 달라진다. 질적 변수의 경우 범주를 정하고 그 범주에 속하는 도수와 상대도수를 계산 · 나열하여 표로 작성하여 도수분포표를 작성한다. 양적 변수의 경우 관측값이 가지는 범위를 몇 개의 구간(계급)으로 나누고 각 계급에 도수와 상대도수를 계산하여 표로 정리한다.

【예 5-1】 2001년~2025년 10월 월별 종가기준 단순 주가수익률을 5% 구간으로 나누어 도수분포표를 작성하시오.

<풀이> 월별 종가기준 단순 주가수익률은 <그림 5-1>과 같이 움직인다.

〈그림 5-1〉 월별 종가기준 단순 주가수익률 추이

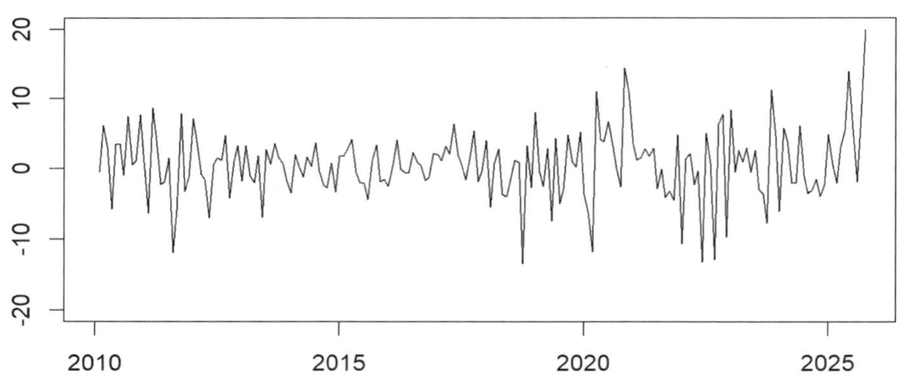

위 그래프를 바탕으로 0%를 기준으로 5% 단위로 구간을 나누고 해당되는 데이터 도수를 구하고 이의 상대빈도수를 구하면 다음 표와 같다.

〈표 5-2〉 구간별 종가기준 단순 주가수익률 도수분포표

	-10%<	-5%~0%	0%~5%	5%~10%	10%~15%	15%~20%	20%~<
빈도수	6	11	65	81	20	5	1
상대빈도수	3.17%	5.82%	34.39%	42.86%	10.58%	2.65%	0.53%

2. 히스토그램

히스토그램(histogram)은 분포를 나타내는 대표적인 그래프로 도수분포표를 막대그래프로 변환한 그래프이다. 히스토그램은 변수의 성격에 따라서 다르게 그린다. 질적 변수의 경우 범주별 상대도수를 막대그래프로 표현한다. 양적 변수의 경우 작성된 도수분포표의 계급 폭을 밑변으로 하고, 그 계급에 포함되는 데이터의 도수에 비례하는 면적을 가진 직사각형을 나열한 그래프를 그린다. 계급구간의 폭을 적절하게 정해서 분포의 모양을 제대로 파악할 필요가 있다. 히스토그램은 계급에 따른 도수로 나타내기 때문에 원 데이터의 정보는 부분적으로 상실된다.

〈그림 5-2〉는 〈표 5-2〉를 바탕으로 작성된 주가수익률을 구간별로 정리한 변수 즉 질적 변수에 대한 히스토그램이다. 〈그림 5-3〉은 주가수익률 자체를 계급을 달리하여 그린 히스토그램이다. 계급구간의 폭을 작게 하면 히스토그램을 통해 분포모양을 보다 자세히 볼 수 있다.

주가수익률의 히스토그램을 통해 중심위치, 산포, 대칭성, 봉우리 개수와 특이항의 존재 여부 등을 살펴볼 수 있다. 〈그림 5-3〉 (b)의 주가수익률 히스토그램을 보면 0 근처가 중심이며, 이를 기준으로 대칭적이다. 그런데 분포로부터 동떨어진 특이항이 있는 것으로 나타나 있다. 이를 바탕으로 해당 변수의 분포가 정규분포와 같은 이론적 분포와 유사한지 살펴보게 된다.

〈그림 5-2〉 단순 주가수익률 구간별 히스토그램

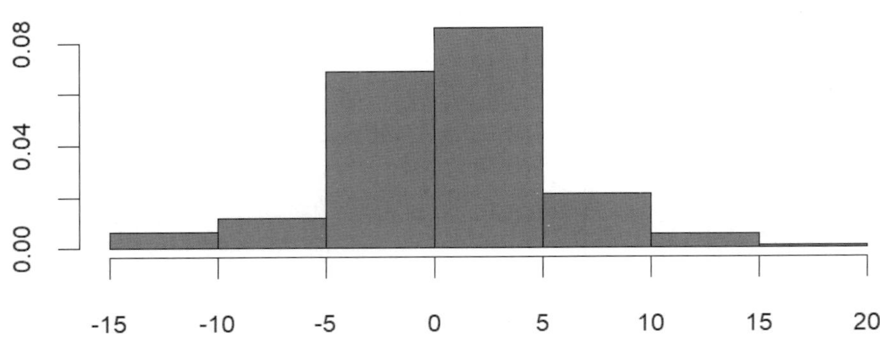

〈그림 5-3〉 단순 주가수익률 히스토그램

(a) 4개 구간 구분

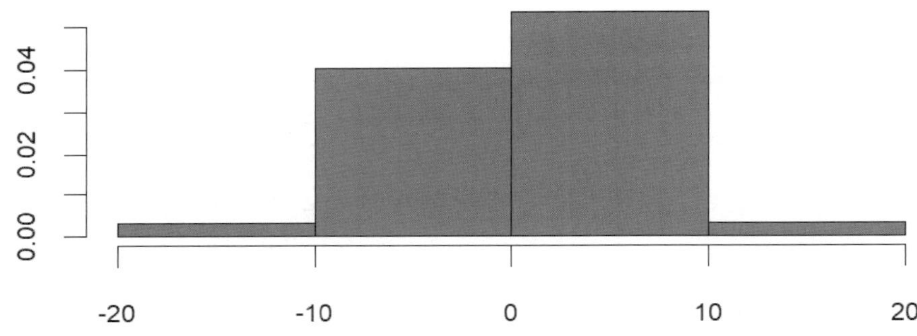

(b) 17개 구간 구분

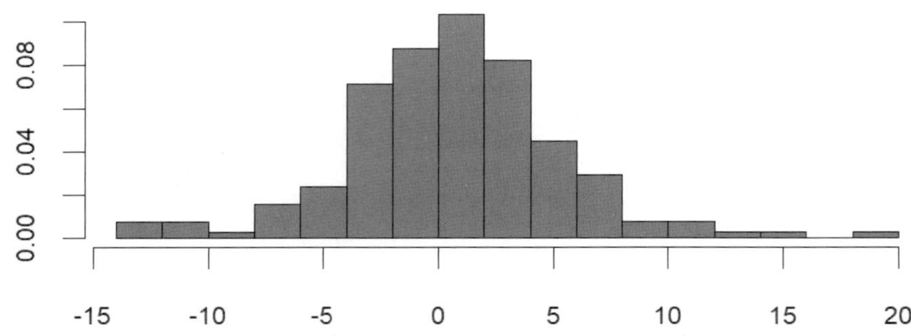

제 2 절 중심값

데이터의 분포를 몇 개의 숫자로 요약해서 살펴보게 된다. 데이터 분포의 중심위치 값으로는 표본평균, 중앙값과 최빈값이 있다.

1. 표본평균

표본평균(sample mean)은 데이터 분포의 중심위치 측도 중에서 가장 많이 이용된다. 어느 금융기관 개인고객의 신용평점이 있다고 하자. 이 데이터로부터 가장 먼저 관심을 갖는 것은 금융기관 개인고객의 신용평점이 어떤 점수를 중심으로 모여 있는지 살펴보는 것이다. 표본평균은 데이터를 다 더한 후 그 값을 데이터 개수로 나누어서 구한다. 데이터가 $x_1, x_2, \cdots, x_n$ 으로 있을 때 표본평균 $\overline{x}$는 식 (5.1)과 같이 구하고 이를 산술평균이라고 부른다. 표본평균은 모집단의 모평균 μ을 추정하는 데 이용된다.

$$\overline{x} = \frac{\text{관측값의 합}}{\text{데이터 개수}} = \frac{1}{n}\sum_{i=1}^{n} x_i \tag{5.1}$$

【예 5-2】 10개 금융기관별로 기업고객 중 그달 부도업체 수를 다음과 같이 정리하였다. 표본평균을 구하시오.

3, 5, 1, 2, 1, 0, 3, 0, 1, 4

<풀이> 표본평균 즉 평균 부도업체 수는 다음과 같이 계산된다.

$$\overline{x} = \frac{1}{10}(3+5+1+2+1+0+3+0+1+4) = 2$$

증감률 $R_1, R_2, \cdots, R_T$의 경우 산술평균보다는 식 (5.2)와 같은 기하평균을 이용한다.

$$\tilde{R} = [\Pi_{t=1}^{T}(1+R_t)]^{1/T} - 1 \tag{5.2}$$

【예 5-3】 2023년, 2024년, 2025년 성장률이 각각 3%, -3%, 3%이다. 3년간 평균성장률을 구하시오.

<풀이> 기하평균은 다음과 같이 구한다.

$$\tilde{R} = (\sqrt[3]{(1+0.03)(1-0.03)(1+0.03)} - 1) \times 100 = 0.95986\%$$

【예 5-4】 【예 5-2】에서 8번째 금융기관의 부도업체 수가 0개가 아니라 실제로는 100개일 때 표본평균을 구하시오.

<풀이> 표본평균 즉 평균 부도업체 수는 다음과 같이 계산된다.

$$\bar{x} = \frac{1}{10}(3+5+1+2+1+0+3+100+1+4) = 12$$

그런데 표본평균은 실제 부도업체 수의 분포와 떨어져 있어 이 데이터를 대표하기 어렵다. 표본평균은 데이터 분포의 무게중심인데 특이점에 의해서 대부분의 데이터와는 멀리 떨어진 큰 값이나 작은 값의 영향을 크게 받는다.

2. 중앙값

특이점에 의해 영향을 받는 표본평균의 단점을 보완해 주는 중심위치 통계량이 중앙값(median)이다. 중앙값은 데이터를 크기 순서로 정리했을 때 식 (5.3)과 같이 정중앙에 위치하는 값이다. 중앙값은 특이항(평균에서 매우 동떨어진 값이 있을 때)이 있을 때 유용하다.

$$\tilde{x}=\begin{cases}\dfrac{n+1}{2}\text{번째 관측값,} & n=\text{홀수}\\ \dfrac{n}{2}\text{번째 관측값과 }\dfrac{n}{2}+1\text{번째 관측값의평균,} & n=\text{짝수}\end{cases} \tag{5.3}$$

【예 5-5】 어느 회사(직원 11명과 임원 2명으로 구성)의 월 급여가 다음과 같다고 하자. 표본평균과 중앙값을 구하고 비교하시오.

월급	100만원	200만원	300만원	1000만원	2000만원
인원	2명	4명	5명	1명	1명

<풀이> 표본평균은 임원 2명의 월급 때문에 11명의 직원 월급보다 크게 나타났다.

$$\bar{x}=\frac{100\times2+200\times4+300\times5+1000+2000}{13}=423.1\text{만원}$$

반면 표본수가 홀수이므로 중앙값은 $\frac{13+1}{2}=7$ 번째 관측값인 3백만원이다. 이와 같이 특이항이 있을 때는 중앙값이 표본평균보다 전체적 데이터 분포를 보다 잘 대표한다.

3. 최빈값

자료의 중심위치를 측정하는 또 다른 방법으로는 최빈값(mode)이다. 최빈값은 데이터 중에서 가장 많이 나타나는 값으로 주로 질적 변수의 대푯값을 구할 때 주로 이용된다. 최빈값의 원리는 여러 사례에서 찾을 수 있다. 예를 들면 대통령 후보 중 유권자로부터 가장 많이 선택된 후보를 국가의 대표인 대통령으로 선출한다. 또한 줄이 가장 길게 서 있는 식당이 그 지역을 대표하는 식당이 된다.

【예 5-6】 다음 데이터의 최빈값을 구하시오.

3, 5, 1, 2, 1, 0, 3, 0, 1, 4

<풀이>
1의 빈도수가 3으로 가장 많으므로 최빈값은 1이다.

4. 중심위치 측도의 비교

중심위치 측도 중에서 표본평균이 가장 많이 이용되고 있다. 특이항이 있다면 표본평균보다는 중앙값과 최빈값이 적당하다. 분포가 대칭적이라면 표본평균, 중앙값과 최빈값은 같아진다. 분포가 왼쪽 또는 오른쪽으로 치우친다면 최빈값, 중앙값과 표본평균은 〈그림 5-4〉와 같이 다른 값을 가지게 된다.

〈그림 5-4〉 분포와 중심위치 측도

(a) 왼 꼬리 분포

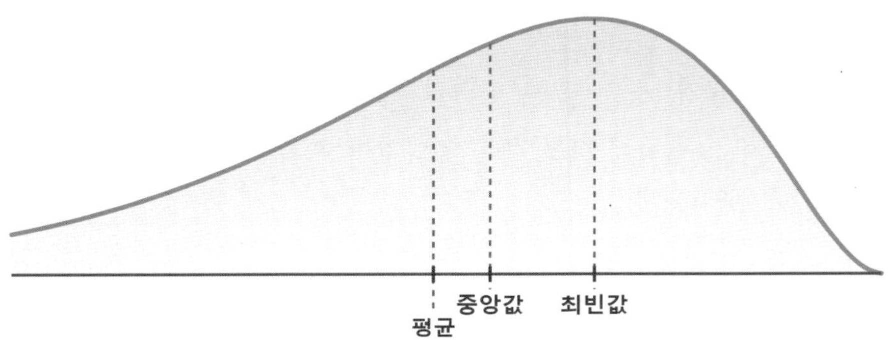

(b) 오른 꼬리 분포

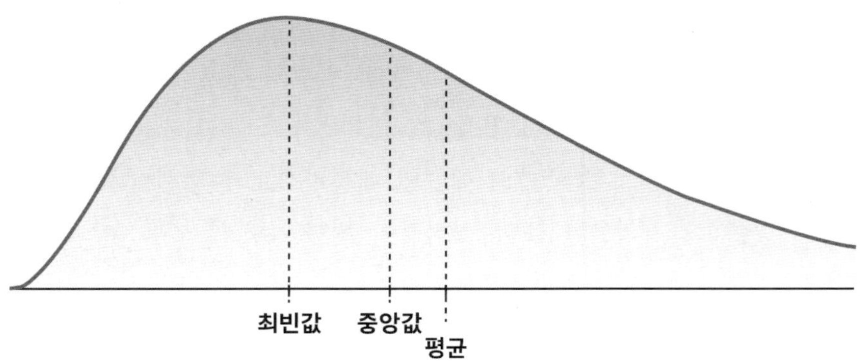

제 3 절 변동성

변동성을 측정하는 산포값으로는 표본분산, 표본표준편차와 사분위범위 등이 있다.

1. 분산과 표준편차

금융상품을 구매하려고 과거 10년간 수익률을 확인한다. 이때 평균 수익률만을 고려한다면 실패하기 쉽다. 예를 들면 평균 연간 수익률이 5%라고 할 때 최저 연간 수익률과 최고 연간수익률이 0%와 10%인지, 아니면 -10%와 20%인지에 따라 투자금액이 달라진다. 이와 같이 표본평균은 같지만 흩어짐의 정도가 다른 경우가 많다.

【예 5-7】 5개 금융상품의 수익률(%)이 다음과 같을 때 표본평균을 구하시오.

[2, 2, 2, 2, 2] [-10, -10, 0, 15, 15]

<풀이> 표본평균은 모두 $\bar{x} = 2\%$이다.

$$\bar{x} = \frac{1}{5}(2+2+2+2+2) = 2$$

$$\bar{x} = \frac{1}{5}(-10-10+0+15+15) = 2$$

가장 간단한 변동성의 측정값으로는 최댓값에서 최솟값을 뺀 범위가 있다. 범위는 예외적으로 크거나 작은 수에 영향을 많이 받는다. 가장 많이 쓰이는 측정값은 표본분산과 표본표준편차이다. 이 측도는 표본평균을 중심으로 데이터가 얼마나 흩어져 있는가를 나타내는 것이다. 데이터 $x_1, x_2, \cdots, x_n$ 이 있을 때 표본분산은 식 (5.4)와 같이 중심값인 표본평균 $\overline{x}$에서 데이터들이 얼마나 멀리 흩어져 있는지 거리를 구한 후 평균하여 구한다. 여기서 n 대신 $n-1$로 나누는 것은 편차 $x_i - \overline{x}$의 합이 0이기 때문이다.

$$s^2 = \frac{1}{n-1}\sum_{i=1}^{n}(x_i - \overline{x})^2 \qquad (5.4)$$

표본분산은 모집단의 분산 $\sigma^2 = Var(X)$을 추정하는데 이용된다. 표본분산의 단위를 일치시키기 위해서 식 (5.5)와 같은 표본분산을 제곱근한 표본표준편차가 이용된다.

$$s = \sqrt{s^2} = \sqrt{\frac{1}{n-1}\sum_{i=1}^{n}(x_i - \overline{x})^2} \qquad (5.5)$$

【예 5-8】 5개 금융상품의 수익률(%)이 다음과 같을 때 표본분산을 구하시오.

[2, 2, 2, 2, 2] [-10, -10, 0, 15, 15]

<풀이> [2, 2, 2, 2, 2] 의 경우 $s^2 = \frac{1}{n-1}\sum_{i=1}^{n}(x_i - \overline{x})^2 = 0$

[-10, -10, 0, 15, 15]의 경우 $s^2 = \frac{1}{n-1}\sum_{i=1}^{n}(x_i - \overline{x})^2 = 157.5$

2. 사분위범위

표본분산과 표본표준편차는 표본평균과 마찬가지로 특이항에 영향을 받는다. 이를 해결하는 방법은 중앙값과 같이 순위를 바탕으로 한 측도를 만들 필요가 있다.

먼저 100분위수(percentiles)를 생각해보자. 이는 데이터를 작은 값에서 큰 값으로 크기순으로 나열한 후 1%~99%되는 순위에 해당하는 관측값이다. $100 \times p$ 백분위수(percentile)는 $100 \times p$ %와 $100 \times (1-p)$ %를 나누는 관측값이다. 4분위수(quartiles)는 데이터를 크기순으로 나열한 후 25%, 50%, 75%되는 순위의 관측값이다. 25%, 50%, 75%되는 순위의 관측값을 각각 제1사분위수(Q_1), 제2사분위수(Q_2)와 제3사분위수(Q_3)라 부른다. 여기서 제2사분위수는 중앙값(median)이다.

사분위수의 차이를 바탕으로 산포의 측도를 생각할 수 있는데 이를 사분위수범위(interquartile range: IQR)라고 하는데 식 (5.6)과 같이 구한다.

$$\text{IQR} = \text{제3사분위수} - \text{제1사분위수} = Q_3 - Q_1 \tag{5.6}$$

【예 5-9】 금융기관 여신담당자로부터 30개 기업의 신뢰도를 설문조사한 결과 다음과 같은 점수를 얻었다. 이 데이터로부터 표준편차와 사분위 범위를 구하시오.

45, 90, 21, 57, 51, 91, 78, 64, 59, 71, 70, 52, 56, 51, 35, 94,
65, 80, 56, 46, 49, 64, 76, 86, 58, 65, 90, 70, 56, 52

<풀이> 표준편차는 17.32이고, $Q_3 = 76$, $Q_1 = 52.0$이므로 사분위범위는 74.75-52.0 = 22.75이다.

제 4 절 왜도와 첨도

분포의 형태를 정해주는 측도로 왜도와 첨도가 있다. 이를 통해 분포를 보다 세밀하게 파악할 수 있다.

1. 왜도

왜도(skewness)는 데이터 분포의 대칭성을 파악하는데 이용되는 측도로 식 (5.7)과 같은 확률변수의 3차 적률값인 왜도인데 이를 특정할 수 있는 측도는 식 (5.8)과 같다.

$$\mu_3 = E(\frac{X-\mu}{\sigma})^3 \tag{5.7}$$

$$\widehat{\mu_3} = \frac{n}{(n-1)(n-2)} \frac{\sum_{i=1}^{n}(x_i - \overline{x})^3}{s^3} \tag{5.8}$$

왜도가 0인 경우 대칭분포이며, +인 경우 오른쪽 꼬리가 긴 분포이고, −인 경우 왼쪽 꼬리가 긴 분포이다. 또한 왜도의 절댓값이 클수록 비대칭 정도가 크다.

【예 5-10】 【예 5-9】의 히스토그램을 그리고 왜도를 구하시오.

<풀이> 【예 5-9】의 히스토그램은 <그림 5-5>와 같다. 왜도는 − 0.0645이다.

〈그림 5-5〉 기업 신뢰도의 히스토그램

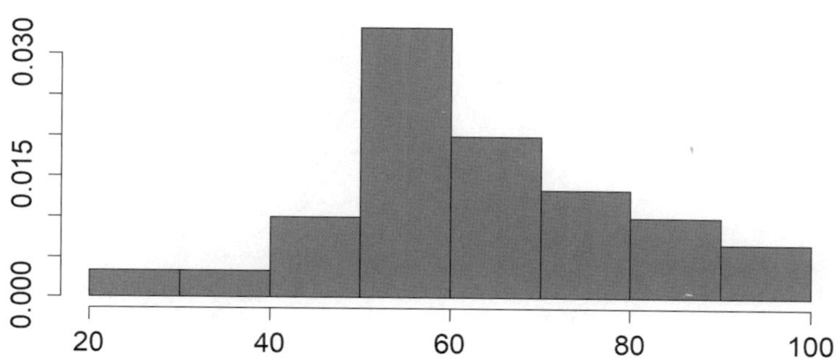

참고로 1,000개의 정규분포로부터 난수를 구해서 왜도를 구해보면 그 값은 - 0.005이다.

2. 첨도

첨도(kurtosis)는 분포의 꼬리부분에 얼마나 데이터가 분포하는가를 알려주는 측도이다. 첨도는 확률변수의 식 (5.9)과 같은 4차 적률이며 이를 추정할 수 있는 관련 측도는 식 (5.10)과 같다.

$$\mu_4 = E(\frac{X-\mu}{\sigma})^4 \tag{5.9}$$

$$\widehat{\mu_4} = \frac{n(n+1)}{(n-1)(n-2)(n-3)} \frac{\sum_{i=1}^{n}(x_i - \overline{x})^4}{s^4} \tag{5.10}$$

첨도계수값은 정규분포와 비교된다. 정규분포로부터 산출된 데이터의 첨도값은 3이다. 특이항이 많은 긴 꼬리(leptokurtic, long tail) 분포의 경우 첨도값이 3보다 크게, 짧은 꼬리(platykurtic, short tail) 분포의 경우 첨도값이 3보다 작게 나타난다.

〈그림 5-6〉 첨도에 따른 분포 그래프

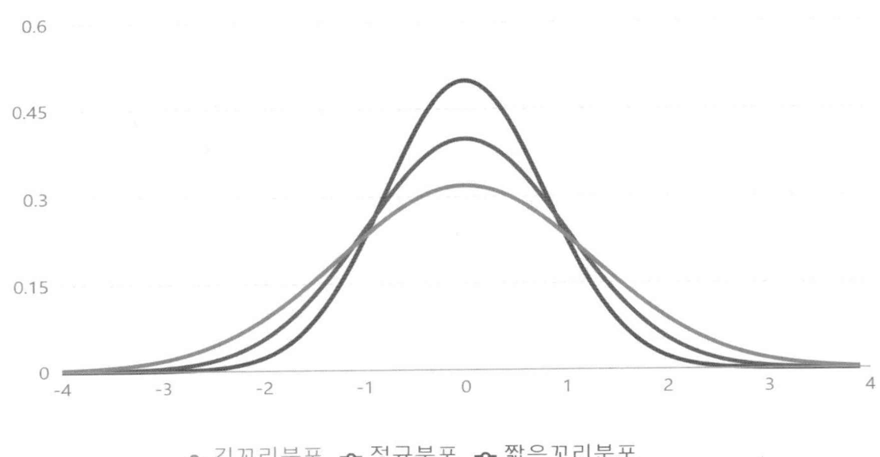

【예 5-11】 【예 5-9】의 데이터에 대한 첨도값을 구하시오.

<풀이> 【예 5-9】의 데이터에 대해 첨도값을 구했는데 그 값은 3.35이다. 참고로 1,000개의 정규분포로부터 난수를 구해서 첨도를 구해보면 그 값은 2.92로 3과 비슷하다.

제5절 확률분포의 추정

1. 상자그림

데이터의 특징을 요약해 주는 사분위수, 최댓값과 최솟값의 5개 숫자를 그래프로 표현해주는 것이 상자그림(box plot)이다. 다섯 수치 중 중앙값은 중심위치 측도, 사분위수범위는 산포 측도이다. 상자그림 작성 순서는 다음과 같다. 먼저, 1사분위수(Q_1)와 3사분위수(Q_3)를 이용해서 상자를 그린 후 중앙값을 상자 가운데 그린다. 둘째, 사분위수범위의 1.5배 값을 Q_1에서 차감한 값($Q_1 - 1.5 \times IQR$)과 Q_3에 더한 값($Q_3 + 1.5 \times IQR$)까지 선으로 연결한다. 여기서 선을 수염이라 부른다. 최솟값과 최댓값이 이 구간 내에 있다면 그 값까지 선을 연결한다. 셋째, [$Q_1 - 1.5 \times IQR$, $Q_3 + 1.5 \times IQR$]의 밖의 값을 특이항이라 판단하고 * 또는 ◦로 표현한다.

〈그림 5-7〉 상자그림의 구조

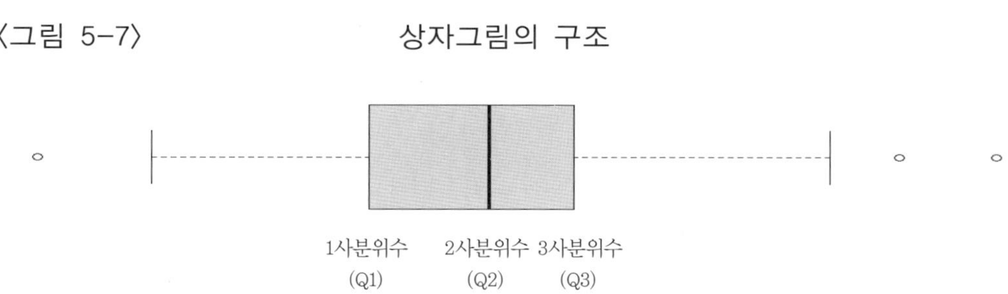

【예 5-12】 2010년~2025년 10월 월별 한국종합주가지수(Kospi)와 월별 코스닥지수(Kosdaq) 로그수익률의 상자그림을 그리시오.

<풀이> 월별 한국종합주가지수(Kospi)와 월별 코스닥지수(Kosdaq) 로그수익률의 다섯 수치를 정리하면 다음과 같다.

〈표 5-3〉 한국종합주가지수(Kospi)와 코스닥지수(Kosdaq) 로그수익률의 요약

	Kospi(%)	Kosdaq(%)
최솟값	-14.36	-23.71
Q_1	-2.06	-3.00
Q_2 (중앙값)	0.76	0.65
표본 평균	0.50	0.31
Q_3	3.47	4.11
최댓값	18.18	13.48

이를 상자그림으로 그려보면 〈그림 5-8〉과 같다. 이를 보면 Kospi 로그수익률이 Kosdaq 로그수익률에 비해 변동성이 작은 것으로 나타났다.

〈그림 5-8〉 Kospi 로그수익률과 Kosdaq 로그수익률의 상자그림

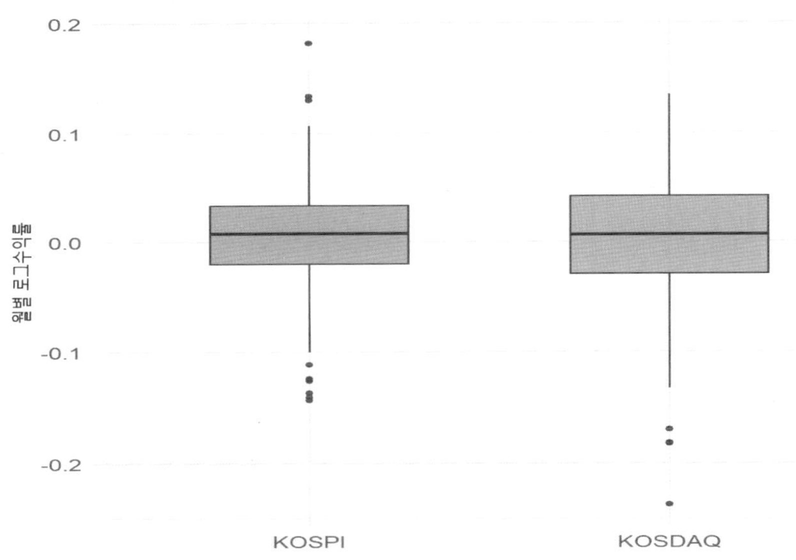

2. 확률밀도함수의 추정

데이터 $x_1, x_2, \cdots, x_n$ 가 미지의 확률밀도함수 f에서 추출되었다고 생각하고 이 f를 추정하는 것에 관심을 가지게 된다. 이때 주로 이용되는 방법이 식 (5.11) 커널(kernel)

확률밀도 추정법이다.

$$\hat{f}_h(x) = \frac{1}{n}\sum_{i=1}^{n}\frac{1}{h}K(\frac{x-x_i}{h}) \tag{5.11}$$

여기서 커널 함수 K는 가중평균함수를 의미하는데 대표적인 커널 함수 K로는 uniform, triangular, biweight, triweight, Epanechnikov, normal 함수 등이 있다. 추정된 확률밀도함수는 평활화 모수 h에 따라서 그 모양이 달라진다. h가 커지면 보다 평활화된 확률밀도함수를 얻을 수 있다. 확률밀도함수는 일종의 평활화된 히스토그램이라고 할 수 있다.

【예 5-13】 2010년~2025년 10월 월별 한국종합주가지수(Kospi) 로그수익률의 히스토그램을 그리고 그 위에 커널(kernel) 확률밀도함수 추정결과를 선으로 표현하시오.

〈풀이〉 커널(kernel) 확률밀도함수 추정결과는 〈그림 5-9〉의 선으로 나타나 있는데 히스토그램을 대표하는데 적합한 추정값이라고 판단된다.

〈그림 5-9〉 Kospi 단순수익률의 확률밀도함수 추정

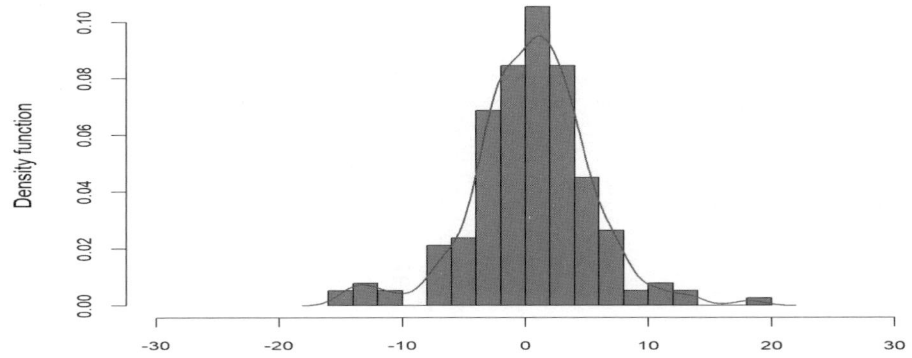

연습문제

(※ 1~3) 10개의 금융상품의 수익률(%)은 다음과 같다.

-2, -1, 0, 2, 2, 3, 4, 4, 5, 13

1. 표본평균값은?
   ① 2.1 ② 2.5 ③ 3.0 ④ 3.5 ⑤ 3.8

2. 중앙값은?
   ① 2.1 ② 2.5 ③ 3.0 ④ 3.5 ⑤ 3.8

3. 범위값은?
   ① 2.0 ② 3.0 ③ 5.0 ④ 7.0 ⑤ 15.0

(※ 4~5) 분포의 모양이 다음과 같을 때 다음 물음에 답하시오.

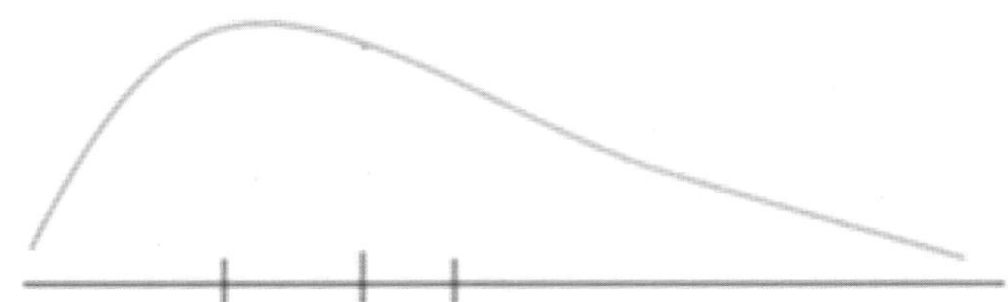

4. 다음 관계 중 가장 바른 것을 고르시오.
   ① 표본평균 〈 최빈값 〈 중앙값
   ② 최빈값 〈 중앙값 〈 표본평균
   ③ 중앙값 〈 표본평균 〈 최빈값
   ④ 중앙값 〈 최빈값 〈 표본평균
   ⑤ 최빈값 〈 표본평균 〈 중앙값

연습문제

5. 다음 설명 중 가장 바른 것은?
   ① 이 분포의 왜도는 정규분포 왜도값보다 큰 양수 값을 가진다.
   ② 이 분포의 왜도는 정규분포 왜도값보다 작은 음수 값을 가진다.
   ③ 이 분포의 왜도는 정규분포 왜도값과 같은 양수 값을 가진다.
   ④ 이 분포의 왜도는 정규분포 왜도값과 같은 음수 값을 가진다.
   ⑤ 이 분포의 왜도는 정규분포 왜도값과 같은 0의 값을 가진다.

(※ 6~7) 월별 한국종합주가지수(Kospi)와 월별 코스닥지수(Kosdaq) 로그수익률을 요약하면 다음과 같다.

	Kospi(%)	Kosdaq(%)
최솟값	-14.36	-23.71
Q_1	-2.06	-3.00
Q_2	0.76	0.65
평균	0.50	0.31
Q_3	3.47	4.11
최댓값	18.18	13.48

6. 한국종합주가지수 로그수익률의 사분위범위(IQR)값으로 가장 가까운 값은?
   ① 0.26 ② 1.26 ③ 5.53 ④ 21.65 ⑤ 32.54

7. 코스닥지수 로그수익률의 중앙값으로 가장 가까운 값은?
   ① −3.00 ② 0.65 ③ 0.31 ④ 4.11 ⑤ 5.53

8. 정기예금의 이자율을 월별로 측정하였는데 1년간 동일하게 2%였다. 1년간 월별 정기예금 이자율의 표본표준편차값으로 가장 가까운 값은?
   ① 0.0 ② 1/12 ③ 1/6 ④ 2.0 ⑤ 4.0

9. 상자그림을 통해 알 수 없는 것은?
   ① 최댓값 ② 최솟값 ③ 중앙값 ④ 최빈값 ⑤ 사분위범위

정답 및 해설

1. ③ $\bar{x} = \frac{1}{10} \times 30 = 3.0$
2. ② 순서대로 정리해보면 다섯 번째와 여섯 번째값이 각각 2와 3이다. 따라서 중앙값은 이들을 평균한 2.5이다.
3. ⑤ 범위값은 최댓값에서 최솟값을 뺀 15.0이다.
4. ② 분포가 오른쪽으로 긴 꼬리이므로 '최빈값 〈 중앙값 〈 표본평균'이 성립한다.
5. ① 분포가 오른쪽으로 긴 꼬리이므로 이 분포의 왜도는 정규분포 왜도값 0보다 큰 양수의 값을 가진다.
6. ③ IQR = Q3- Q1 = 3.47-(-2.06) = 5.53
7. ② 중앙값은 Q2이므로 0.65
8. ① 이자율이 모두 같으므로 표본표준편차값은 0.0이다.
9. ④ 상자그림을 통해 알 수 없는 것은 최빈값이다.

제 6 장

표본분포와 추정

학습목표

1. 표본평균의 분포를 구할 수 있다.
2. 표본분산의 분포를 구할 수 있다.
3. 대수의 법칙을 이해할 수 있다.
4. 점추정을 이해할 수 있다.
5. 구간추정을 이해할 수 있다.

학습개요

모집단 분포의 모수를 추정하기 위해서는 모집단에서 표본을 추출하여 구한 표본평균과 표본분산 등과 같은 통계량을 이용하게 되는데 이들은 별도의 분포인 표본분포를 따르게 된다. 표본의 수가 커지면서 표본평균의 분포는 정규분포에 수렴하게 된다. 이러한 통계량의 표본분포를 바탕으로 모수를 하나의 값 또는 구간으로 추정하게 된다. 이 장에서는 표본분포와 통계량을 이용한 모수의 점추정과 구간추정에 대해 살펴본다.

제 1 절 표본평균의 분포

1. 표본평균의 분포

모집단(population)은 관심의 대상이 되는 전체이다. 우리의 관심은 모집단에 속하는 확률변수의 확률분포를 파악하는 것이다. 모집단의 확률분포는 몇 개의 특성값인 모수를 포함한 수리적 형태를 지닌 확률밀도(질량)함수로 표현된다. 따라서 모집단을 아는 것은 모수를 아는 것과 같다. 모수를 파악하기 위해 모집단의 일부인 표본(sample)을 임의로 추출한다. 예를 들면 우리나라 모든 도시가구의 가계부채를 알기 위해서 1,000가구를 임의 추출하여 조사하였다면, 이때 모든 도시가구는 모집단이며, 뽑힌 1,000가구는 표본이다. 모든 도시가구의 가계부채는 일정한 분포형태를 띤다. 그런데 모집단 전체를 일일이 파악하기는 어렵기 때문에 뽑힌 1,000가구의 가계부채의 중심값으로 모집단인 모든 도시가구의 평균 가계부채를 추정하게 된다. 여기서 모집단 가계부채의 평균값이 모수(parameter)이다.

이와 같이 표본은 모수의 구체적인 값을 추정하기 위해 추출되며, 표본으로부터 표본평균과 같은 통계량값을 구한다. 예를 들어 우리나라 가구 중 임의 추출한 1,000가구를 조사해서 구한 평균 가계부채가 2,000만원이라면 이 값이 통계량값이다. 모수는 알 수 없는 상수이므로 표본으로부터 얻은 통계량값으로부터 모수를 추정하게 된다. 표본에서 구한 통계량값은 표본이 추출되는 상황에 따라서 값이 다르게 나타난다. 예를 들어 우리나라 가구 중 3회에 걸쳐 1,000가구씩 임의 추출하여 가계부채를 조사해서 평균을 내보면 조사할 때마다 그 결과가 다르게 나타난다.

표본으로부터 통계량값을 구하기 위한 수식을 통계량(statistic)이라고 한다. 대표적인 통계량으로는 모집단의 평균을 추정하기 위한 표본평균이 있다. 예를 들어 어떤 확률변수 X_1, X_2, $\cdots$, X_n이 평균 μ, 분산 σ^2인 정규분포를 따르는 모집단에서 추출되었다면 모평균 μ를 추정하기 위한 표본평균은 식 (6.1)과 같다.

$$\overline{X}=\frac{1}{n}(X_1+X_2+\cdots+X_n) \tag{6.1}$$

평균 μ, 분산 σ^2인 정규 모집단에서 표본크기 n인 표본 $X_1, X_2, \ldots, X_n$을 임의로 뽑았을 때 표본평균 $\overline{X}$는 식 (6.2)와 식 (6.3)의 기댓값과 분산을 가지는 정규분포를 따른다.

$$E(\overline{X}) = E(X_1) = \mu \tag{6.2}$$

$$Var(\overline{X}) = \frac{1}{n} Var(X_1) = \frac{\sigma^2}{n} \tag{6.3}$$

모집단이 평균은 μ, 분산이 σ^2인 정규분포를 따를 때 표본평균 $\overline{X}$의 분포는 평균이 μ, 분산이 σ^2/n인 정규분포가 된다. 즉 $X_1, X_2, \ldots, X_n \sim N(\mu, \sigma^2)$이면 $\overline{X} \sim N(\mu, \sigma^2/n)$이다. 〈그림 6-1〉은 모평균 15, 분산 4인 정규분포로부터 구해진 표본 수 1, 2, 4인 표본평균의 분포이다. 이를 보면 표본 수가 2, 4로 커짐에 따라서 표본평균의 분산이 2, 1로 줄어들어 표본평균이 모평균 중심으로 밀집해서 분포함을 알 수 있다. 따라서 표본 수가 적당히 커지면 표본평균이 모평균의 좋은 추정량이 될 수 있다고 생각된다. 표본평균을 표준화한 $\dfrac{\overline{X}-\mu}{\sigma/\sqrt{n}}$는 표준정규분포를 따르게 된다.

〈그림 6-1〉 표본평균의 분포

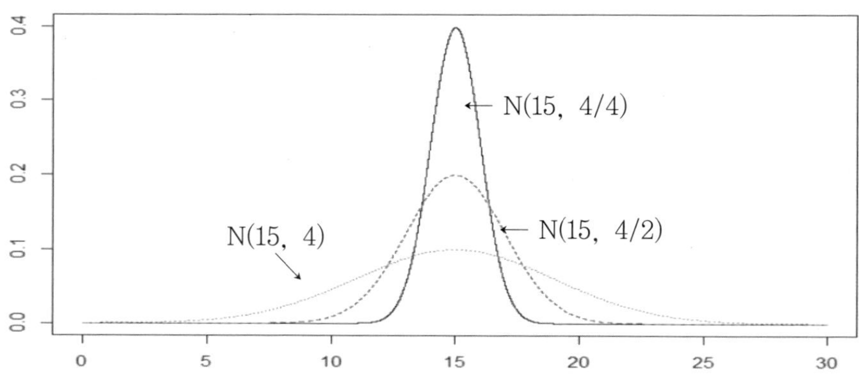

【예 6-1】 어느 은행의 개인고객의 신용평점이 평균 850, 표준편차 30인 정규분포를 따른다고 하자. 이 은행에서 9명을 무작위로 뽑아서 평균 신용평점을 구했다.

(1) 평균 신용평점의 기댓값과 분산을 구하시오.

(2) 평균 신용평점이 870보다 클 확률을 구하시오.

<풀이> (1) 표본평균의 기댓값과 분산은 식 (6.2)와 식 (6.3)과 같다. 이를 통해 표본평균의 기댓값과 분산을 구해보면 아래와 같다.

$$E(\overline{X}) = 850,\ \ Var(\overline{X}) = \frac{1}{9} \times 30^2 = 100$$

(2) $X_1,\ X_2,\ \ldots,\ X_9$는 $N(850, 30^2)$를 따르므로 $\overline{X}$는 $N(850, 10^2)$을 따른다. 따라서 평균 신용평점이 870보다 클 확률은 다음과 같다.

$$\begin{aligned} P(\overline{X} > 870) &= P\left(\frac{\overline{X} - 850}{\sqrt{100}} > \frac{870 - 850}{\sqrt{100}}\right) \\ &= P(Z > 2) \\ &= 1 - P(Z \le 2) \\ &= 1 - 0.977 = 0.023 \end{aligned}$$

2. t분포

n개의 확률변수 $X_1,\ X_2,\ \cdots,\ X_n$ 이 서로 독립이고 동일한 $N(\mu,\ \sigma^2)$을 따르는 경우 표본평균 $\overline{X}$를 표준화한 확률변수는 식 (6.4)와 같이 표준정규분포를 따른다.

$$\frac{\overline{X} - \mu}{\sigma / \sqrt{n}} \sim N(0,\ 1) \tag{6.4}$$

그런데 통상 모집단의 분산 σ^2을 알 수 없다. 이처럼 모분산을 모를 경우 모분산 σ^2을 표본분산 S^2으로 대치한다. 1908년에 고셋은 스튜던트(Student)라는 필명으로 식 (6.4)에서 모분산 σ^2을 표본분산 S^2으로 대치한 식 (6.5)의 통계량 분포는 자유도 $n-1$인 t분포임을 밝혔다.

$$\frac{\overline{X}-\mu}{S/\sqrt{n}} \sim t(n-1) \tag{6.5}$$

자유도 $n-1$인 t분포의 확률밀도함수는 식 (6.6)과 같다.

$$f(x)=\frac{\Gamma\left(\frac{n}{2}\right)}{\Gamma\left(\frac{1}{2}\right)\Gamma\left(\frac{n-1}{2}\right)}\left(1+\frac{x^2}{n-1}\right)^{-\frac{n}{2}}\frac{1}{\sqrt{n-1}}, \qquad -\infty < x < \infty \tag{6.6}$$

t분포는 〈그림 6-2〉와 같이 표준정규분포처럼 평균값인 0에 대하여 좌우대칭이고 종 모양이며, 자유도에 의해 그 분포 모양이 결정된다. 자유도가 1인 t분포의 경우 꼬리 부분이 두꺼운 모습을 보이고 있으나 자유도가 증가함에 따라 t분포는 표준정규분포에 가까워진다.

〈그림 6-2〉 t분포(확률밀도함수)

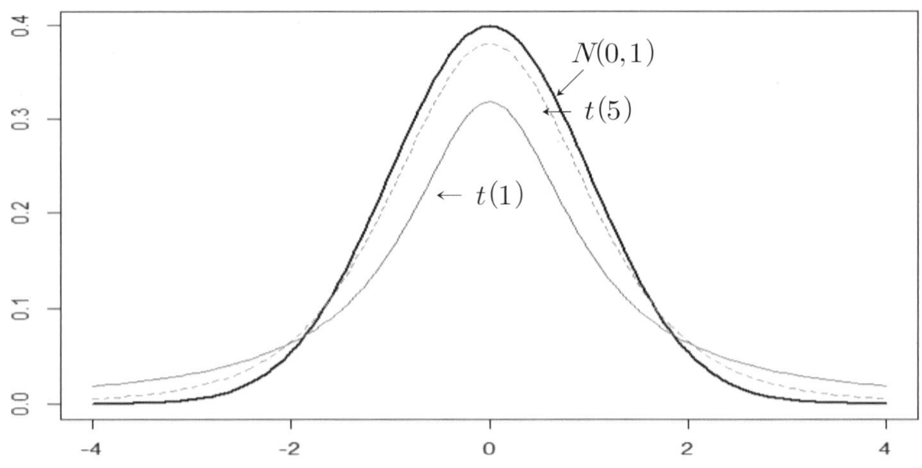

【예 6-2】 $X_1, X_2, \cdots, X_{10}$ 이 서로 독립이고 각각 $N(\mu, \sigma^2)$을 따를 경우 $P\left(\frac{\overline{X}-\mu}{S/\sqrt{n}} > 1.833\right)$의 확률을 구하시오.

<풀이> $\frac{\overline{X}-\mu}{S/\sqrt{10}} \sim t(9)$ 이므로 $P\left(\frac{\overline{X}-\mu}{S/\sqrt{n}} > 1.833\right)$ 을 구해보면 0.05이다.

제 2 절 표본분산의 분포

1. 카이제곱분포

표준정규분포를 따르는 확률변수의 제곱은 자유도 1인 카이제곱분포 $\chi^2(1)$을 따른다. 개별 확률변수가 서로 독립적인 카이제곱분포를 따를 때 가법성을 가진다.

n개의 확률변수 $X_1,\ X_2,\ \cdots,\ X_n$이 서로 독립이고 각각 $N(\mu,\ \sigma^2)$을 따를 경우 다음과 같이 성립한다.

① $\left(\dfrac{X_i-\mu}{\sigma}\right)^2 \sim \chi^2(1)$, 여기서 $\dfrac{X_i-\mu}{\sigma} \sim N(0,\ 1)$

② $\left(\dfrac{X_1-\mu}{\sigma}\right)^2+\left(\dfrac{X_2-\mu}{\sigma}\right)^2+\ \cdots\ +\left(\dfrac{X_n-\mu}{\sigma}\right)^2=\sum_{i=1}^{n}\left(\dfrac{X_i-\mu}{\sigma}\right)^2 \sim \chi^2(n)$

③ $\dfrac{(n-1)S^2}{\sigma^2} \sim \chi^2(n-1)$

확률변수 X는 자유도가 n인 카이제곱분포 $\chi^2(n)$을 따른다. $\chi^2(n)$을 따르는 연속형 확률변수 X의 확률밀도함수는 식 (6.7)과 같다.

$$f(x)=\frac{1}{\Gamma\left(\frac{n}{2}\right)}\left(\frac{1}{2}\right)^{\frac{n}{2}}x^{\frac{n}{2}-1}e^{-\frac{1}{2}x},\quad x>0 \tag{6.7}$$

카이제곱분포는 〈그림 6-3〉과 같이 비대칭 분포이며 비대칭 정도는 자유도에 의해 결정된다. 자유도가 커질수록 분포의 모습이 대칭적으로 된다. $\chi^2(n)$을 따르는 확률변수 X의 평균과 분산은 각각 $E(X)=n$ 과 $Var(X)=2n$이다.

〈그림 6-3〉 카이제곱분포(확률밀도함수)

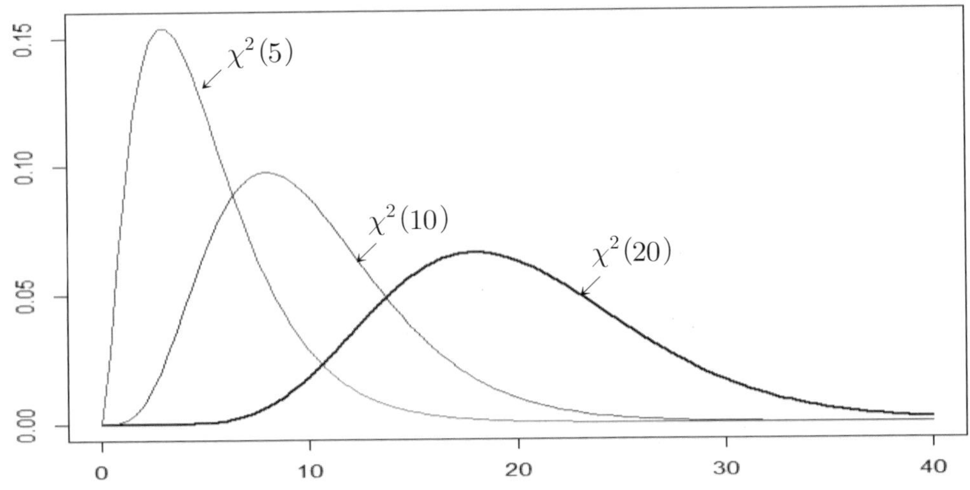

【예 6-3】 $X_1,\ X_2,\ \cdots,\ X_{10}$ 이 서로 독립이고 각각 $N(\mu,\ \sigma^2)$을 따를 경우에 $P(S^2 > 1.88\sigma^2)$ 의 확률을 구하시오.

<풀이> $\frac{(n-1)S^2}{\sigma^2} \sim \chi^2(9)$ 이므로 $P\left(\frac{9S^2}{\sigma^2} > 1.88 \times 9\right) = P\left(\frac{9S^2}{\sigma^2} > 16.92\right) = 0.05$

2. *F*분포

일반적으로 두 집단을 비교할 때는 평균값을 이용하지만 특별한 경우에는 분산을 사용하여 비교하는 경우가 있다. 예를 들면 두 명의 평가자가 신용평점을 채점하는 데 있어서 신용평점의 분포가 같은지 여부를 알고 싶을 때 두 집단의 분산을 비교하게 된다. 이 때 우리는 표본분산비를 이용하게 된다. 표본분산은 카이제곱분포를 따르므로 표본분산비는 두 개의 독립인 카이제곱분포 통계량의 비로 표현된다. 이때 표본분산의 비는 F분포를 따른다. 두 확률변수가 $V_1 \sim \chi^2(r_1)$, $V_2 \sim \chi^2(r_2)$ 이고 서로 독립일 때 F통계량은 식 (6.8)과 같이 정의된다. 여기서 r_1과 r_2는 자유도이다.

$$F = \frac{V_1/r_1}{V_2/r_2} \sim F(r_1,\ r_2) \tag{6.8}$$

두 개의 서로 다른 정규분포 집단에서 각각 확률표본을 얻었을 경우 우리는 두 개의 표본분산을 구할 수 있다. 표본분산을 비교하기 위해 표본분산비의 분포에 대해서 살펴보자. m개의 확률변수 X_i는 $N(\mu_1,\ \sigma_1^2)$의 확률표본이고, n개의 확률변수 Y_j는 $N(\mu_2,\ \sigma_2^2)$의 확률표본이다. 확률변수 X_i와 Y_j가 서로 독립이고 각각의 확률표본의 표본분산은 식 (6.9)과 같이 구한다.

$$S_1^2 = \frac{1}{m-1}\sum_{i=1}^{m}\left(X_i - \overline{X}\right)^2 \ ,\ S_2^2 = \frac{1}{n-1}\sum_{j=1}^{n}\left(Y_j - \overline{Y}\right)^2 \tag{6.9}$$

각각의 표본분산은 식 (6.10)과 같은 카이제곱분포를 따른다.

$$\frac{(m-1)S_1^2}{\sigma_1^2} \sim \chi^2(m-1) \quad , \quad \frac{(n-1)S_2^2}{\sigma_2^2} \sim \chi^2(n-1) \tag{6.10}$$

F분포의 정의에 의하여 두 표본분산비는 식 (6.11)과 같이 F분포를 따른다.

$$F = \frac{\dfrac{(m-1)S_1^2}{\sigma_1^2}\Big/(m-1)}{\dfrac{(n-1)S_2^2}{\sigma_2^2}\Big/(n-1)} = \frac{S_1^2}{S_2^2} \cdot \frac{\sigma_2^2}{\sigma_1^2} \sim F(m-1,\ n-1) \tag{6.11}$$

F분포는 〈그림 6-4〉와 같은 모습을 보이며 다음의 특성을 가지고 있다.

① 두 확률변수 $V_1 \sim \chi^2(r_1)$, $V_2 \sim \chi^2(r_2)$ 이고 서로 독립일 때 $F = \dfrac{V_1/r_1}{V_2/r_2} \sim F(r_1,\ r_2)$

② $F \sim F(r_1,\ r_2)$ 이면 $\dfrac{1}{F} \sim F(r_2,\ r_1)$

③ $T \sim t(n)$이면 $T^2 \sim F(1,\ n)$

〈그림 6-4〉 F 분포(확률밀도함수)

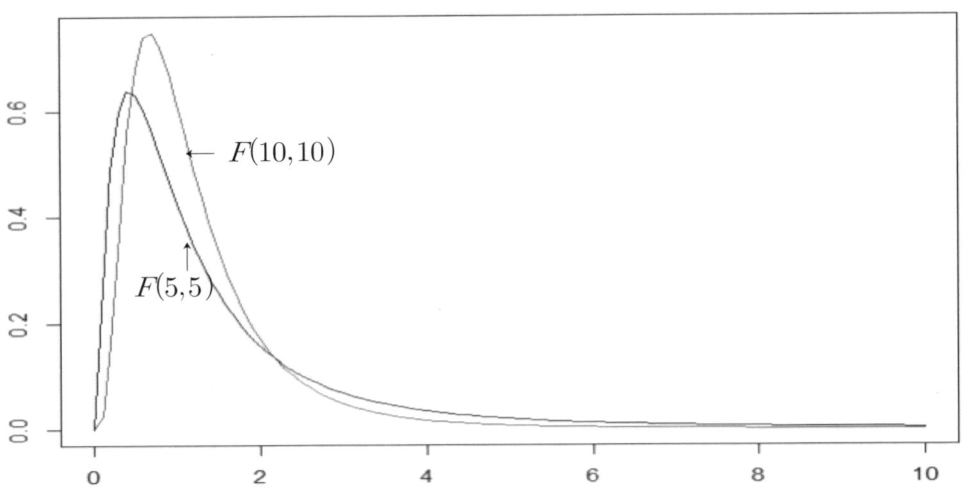

【예 6-4】 $X_1,\ \cdots,\ X_{10} \sim N(\mu,\ \sigma_1^2)$의 확률표본이고 $Y_1,\ \cdots,\ Y_{20} \sim N(\mu,\ \sigma_2^2)$의 확률표본이고, X_i와 Y_i가 서로 독립이다. $\{X_1,\ \cdots,\ X_{10}\}$과 $\{Y_1,\ \cdots,\ Y_{10}\}$의 표본분산을 각각 S_1^2와 S_2^2이라 할 때 다음 확률값을 구하시오.

$$P\left[\frac{S_1^2}{S_2^2} / \frac{\sigma_1^2}{\sigma_2^2} \le 1.984\right]$$

<풀이> $\frac{S_1^2}{S_2^2} / \frac{\sigma_1^2}{\sigma_2^2} \sim F(10-1,\ 20-1) = F(9,\ 19)$이므로 $P\left[\frac{S_1^2}{S_2^2} / \frac{\sigma_1^2}{\sigma_2^2} \le 1.984\right] = 0.9$이다.

제 3 절 대수의 법칙

1. 대수의 법칙

모집단이 정규분포 $N(\mu, \sigma^2)$을 따를 때 n개의 확률표본의 표본평균은 $N\left(\mu, \frac{\sigma^2}{n}\right)$을 따른다. 여기서 σ^2은 상수이다. n이 무한히 커지면 분산이 0에 수렴하므로 표본평균은 상수값 μ에 근접하게 된다. 이를 표본평균 $\overline{X}$가 상수값 μ에 확률적으로 수렴한다고 하며 식 (6.12)로 표현한다.

$$\overline{X} \xrightarrow{p} \mu \tag{6.12}$$

2. 중심극한정리

데이터 분석에서 표본평균은 모집단의 중심을 추정한다는 점에서 매우 중요하다. 모집단이 정규분포를 따르는 경우 표본평균은 앞에서 설명한 대로 정규분포를 따른다. n이 커짐에 따라 표본평균의 분포는 밀집된 모양을 보인다.

모집단이 정규분포를 따르지 않는 경우에는 표본평균은 어떤 분포를 따를까? 모집단이 베르누이 분포를 따를 때 표본평균, 즉 표본비율은 정규분포로 근사된다. 마찬가지로 모집단의 분포가 정규분포가 아니더라도 n이 충분히 크면 표본평균은 정규분포에 근사한다고 수학적으로 증명되어 있다. 이를 중심극한정리(central limit theorem)라고 한다. 중심극한정리를 정리하면 다음과 같다.

"평균 μ, 분산 σ^2인 무한 모집단에서 n개의 표본을 임의로 뽑았을 때 표본의 크기가 무한히 커지면 모집단의 분포에 관계없이 표본평균과 관련된 $\sqrt{n}(\overline{X}-\mu)$는 근사적으로 정규분포 $N(0,\sigma^2)$를 따른다."

〈그림 6-5〉를 보면 모집단의 분포가 각기 정규분포, 감마분포, 균등분포, 베타분포이고 이로부터 구한 표본평균은 표본 수가 2인 경우 표본평균의 분포는 서로 다르지만 표본 수가 30이 되면 중심극한정리에 따라서 모집단의 분포와 관계없이 표본평균의 분포는 정규분포와 같은 모습으로 근접해 가는 것을 볼 수 있다.

〈그림 6-5〉 표본평균의 분포

(a) 표본크기(n) = 2

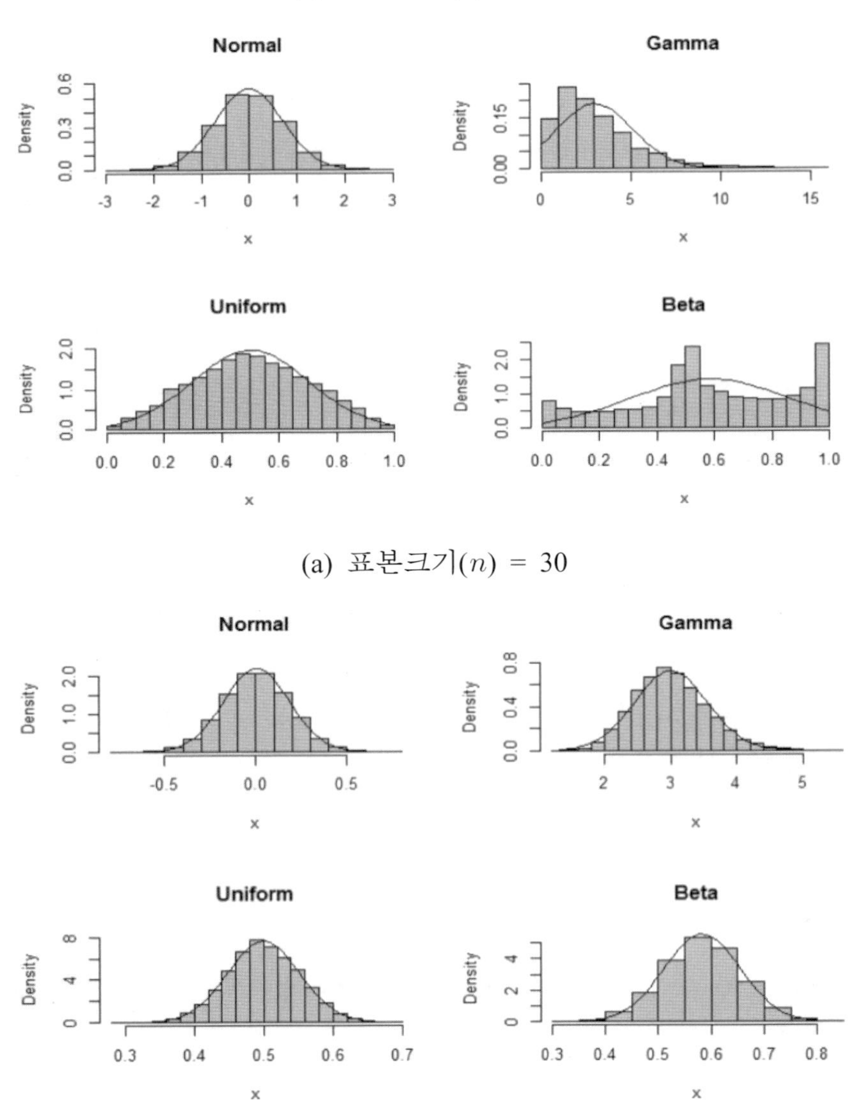

【예 6-5】 어느 지역 가구주의 월 평균소득은 3,000,000원, 표준편차는 250,000원이라 한다. 이 지역에서 25명의 가구주를 임의로 뽑았을 때 평균이 290만원에서 310만원 사이에 있을 확률을 구하시오.

<풀이> 중심극한정리에 의해 표본평균 $\overline{X}$는 $N(3,000,000,\ \frac{250,000^2}{25})$을 따른다.

$$P(290\text{만} \le \overline{X} \le 310\text{만}) = P(\frac{290\text{만} - 300\text{만}}{25\text{만}/5} \le \frac{\overline{X} - 300\text{만}}{25\text{만}/5} \le \frac{310\text{만} - 300\text{만}}{25\text{만}/5})$$

$$= P(-2 \le Z \le 2) = 0.9545$$

제 4 절 점추정

1. 추정의 원리

제5장에서 데이터의 특성을 표본평균과 표본분산, 표본표준편차 등으로 요약, 정리하였다. 그런데 한번 측정된 데이터로부터 구한 통계량값으로 추측하는 데에는 한계가 있다. 모집단에서 데이터를 다시 측정한다면 결과가 달라지기 때문이다.

우리는 알고 싶은 관심대상의 모든 개체의 집합인 모집단의 확률변수들이 이항분포, 정규분포와 같은 확률분포를 따른다고 가정한다. 모집단이 정규분포를 따르는 경우 추정해야 할 모수는 모평균과 모분산이고, 이항분포를 따르는 경우 표본 수가 정해져 있다면 추정해야 할 모수는 모비율이다. 모평균, 모비율, 모분산을 추정하기 위해서는 표본평균, 표본비율과 표본분산 등과 같이 가상표본의 수식인 추정량(estimator)을 이용한다. 추정량에 관측값을 대입하여 얻은 추정량의 값을 추정값(estimate)이라 부른다.

표본으로부터 모집단을 추측하는 것을 통계적 추론이라 한다. 통계적 추론은 추정과 검정으로 구분된다. 추정은 표본으로부터 모수값을 유추하는 것인데 점추정(point estimation)과 구간추정(interval estimation)으로 나눌 수 있다. 점추정은 모수에 대해 하나의 추정값만 제시하는 것이다. 예를 들면 표본평균의 하나의 값으로 모평균을 추정하는 것을 모평균의 점추정이라 한다. 한편 구간추정은 표본분포를 이용하여 모수가 포함되리라고 기대되는 범위로 모수를 추정하는 것이다. 구간추정은 모수 추정값과 더불어 정확도(precision)를 함께 제시한다. 검정은 모집단에 대한 주장의 타당성을 표본을 통해 점검하는 것으로 표본으로부터 나타나는 증거가 우연한 것인지 아니면 모집단에 실제로 존재하는지를 점검하는 것이다.

일반적으로 바람직한 추정량은 불편성, 일치성, 효율성 등을 가진다. 불편성은 모든 가능한 통계량값의 평균이 모수와 같게 되는 특성이다. 두번째 특성은 일치성인데 이는 표본의 크기가 커질수록 추정량의 값이 모수에 점점 더 가까워지는 것이다. 효율성은 추정량의 분산이 작은 것을 의미한다. 바람직한 추정량을 찾기 위한 추정방법으로는 최대가능도추정법, 적률추정법, 최소제곱추정법 등이 있다. 이 중 최대가능도추정법은 표본의 모든 정보가 결합확률밀도(질량)함수인 가능도 함수(likelihood function)에 있다고 생각하고 가능도 함수를 최대화하는 모수 추정량을 찾는 방법이다.

2. 모평균의 추정

모집단의 확률분포를 살펴볼 때 가장 관심 있게 살펴보는 정보는 확률분포의 중심인 모평균 μ이다. 모평균을 추정하기 위한 가장 대표적인 방법으로는 모집단에서 표본 $X_1, X_2, \cdots, X_n$을 임의로 추출하고 이를 평균하는 식 (6.13)의 표본평균이다.

$$\overline{X}= \frac{1}{n}\sum_{i=1}^{n} X_i \tag{6.13}$$

표본조사를 한번 실시하면 추출된 표본의 표본평균($\overline{X}$) 값을 모평균(μ)의 추정값으로 생각하게 된다. 모평균 추정에 이용되는 표본평균의 특성을 정리하면 다음과 같다. 첫째, 표본평균은 모평균의 불편추정량이다. 식 (6.14)와 같이 표본평균의 기댓값은 모평균이 된다.

$$E(\overline{X}) = \mu \tag{6.14}$$

둘째, 식 (6.15)와 같이 표본 수가 커질수록 표본평균의 분산은 작아지므로 표본평균의 분포는 밀집하게 된다.

$$Var(\overline{X}) = \frac{\sigma^2}{n} \tag{6.15}$$

셋째, 표본의 크기가 충분히 크다면 중심극한정리에 따라서 모집단이 어떠한 분포이든지 표본평균은 정규분포의 모양을 가지게 된다.

3. 모분산의 추정

모집단의 분산은 금융시장의 변동성 등을 파악하는 데 이용된다. 모분산은 식 (6.16)의 표본분산을 이용하여 추정하게 된다.

$$S^2 = \frac{1}{n-1}\sum_{i=1}^{n}(X_i - \overline{X})^2 \tag{6.16}$$

표본분산의 중요한 특성은 불편성이다. 즉, 표본분산(S^2)은 모분산(σ^2)의 불편추정량이다. 따라서 모분산(σ^2)을 점추정하는 데 표본분산(S^2)이 이용된다. 표본평균의 분산과 표준편차는 식 (6.17)과 식 (6.18)과 같이 구할 수 있다.

$$\widehat{Var}(\overline{X}) = \frac{S^2}{n} \tag{6.17}$$

$$\widehat{sd}(\overline{X}) = \frac{S}{\sqrt{n}} \tag{6.18}$$

【예 6-6】 금융기관 여신담당자의 기업 신뢰도는 정규분포를 따른다고 하자. 금융기관 여신담당자로부터 임의로 추출된 30개 기업의 신뢰도를 설문조사한 결과 다음과 같은 점수를 얻었다. 이 데이터로부터 표본평균과 표본평균의 표준편차를 구하시오.

45, 90, 21, 57, 51, 91, 78, 64, 59, 71, 70, 52,
56, 51, 35, 94, 65, 80, 56, 46, 49, 64, 76, 86,
58, 65, 90, 70, 56, 52

<풀이> 표본평균은 $\overline{x} = \frac{1}{n}\sum_{i=1}^{n} x_i = 63.27$이고,

표본평균의 표준편차는 $s/\sqrt{n} = 17.32/\sqrt{30} = 3.162$이다.

4. 모비율의 추정

부도율, 실업률 등 비율을 추정하는 것은 실제 데이터 분석에서 중요하다. 모집단이 두 개의 배반사건(찬성, 반대)으로 구성되어 있다고 하고 찬성 모비율이 p이고 반대 모비율이 $1-p$ 라고 하자. 이 때 모집단에서 n개의 표본을 뽑았을 때 찬성자 수 X는 이항분포 $B(n, p)$를 따른다. 모집단의 찬성비율에 대한 추정량으로 식 (6.19)과 같은 표본비율이 이용된다. 표본비율은 모집단이 1과 0으로 이루어질 때 1의 비율을 의미하므로 일종의 표본평균이다.

$$\hat{p} = \frac{X}{n} \tag{6.19}$$

표본비율 $\hat{p}$는 표본평균과 마찬가지로 불편추정량이며 표본 수가 커지면서 밀집된 정규분포로 근사된다. 표본비율의 기댓값과 분산은 식 (6.20)과 같다.

$$E(\hat{p}) = p \ , \ \ Var(\hat{p}) = \frac{p(1-p)}{n} \tag{6.20}$$

한편 표본비율 분산의 추정량은 식 (6.21)과 같다. 표본비율 표준편차의 추정량은 식 (6.21)을 제곱근하여 구한다.

$$\widehat{Var}(\hat{p}) = \frac{\hat{p}(1-\hat{p})}{n} \tag{6.21}$$

【예 6-7】 정부의 금융정책에 대해 문의하기 위해 국민 중 100명을 임의로 추출하여 여론조사를 실시하였다. 이 중 60명이 정부의 금융정책에 찬성하였다. 표본비율과 표본비율의 표준편차를 구하시오.

<풀이> 표본비율 $\hat{p} = \frac{60}{100} = 0.6$이고,

표본비율의 표준편차는 $\sqrt{\frac{\hat{p}(1-\hat{p})}{n}} = \sqrt{\frac{0.6 \times 0.4}{100}} = 0.049$이다.

제 5 절 구간추정

1. 모평균의 구간추정

평균이 μ이고 분산이 σ^2인 정규분포 $N(\mu,\sigma^2)$를 따르는 모집단에서 n개 확률표본 $X_1,\cdots,X_n$을 추출하면 확률표본의 표본평균 $\overline{X}$는 평균이 μ, 분산이 σ^2/n인 정규분포를 따른다. 따라서 $\dfrac{\overline{X}-\mu}{\sigma/\sqrt{n}}$는 표준정규분포를 따른다. 모표준편차 σ를 알지 못하는 경우 모표준편차 σ대신 표본표준편차 S를 이용하게 된다. 이때 $\dfrac{\overline{X}-\mu}{S/\sqrt{n}}$ 는 자유도 $n-1$인 t분포를 따른다. 따라서 식 (6.22)가 성립된다.

$$P\left\{\left|\frac{\overline{X}-\mu}{S/\sqrt{n}}\right| \le t_{\alpha/2}(n-1)\right\}=1-\alpha \tag{6.22}$$

$t_{\alpha/2}(n-1)$은 자유도가 $n-1$인 t분포의 오른쪽 꼬리에서부터 누적확률이 $\dfrac{\alpha}{2}$가 되는 점이다. t분포가 0을 중심으로 대칭이므로 $t_{\alpha/2}=-t_{1-\alpha/2}$가 성립된다. $t_{\alpha/2}(n-1)$에 대한 값은 〈부록〉의 〈표 2〉를 참조하면 된다. 식 (6.22)를 μ중심으로 정리해보면 식 (6.23)이 성립된다.

$$P\{\overline{X}-t_{\alpha/2}(n-1)S/\sqrt{n} \le \mu \le \overline{X}+t_{\alpha/2}(n-1)S/\sqrt{n}\}=1-\alpha \tag{6.23}$$

여기서 $(1-\alpha)\times 100\%$는 구간공식에 의해 산출된 모든 구간들 중에서 모평균이 포함되어 있을 구간들의 확률인 신뢰수준을 의미한다. 신뢰수준값으로는 95%, 99%가 주로 이용된다. 신뢰수준에 해당하는 구간을 신뢰구간(confidence interval)이라 한다. 따라서 모평균의 $(1-\alpha)\times 100\%$ 신뢰구간은 식 (6.24)와 같다.

$$[\overline{X}- t_{\alpha/2}(n-1)S/\sqrt{n}\,,\ \overline{X}+ t_{\alpha/2}(n-1)S/\sqrt{n}\,] \tag{6.24}$$

95% 신뢰구간은 모집단에 표본을 100번 반복하여 추출한 후 μ에 대한 95% 신뢰구간을 100개 구했다고 가정할 때 100개의 신뢰구간 중 95개가 모평균을 포함하는 것을 의미한다. 표본 수가 적절히 클 때 t 분포는 정규분포에 근접하므로 $t_{\alpha/2}(n-1)$ 대신 우리가 알고 있는 정규분포의 $z_{\alpha/2}$를 이용하기도 한다.

【예 6-8】 기업 신뢰도는 정규분포를 따른다고 하자. 금융기관 여신담당자로부터 임의로 추출된 9개 기업의 신뢰도의 표본평균은 60이었다. 모표준편차는 알지 못하므로 표본표준편차를 추정했는데 12였다. 모평균의 95% 신뢰구간과 99% 신뢰구간을 구하시오.

<풀이> 모평균의 95% 신뢰구간은 다음과 같이 구한다.

$$[\overline{X}- t_{0.025}(8)S/\sqrt{n}\,,\ \overline{X}+ t_{0.025}(8)S/\sqrt{n}\,]$$

$$= [60-2.306\times\frac{12}{\sqrt{9}}\,,\ 60+2.306\times\frac{12}{\sqrt{9}}\,]$$

$$= [50.78\,,\ 69.22]$$

모평균의 99% 신뢰구간은 다음과 같이 구한다.

$$[\overline{X}- t_{0.005}(8)S/\sqrt{n}\,,\ \overline{X}+ t_{0.005}(8)S/\sqrt{n}\,]$$

$$= [60-3.355\times\frac{12}{\sqrt{9}}\,,\ 60+3.355\times\frac{12}{\sqrt{9}}\,]$$

$$= [46.58\,,\ 73.42]$$

99% 신뢰구간이 95% 신뢰구간보다 넓다.

【예 6-9】 어느 금융기관에서 운영하고 있는 포트폴리오의 로그수익률은 정규분포를 따르며 그 분산은 알지 못한다. 포트폴리오 중 12개를 조사했더니 다음과 같았다. 평균 로그수익률에 대해 95%의 신뢰구간을 구하시오.

5.1, 3.5, 7.8, -2.1, -0.8, 4.2, 2.9, 5.0, 3.8, 1.9, 3.5, 5.9

<풀이> 데이터에 대한 기초 통계를 구해보면 $\overline{X}=3.392$, $S=2.735$, $n=12$ 이고 이와 관련된 $t_{0.025}(11)=2.201$이다. 이 때 표본평균의 95% 신뢰구간은 다음과 같다.

$$
\begin{aligned}
& (\overline{X}-t_{0.025}(11)S/\sqrt{n},\ \overline{X}+t_{0.025}(11)S/\sqrt{n}) \\
= & [3.392-2.201\times 2.735/\sqrt{12},\ 3.392+2.201\times 2.735/\sqrt{12}] \\
= & [1.65,\ 5.13]
\end{aligned}
$$

2. 모분산의 구간추정

모분산의 신뢰구간을 추정하기 위해서는 표본분산의 분포를 이용하여야 한다. 정규분포를 따르는 모집단에서 표본을 추출한 후 구한 표본분산은 자유도가 $n-1$인 카이제곱(χ^2)분포를 따른다.

$$\frac{(n-1)S^2}{\sigma^2} \sim \chi^2(n-1) \tag{6.25}$$

식 (6.25)를 이용하여 식 (6.26)을 도출할 수 있다. 여기서 $\chi^2_\alpha(k)$는 자유도 k인 χ^2분포 오른쪽 꼬리에서부터 누적확률이 α가 되는 점이다. 즉, 자유도 k인 χ^2분포의 $1-\alpha$ 백분위수를 뜻한다. $\chi^2_\alpha(k)$값은 〈부록〉의 〈표 3〉을 참조하면 된다.

$$P\left\{\chi^2_{1-\alpha/2}(n-1) \le \frac{(n-1)S^2}{\sigma^2} \le \chi^2_{\alpha/2}(n-1)\right\}=1-\alpha \tag{6.26}$$

식 (6.26)으로부터 모분산(σ^2)의 $(1-\alpha)\times 100\%$ 신뢰구간을 구할 수 있는데 식 (6.27)과 같다.

$$\left[\frac{n-1}{\chi^2_{\alpha/2}(n-1)}S^2,\ \frac{n-1}{\chi^2_{1-\alpha/2}(n-1)}S^2\right] \tag{6.27}$$

【예 6-10】 어느 금융기관에서 운영하고 있는 포트폴리오의 로그수익률은 정규분포를 따른다. 10개 로그수익률의 표본분산을 계산했더니 $4\%^2$로 나타났다. 모분산의 95% 신뢰구간을 구하시오.

<풀이> 모분산의 95% 신뢰구간은 다음과 같다.

$$[\frac{10-1}{\chi^2_{0.025}(10-1)} \times 4,\ \frac{10-1}{\chi^2_{0.975}(10-1)} \times 4] = [\frac{9 \times 4}{19.02},\ \frac{9 \times 4}{2.70}] = [1.89,\ 13.33]$$

3. 모비율의 구간추정

모집단이 두 개의 배반사건(찬성, 반대)으로 구성되어 있고, 찬성 모비율이 p이고 반대 모비율이 $1-p$ 라고 하자. 이때 모집단의 찬성비율을 추정하게 되는데 모집단의 찬성비율에 대한 추정량으로 표본비율($\hat{p}$)이 이용된다.

표본의 크기(n)가 충분히 큰 경우($n\hat{p} \geq 5,\ n(1-\hat{p}) \geq 5$) 표본비율은 근사적으로 정규분포를 따르고 표본비율은 모비율로 수렴하므로 식 (6.28)이 성립된다.

$$P(\hat{p} - z_{\alpha/2}\sqrt{\frac{\hat{p}(1-\hat{p})}{n}} \leq p \leq \hat{p} + z_{\alpha/2}\sqrt{\frac{\hat{p}(1-\hat{p})}{n}}) = 1-\alpha \qquad (6.28)$$

식 (6.28)로부터 모비율(p)의 $(1-\alpha) \times 100\%$ 신뢰구간을 구할 수 있는데 식(6.29)와 같다.

$$\left[\hat{p} - z_{\alpha/2}\sqrt{\frac{\hat{p}(1-\hat{p})}{n}},\ \hat{p} + z_{\alpha/2}\sqrt{\frac{\hat{p}(1-\hat{p})}{n}}\right] \qquad (6.29)$$

【예 6-11】 새로운 금융정책에 찬성하는 사람의 비율을 조사하기 위하여, 우리나라 성인 500명을 임의로 추출하여 조사한 결과, 400명이 찬성한다고 대답했다. 우리나라 성인 중 금융정책에 찬성하는 사람의 비율의 95% 신뢰구간을 구하시오.

<풀이> X가 찬성하는 사람 수라 할 때 $X=400$ 이고, 표본비율은 다음과 같다.

$$\hat{p}=\frac{x}{n}=\frac{400}{500}=\frac{4}{5}=0.8$$

표본비율의 표본오차는 다음과 같으며 $z_{0.025}=1.96$ 이다.

$$\sqrt{\frac{\hat{p}(1-\hat{p})}{n}}=\sqrt{\frac{0.8(1-0.8)}{500}}=0.036$$

따라서 95% 신뢰구간은 다음과 같이 구할 수 있다.

$$\left[\hat{p}-1.96\sqrt{\frac{\hat{p}(1-\hat{p})}{n}},\ \hat{p}+1.96\sqrt{\frac{\hat{p}(1-\hat{p})}{n}}\right]$$

$$=\left[0.8-1.96\sqrt{\frac{0.8(1-0.8)}{500}},\quad 0.8+1.96\sqrt{\frac{0.8(1-0.8)}{500}}\right]$$

$$=[0.765,\ 0.835]$$

연 습 문 제

(※ 1~2) 어느 은행의 고객당 예금액은 400만원이고 표준편차는 80만원이다. 이 은행에서 임의로 64명의 고객을 무작위로 추출하여 평균예금액($\overline{X}$)을 구했다. 다음 물음에 답하시오.

1. 평균예금액의 표준편차는 얼마인가?
   ① 5만원 ② 10만원
   ③ 20만원 ④ 40만원
   ⑤ 80만원

2. 평균예금액이 410만원보다 클 확률로 가장 가까운 값은? (여기서 Z는 표준정규분포의 확률변수이다.)
   ① $P(Z>1)$ ② $P(Z<1)$
   ③ $P(Z>2)$ ④ $P(Z<2)$
   ⑤ $P(Z=2)$

(※ 3~4) 모분산이 알려져 있지 않은 정규분포($N(\mu,\sigma^2)$)를 따르는 모집단으로부터 표본크기 9인 확률표본을 추출하여 표본평균 $\overline{X}$과 표본분산 S^2을 계산한 결과 각각 100, 81로 나타났다. 이때 다음 물음에 답하시오.

3. $\dfrac{\overline{X}-\mu}{S/\sqrt{9}}$의 분포로 가장 적당한 분포는?
   ① 정규분포 ② 자유도 9인 χ^2분포
   ③ 자유도 8인 χ^2분포 ④ 자유도 9인 t분포
   ⑤ 자유도 8인 t분포

연습문제

4. μ의 95% 신뢰구간을 구하시오.(여기서 $P(T > t_{0.025}(8)) = 0.025$, $P(T > t_{0.025}(9)) = 0.025$, $P(Z > z_{0.025}) = 0.025$)
   ① $[100 - t_{0.025}(8) \times 3,\ 100 + t_{0.025}(8) \times 3]$
   ② $[100 - t_{0.025}(9) \times 3,\ 100 + t_{0.025}(9) \times 3]$
   ③ $[100 - t_{0.025}(8) \times 9,\ 100 + t_{0.025}(8) \times 9]$
   ④ $[100 - t_{0.025}(9) \times 9,\ 100 + t_{0.025}(9) \times 9]$
   ⑤ $[100 - z_{0.025} \times 3,\ 100 + z_{0.025} \times 3]$

(※ 5~6) 새로운 신용평가시스템에 대한 개인고객의 만족도를 조사하기 위하여 은행 고객 100명을 임의로 추출하여 조사한 결과, 70명이 찬성한다고 대답했다.

5. 은행 고객 중 새로운 신용평가시스템을 만족하는 고객의 표본비율값은?
   ① 0.1　② 0.3　③ 0.5　④ 0.7　⑤ 0.9

6. 은행 고객 중 새로운 신용평가시스템을 만족하는 고객의 비율의 95% 신뢰구간을 정규분포를 이용하여 구했다. 그 결과로 가장 근접한 값은($P(Z > 1.96) = 0.025$)?
   ① [0.5, 0.9]　② [0.65, 0.85]
   ③ [0.61, 0.79]　④ [0.48, 0.88]
   ⑤ [0.4, 0.9]

7. 모집단의 분포가 이항분포일 때 표본 수가 커지면서 표본평균은 어떤 분포로 수렴하는가?
   ① 이항분포　② 포아송분포
   ③ 연속형 균등분포　④ 정규분포
   ⑤ 카이제곱분포

연습문제

(※ 8~10) 확률변수 $X_1, X_2, \cdots, X_n$이 서로 독립이고 각각 $N(\mu, \sigma^2)$을 따를 경우 다음 물음에 답하시오. ($\overline{X}$는 표본평균이고, S^2은 표본분산이다.)

8. $\dfrac{(n-1)S^2}{\sigma^2}$은 어떤 분포를 따르는가?

① $N(0,1)$ ② t분포
③ χ^2분포 ④ F분포
⑤ $N(\mu,\sigma^2)$

9. $\dfrac{\overline{X}-\mu}{\sigma/\sqrt{n}}$ 는 어떤 분포를 따르는가?

① $N(0,1)$ ② t분포
③ χ^2분포 ④ F분포
⑤ $N(\mu,\sigma^2)$

10. $\dfrac{\overline{X}-\mu}{S/\sqrt{n}}$는 어떤 분포를 따르는가?

① $N(0,1)$ ② t분포
③ χ^2분포 ④ F분포
⑤ $N(\mu,\sigma^2)$

정답 및 해설

1. ② $sd(\overline{X}) = \frac{80}{\sqrt{64}} = \frac{80}{8} = 10$

2. ① 중심극한정리에 따라 표본평균은 정규분포로 근사된다.

$$P(\overline{X} > 410) = P(\frac{\overline{X} - 400}{10} > \frac{410 - 400}{10}) = P(Z > 1)$$

3. ⑤ 모분산이 알려져 있지 않은 정규분포($N(\mu, \sigma^2)$)를 따르는 모집단으로부터 표본크기 9인 확률표본을 추출할 때 $\frac{\overline{X} - \mu}{S/\sqrt{9}}$ 분포는 9-1의 자유도를 가진 t분포이다.

4. ① μ의 $(1-\alpha)\times 100\%$신뢰구간은 다음과 같다.

$[\overline{X} - t_{\alpha/2}(n-1)S/\sqrt{n},\ \overline{X} + t_{\alpha/2}(n-1)S/\sqrt{n}]$

표본평균의 표본표준편차는 $\sqrt{81/9} = \sqrt{9} = 3$이고, $\alpha = 0.05$이다.

또한 $t_{0.05/2}(9-1) = t_{0.025}(8)$이다.

5. ④ 만족하는 고객의 표본비율값은 전체 100명 중 70명이므로 0.7이다.

6. ③ $\left[\hat{p} - z_{0.025}\sqrt{\frac{\hat{p}(1-\hat{p})}{n}},\ \hat{p} + z_{0.025}\sqrt{\frac{\hat{p}(1-\hat{p})}{n}}\right]$

$= \left[0.7 - 1.96\sqrt{\frac{0.7(1-0.7)}{100}},\ \ 0.7 + 1.96\sqrt{\frac{0.7(1-0.7)}{100}}\right]$

$= [0.61,\ 0.79]$

정답 및 해설

7. ④ 중심극한정리에 따라 표본평균의 분포는 모집단의 분포와 관계없이 표본 수가 커지면서 정규분포에 근사된다.

8. ③ $\dfrac{(n-1)S^2}{\sigma^2}$는 자유도 $n-1$인 χ^2분포를 따른다.

9. ① $\dfrac{\overline{X}-\mu}{\sigma/\sqrt{n}}$ 는 표준정규분포를 따른다.

10. ② $\dfrac{\overline{X}-\mu}{S/\sqrt{n}}$는 자유도 $n-1$인 t분포를 따른다.

제 7 장

가설검정

학습목표

1. 통계적 가설검정의 기본개념을 이해할 수 있다.
2. 모평균에 대한 검정을 실시할 수 있다.
3. 모분산에 대한 검정을 실시할 수 있다.
4. 가설검정과 구간추정의 관계를 이해할 수 있다.
5. 비모수 검정과 적합도 검정을 실시할 수 있다.

학습개요

우리는 불확실한 상황에 항상 처해있고 그에 따라 의사결정을 해야 할 때가 있다. 과연 금리정책 또는 배당정책이 효과가 있을까? 두 포트폴리오 간 기대수익률에 차이가 있는가? 이러한 판단을 할 때 데이터를 바탕으로 통계적 원리를 적용할 수 있는데 이를 통계적 가설검정이라고 한다. 이 장에서는 통계적 가설검정의 원리에 대해 살펴보고, 모평균과 모분산의 가설검정, 비모수 검정과 적합도 검정에 대하여 살펴본다.

제1절 가설검정의 개요

1. 가설검정과 가설

우리는 불확실한 상황에 처해 있어서 의사결정을 바르게 하는데 제약이 있다. 예를 들면 주가 로그수익률의 기댓값이 0보다 클까? 두 포트폴리오 수익률 간 차이가 있는가? 이 의문들에 데이터를 바탕으로 통계적 원리를 적용해 답한다면 그 결정은 보다 객관적인 의사결정이 될 수 있다.

이와 같은 의사결정을 통계적 가설검정(hypothesis testing)이라 한다. 구체적으로 살펴보면 통계적 가설검정은 두 개의 가설을 설정하고 데이터를 바탕으로 두 가설 중 어느 가설이 적당한 것인지 파악하는 것이다. 예를 들어 우리가 두 포트폴리오 간 수익률에 차이가 있는지 알아보고자 한다. 이때 우리는 귀무가설(H_0)과 대립가설(H_1)의 두 가지 가설을 세울 수 있다. 통상 우리가 밝히고자 하는 가설을 대립가설로, 기존의 사실을 귀무가설로 둔다. 따라서 귀무가설은 '두 포트폴리오의 수익률 간 차이가 없다.'는 것이고 대립가설은 '두 포트폴리오의 수익률 간 차이가 있다.'는 것이다. 두 포트폴리오로부터 수익률을 측정한 다음 두 가설 중 어느 가설이 타당한지 판단하게 된다.

귀무가설은 통상 비교하는 값과 차이가 없다는 것을 기본으로 설정된다. 예를 들면 '로그수익률이 5%와 같다.' 또는 '두 모집단의 모평균이 같다.' 등이다.

$$H_0 : \mu = 5.0\% \ , \ H_0 : \mu_A = \mu_B \tag{7.1}$$

대립가설은 뚜렷한 증거가 있을 때 주장하고자 하는 가설로 차이가 있다는 것을 기본으로 설정된다. 대립가설은 크게 단측 검정(one-sided test)가설과 양측 검정(two-sided test)가설로 구분된다. 단측 검정가설은 식 (7.2)와 같이 어떤 값 또는 모수보다 크거나 작은 것을 대립가설로 지정하는 것이다.

$$H_1 : \mu > 5\%, \ H_1 : \mu < 5\%, \ H_1 : \mu_A > \mu_B, \ H_1 : \mu_A < \mu_B \qquad (7.2)$$

양측 검정가설은 '모수가 어떤 값 또는 모수와 차이가 있는가'로 대립가설을 지정하는 것이다. 양측 검정가설은 두 개의 단측 검정가설의 합집합으로 표현될 수 있다.

$$H_1 : \mu \neq 5\%, \ H_1 : \mu_A \neq \mu_B \qquad (7.3)$$

【예 7-1】 어느 은행 고객들의 일주일 동안 인터넷 뱅킹을 통한 평균 이체건수를 μ라 하자. 평균 이체건수가 전년도 평균 1.5회와 차이가 있는지 알아보는 검정의 귀무가설과 대립가설을 세우시오.

<풀이> 귀무가설 $H_0 : \mu = 1.5$, 대립가설 $H_1 : \mu \neq 1.5$라고 양측 가설을 세우게 된다.

【예 7-2】 A 자산운용사가 지난해 운용한 금융상품의 평균수익률이 7.5%이다. 올해 6개월간 새로 개발한 금융상품의 평균수익률은 8%로 나타났다. 새로운 금융상품의 수익률이 유의하게 높다고 할 수 있는가? 귀무가설과 대립가설을 세우시오.

<풀이> 관심 모수는 새로운 금융상품의 수익률을 p라고 할 때 귀무가설 $H_0 : p = 7.5$, 대립가설 $H_1 : p > 7.5$ 을 세울 수 있다.

두 가설 중 하나를 선택할 때, '확실한 근거가 있기 전까지는 대립가설(새로운 사실)을 선택하지 않고 귀무가설(현재의 사실)을 받아들인다.'는 것이 가설검정의 기본적인 생각이다. 대립가설을 선택할 때는 데이터로부터 대립가설이 참이라는 근거를 찾았다는 의미이다. 이 경우 '귀무가설을 기각한다.'라고 표현하거나 통계적으로 '유의성이 있다.'고 표현한다.

2. 가설검정의 오류

가설검정에서는 두 가지 오류가 발생될 수 있다. 첫 번째 오류는 귀무가설이 참이지만 귀무가설을 기각하게 되는 오류이다. 두 번째 오류는 대립가설이 참이지만 귀무가설을 기각하지 못하는 오류이다. 첫 번째 오류를 제1종 오류(type Ⅰ error), 두 번째 오류를 제2종 오류(type Ⅱ error)라고 부른다. 이를 표로 정리하면 〈표 7-1〉과 같다.

〈표 7-1〉 제1종 오류와 제2종 오류

		검정결과	
		H_0 기각하지 않음	H_0 기각
실제	H_0 참	올바른 판단	제1종 오류
	H_1 참	제2종 오류	올바른 판단

통계적 가설검정을 실시할 때 이 두 오류를 모두 줄여야 하지만 특성상 이 두 오류는 같이 줄여지지 않는다. 하나의 오류를 줄이면 다른 오류가 커진다. 통계적 가설검정에서는 근거가 확실하지 않으면 귀무가설을 채택하는 방식으로 판단하는데 이는 제2종의 오류보다 제1종의 오류를 중시하는 것을 의미한다. 따라서 두 오류 중 중요한 제1종 오류의 최대한계를 사전에 정하고, 다음으로 제2종 오류를 줄이는 의사결정을 한다. 제1종 오류가 발생할 확률의 최대 허용한계를 유의수준(significance level)이라 부르며 α로 표현한다. 흔히 이용하는 α로는 0.05(5%), 0.01(1%), 0.1(10%) 등이 있다. 유의수준이 5%라는 것은 100번 검정 시행 중 5번은 귀무가설이 옳은데 기각하는 오류를 범한다는 것을 의미한다. 유의수준이 고정된다면 제2종 오류가 발생할 확률은 표본크기에 의해서 조절된다. 제2종의 오류는 β로 표시되는데, $1-\beta$는 검정력을 의미한다. 검정력은 틀린 귀무가설을 기각하여 귀무가설의 잘못을 찾아내는 확률이다.

3. 가설검정방법

통계적 가설검정은 가설을 세우고 가설을 입증하기 위한 데이터를 수집하고 가설검정에 적합한 도구인 검정통계량(test statistic)값을 구한 후 이를 귀무가설 하의 검정통계량의 분포와 비교하여 유의수준을 고려한 최종 판단을 하게 된다.

통계적 가설검정방법은 두 가지로 나누어 생각할 수 있다. 먼저, 귀무가설이 참이라고 생각하고 구해진 관측값보다 벗어날 확률이 유의수준보다 크다면 귀무가설이 참이라는 가정이 적절하다고 판단하고, 데이터로부터 구해진 관측값이 벗어날 확률이 유의수준보다 작다면 귀무가설이 참이라는 가정이 적절하지 않다고 판단한다. 이때 귀무가설 하에서 주어진 관측값보다 벗어날 확률을 p값 또는 유의확률(significance probability)이라고 부른다. 유의확률이 작다는 것은 귀무가설이 참이라고 가정했을 때 그 통계량값은 매우 희소하게 나타남을 의미한다. 다음으로 귀무가설을 기각하는 관측값의 영역인 기각역을 검정통계량의 분포와 유의수준 α를 바탕으로 정하고 통계량값과 기각역을 비교하여 귀무가설 기각 여부를 결정하는 것이다. 가설검정과정을 정리하면 다음과 같다.

① 귀무가설과 대립가설(H_0, H_1)을 세운다.
② 유의수준 α를 사전에 정한다.
③ 데이터를 바탕으로 검정통계량값을 구한다.
④ 귀무가설 하에서 검정통계량이 따르는 표본분포를 구한다.
⑤ 앞서의 분포를 바탕으로 유의수준에 해당하는 검정통계량값인 기각역을 찾거나, 통계량값과 관련된 확률(유의확률)을 구한다.
⑥ 앞서 구한 통계량값을 기각역과 비교하거나 유의확률을 유의수준과 비교하여 가설검정을 실시한다. 가설검정 결과 특정 유의수준 하에서 귀무가설을 기각하거나 기각하지 못하게 된다.

제 2 절 모평균의 검정

1. 모평균의 검정

어느 은행의 평균 신용평점은 880, 표준편차는 30으로 알려져 있다. 최근 대출한 사람 중 임의로 추출된 49명의 신용평점 표본평균 $\overline{X}$ 는 892이었다. 최근 대출한 사람의 신용평점을 그 은행의 평균 신용평점 880이라고 판단하는 것이 타당할까? 이 질문에 대해 답하기 위해 식 (7.4)와 같이 모평균(μ)에 대해 귀무가설과 대립가설을 세운다.

$$H_0 : \mu = 880 \qquad H_1 : \mu > 880 \tag{7.4}$$

표본평균을 구하고 그 값이 어느 가설에 더 가까운가를 살펴봄으로써 통계적 가설검정을 할 수 있다. 이때 표본평균 $\overline{X}$의 표본분포를 이용하게 된다. 이 때 표본평균 $\overline{X}$가 C보다 큰 영역 $\{\overline{X} \geq C\}$을 H_0의 기각역(rejection region)이라 하는데 기각역은 유의수준을 바탕으로 정해진다. H_0의 채택역(acceptance region)은 기각역의 여사건이다.

귀무가설($H_0 : \mu = 880$) 하에서의 표본평균은 중심극한정리에 의해 근사적으로 정규분포 $N(880, 30^2/49)$를 따른다. 제1종 오류 발생확률의 허용한계인 유의수준을 5%로 하면 $P(\overline{X} > C) = 0.05$ 를 만족하는 기각역 C는 표준정규분포 분위수를 이용하여 구해보면 $880 + 1.645\frac{30}{\sqrt{49}} = 887.05$ 이다. 따라서 $\overline{X} < 887.05$ 이면 H_0를 채택하고, $\overline{X} \geq 887.05$ 이면 H_0를 기각하는 5% 유의수준에서의 가설검정을 할 수 있다. 위 문제에서는 표본평균 $\overline{X}$가 892이므로 5% 유의수준에서 H_0를 기각하게 된다. 여기서는 다음과 같은 가설검정을 했고 결과는 5% 유의수준에서 귀무가설을 기각한 것이다.

$$\frac{\overline{X}-880}{30/\sqrt{49}} \geq 1.645 \text{ 이면 } H_0\text{를 기각}$$

표본평균 $\overline{X}$가 895 또는 892인 경우 모두 가설 H_0는 기각되지만 기각되는 정도가 다르다. 가설이 기각되는 정도는 통계량값에 해당하는 제1종 오류 확률을 계산하여 파악되는데 이를 유의확률(p값)이라 한다. $\overline{X}$가 895인 경우의 유의확률이 $\overline{X}$가 892인 경우의 유의확률보다 작다. 유의확률은 작을수록 기각되는 정도가 커진다. 따라서 가설검정에서 기각역에 해당하는 유의확률이 유의수준이므로 유의확률이 유의수준보다 작으면 표본평균이 기각역에 있다는 것을 의미한다. 이 경우 귀무가설을 기각한다.

일반적으로 모평균에 대한 가설검정에서 대립가설의 형태는 크게 두 종류의 단측 검정가설과 양측 검정가설로 나눌 수 있다.

단측 검정가설 : H_1: $\mu < \mu_0$, H_1: $\mu > \mu_0$

양측 검정가설 : H_1: $\mu \neq \mu_0$

모평균을 검정하기 위해서는 귀무가설 하에서 모평균과 관련된 통계량인 $\overline{X}$를 표준화한 식 (7.5)를 이용하게 된다.

$$Z = \frac{\overline{X}-\mu_0}{\sigma/\sqrt{n}} \tag{7.5}$$

현실적으로 모집단의 표준편차는 알 수 없으므로 식 (7.5)에서 모표준편차 σ의 추정량인 표본표준편차 S로 대치한 식 (7.6)의 검정통계량을 이용하게 된다.

$$T = \frac{\overline{X}-\mu_0}{S/\sqrt{n}} \tag{7.6}$$

이 검정통계량은 모집단이 정규분포라는 가정 하에서 자유도 $n-1$인 t분포를 따른다. 각각의 다른 대립가설에 대한 가설검정은 〈표 7-2〉의 기각역을 바탕으로 귀무가설을 기각한다. 여기서 α는 유의수준이며 $t_\alpha(n-1)$는 자유도가 $n-1$인 t분포의 오른쪽 꼬리에서부터의 누적확률이 α가 되는 점($P(T > t_\alpha(n-1)) = \alpha$)이다. n이 클 때 이

통계량은 근사적으로 정규분포를 따르므로 $t_\alpha(n-1)$ 대신 표준정규분포와 관련된 z_α를 이용할 수 있다.

〈표 7-2〉 모평균의 가설검정

대립가설	기각역
$H_1: \ \mu > \mu_0$	$\dfrac{\overline{X}-\mu_0}{S/\sqrt{n}} > t_\alpha(n-1)$
$H_1: \ \mu < \mu_0$	$\dfrac{\overline{X}-\mu_0}{S/\sqrt{n}} < -t_\alpha(n-1)$
$H_1: \ \mu \neq \mu_0$	$\left\lvert\dfrac{\overline{X}-\mu_0}{S/\sqrt{n}}\right\rvert > t_{\alpha/2}(n-1)$

【예 7-3】 어떤 도시의 아파트 한 동에서 9명을 조사하여 한 달간 인터넷 금융거래 횟수를 조사하여 우리나라 전체 인구의 평균 인터넷 금융거래횟수인 10회보다 큰지 5% 유의수준에서 검정하시오. 표본평균은 11, 표준편차는 1로 추정되었고, 모집단은 정규분포를 따른다.

<풀이> 데이터를 정리해보면 $\overline{X}=11$, $n=9$, $S=1$이며, $\alpha=0.05$이다.
평균 인터넷 거래횟수가 10회보다 큰지 살펴보므로 귀무가설과 대립가설은 다음과 같다.

$$\text{귀무가설 } H_0 : \mu = 10, \quad \text{대립가설 } H_1 : \mu > 10$$

검정통계량값은 다음과 같은데 검정통계량은 귀무가설 하에서 자유도 8인 t 분포를 따른다.

$$T = \frac{\overline{X}-10}{1/\sqrt{9}} = \frac{11-10}{1/3} = 3$$

5% 유의수준에서 기각역은 $t_{8,0.05}=1.86$이다. 계산된 검정통계량값 $T=3$이 기각역(1.86)보다 크므로 5% 유의수준에서 귀무가설을 기각한다. 또한 유의확률을 유의수준과 비교해서 검정을 실시할 수 있다. 유의확률은 $P(T>3)=0.0085$ 이며, 유의수준 0.05보다 작으므로 5% 유의수준에서 귀무가설을 기각한다.

【예 7-4】 어떤 도시의 아파트 한 동에서 9명을 조사하여 한 달간 인터넷 금융거래 횟수를 조사하여 우리나라 전체 인구의 평균 인터넷 금융거래횟수인 10회와 다른지 검정하시오. 표본평균은 11, 표준편차는 1로 추정되었고 모집단은 정규분포를 따른다.

<풀이> 평균 인터넷 거래횟수가 10회와 다른지 살펴보기 위해서 귀무가설과 대립가설을 다음과 같이 설정한다.

$$\text{귀무가설 } H_0 : \mu = 10 \text{ , 대립가설 } H_1 : \mu \neq 10$$

검정통계량값은 다음과 같다. 이 통계량은 자유도 8인 t분포를 따른다.

$$T = \frac{\overline{X} - 10}{1/\sqrt{9}} = \frac{11 - 10}{1/3} = 3$$

이 검정은 양측 검정이므로 5% 유의수준에서의 기각역은 $t_{8,0.025} = 2.306$ 이다. 계산된 검정통계량값 $T = 3$이 기각역(2.306)보다 크므로 5% 유의수준에서 귀무가설을 기각한다. 유의확률로도 동일한 검정을 할 수 있다. 유의확률은 $P(|T| > 3) = 2P(T > 3) = 0.017$이고 유의수준 0.05보다 작으므로 5% 유의수준에서 귀무가설은 기각된다.

2. 모비율의 검정

일반적으로 모비율에 대한 귀무가설($H_0 : p = p_0$)에 대한 가설검정에서 대립가설의 형태는 모평균에 대한 검정과 마찬가지로 단측 검정가설과 양측 검정가설로 나눌 수 있다.

단측 검정가설 : $H_1 : p < p_0$, $H_1 : p > p_0$

양측 검정가설 : $H_1 : p \neq p_0$

모비율의 검정에서는 표본비율 $\hat{p}$을 이용한다. 표본비율 $\hat{p}$은 기댓값 p, 표준편차가 $\sqrt{\hat{p}(1-\hat{p})/n}$ 이 된다. 표본 수 n이 큰 경우($n\hat{p} \geq 5$, $n(1-\hat{p}) \geq 5$) 귀무가설 하에서 식 (7.7)의 검정통계량은 근사적으로 표준정규분포를 따른다.

$$Z = \frac{\hat{p} - p_0}{\sqrt{p_0(1-p_0)/n}} \tag{7.7}$$

각각 다른 대립가설에 대한 가설검정방법은 〈표 7-3〉과 같다. 여기서 α는 유의수준이다.

〈표 7-3〉 모비율의 가설검정

대립가설	기각역
$H_1 : p > p_0$	$\frac{\hat{p} - p_0}{\sqrt{p_0(1-p_0)/n}} > z_\alpha$
$H_1 : p < p_0$	$\frac{\hat{p} - p_0}{\sqrt{p_0(1-p_0)/n}} < -z_\alpha$
$H_1 : p \neq p_0$	$\left\lvert \frac{\hat{p} - p_0}{\sqrt{p_0(1-p_0)/n}} \right\rvert > z_{\alpha/2}$

【예 7-5】 지난해 금융상품 중 60%가 예금금리보다 수익률이 높았다. 올해 출시된 금융상품 중 50개를 임의로 추출해서 예금금리보다 수익률이 높은 상품이 36개(비율 = 0.72)로 나타났다. 올해 출시된 금융상품 중 예금금리보다 수익률이 높은 상품의 비율이 0.6보다 큰지 유의수준 5%에서 검정하시오.

<풀이> 올해 출시된 금융상품 중 예금금리보다 수익률이 높은 상품의 비율이 0.6보다 큰지 살펴보므로 귀무가설과 대립가설은 다음과 같이 설정된다.

$$H_0 : p = 0.6, \; H_1 : p > 0.6$$

귀무가설 하에 검정통계량은 근사적으로 표준정규분포를 따르며, 검정통계량 값은 다음과 같다.

$$Z = \frac{0.72 - 0.6}{\sqrt{0.6(1-0.6)/50}} = 1.73$$

5% 유의수준에서의 단측 검정 기각역은 $z_{0.05} = 1.645$ 이다. 검정통계량값 1.73이 1.645보다 크므로 유의수준 5%에서 귀무가설을 기각한다. 따라서 올해 출시된 금융상품의 수익률이 전년에 비해 상대적으로 좋다고 판단된다. 유의확률을 이용하여 동일한 검정을 할 수 있다. 유의확률이 $P(Z > 1.73) = 0.04$ 이고 유의수준 0.05보다 작으므로 유의수준 5%에서 귀무가설을 기각한다.

3. 모평균 차이의 검정

신용평점이 지역별로 차이가 있을까? 두 금융상품의 일별 평균 수익률 간 차이가 있을까? 이와 같이 두 모집단의 평균을 비교하는 문제들을 일상에서 많이 볼 수 있다. 두 모집단의 평균(μ_1, μ_2)에 대한 비교는 모평균의 차 $\mu_1 - \mu_2$가 0보다 큰가, 작은가, 같은가의 가설을 검정함으로써 가능하다. 두 모평균의 비교는 각 모집단에서 추출된 표본들이 서로 독립적으로 추출되었을 경우와 대응되는 경우에 따라 그 검정방법이 다르다.

(1) 두 독립표본의 평균 비교

일반적으로 두 모평균에 대한 가설검정은 대립가설의 형태에 따라 〈표 7-4〉와 같이 나눌 수 있다.

〈표 7-4〉 두 독립표본의 평균 비교

귀무가설	대립가설
$H_0 : \mu_1 = \mu_2$	$H_1 :\ \mu_1 \neq \mu_2$ $H_1 :\ \mu_1 > \mu_2$ $H_1 :\ \mu_1 < \mu_2$

모집단에서 서로 독립적으로 표본을 추출했고 표본이 충분히 클 경우 표본평균의 차이 $\overline{X}_1$-$\overline{X}_2$는 중심극한정리에 따라서 근사적으로 평균이 $\mu_1 - \mu_2$, 분산이 $\sigma_1^2/n_1 + \sigma_2^2/n_2$인 정규분포를 따른다. 그런데 두 모집단의 분산 σ_1^2 과 σ_2^2 은 알려져 있지 않으므로 분산의 추정량 S_1^2, S_2^2을 이용하게 된다.

두 모집단이 정규분포를 따르고 모분산이 같다는 가정 하에 두 모평균이 같다는 가설의 검정통계량은 식 (7.8)과 같다.

$$T = \frac{\overline{X}_1 - \overline{X}_2}{\sqrt{\dfrac{S_p^2}{n_1} + \dfrac{S_p^2}{n_2}}} \tag{7.8}$$

여기서 공통 모분산은 두 모분산 추정량 S_1^2, S_2^2을 표본크기에 가중하여 식 (7.9)와 같이 추정된다.

$$S_p^2 = \frac{(n_1 - 1)S_1^2 + (n_2 - 1)S_2^2}{n_1 + n_2 - 2} \tag{7.9}$$

식 (7.8)의 검정통계량은 자유도가 $n_1 + n_2 - 2$인 t분포를 따른다. 각각의 다른 대립가설에 대해 〈표 7-5〉의 기각역을 바탕으로 귀무가설을 기각한다. 표본의 크기가 충분히 크면 t분포 대신 표준정규분포를 이용할 수 있다.

〈표 7-5〉 두 독립표본의 가설검정(두 모분산이 같은 경우)

대립가설	기각역
$H_1 : \mu_1 > \mu_2$	$\dfrac{\overline{X}_1 - \overline{X}_2}{\sqrt{\dfrac{S_p^2}{n_1} + \dfrac{S_p^2}{n_2}}} > t_\alpha(n_1 + n_2 - 2)$
$H_1 : \mu_1 < \mu_2$	$\dfrac{\overline{X}_1 - \overline{X}_2}{\sqrt{\dfrac{S_p^2}{n_1} + \dfrac{S_p^2}{n_2}}} < -t_\alpha(n_1 + n_2 - 2)$
$H_1 : \mu_1 \neq \mu_2$	$\left\| \dfrac{\overline{X}_1 - \overline{X}_2}{\sqrt{\dfrac{S_p^2}{n_1} + \dfrac{S_p^2}{n_2}}} \right\| > t_{\alpha/2}(n_1 + n_2 - 2)$

【예 7-6】 30대와 50대의 모집단의 신용등급은 정규분포를 따르며 모집단의 분산이 같다. 30대 15명의 평균 신용등급은 4.68, 50대 15명의 평균 신용등급은 4.36이고 표준편차는 각각 0.8, 0.6이다. 30대와 50대의 평균 신용등급에 차이가 있는가? 5% 유의수준으로 검정하시오.

<풀이> 30대 모집단의 평균 신용등급과 50대 모집단의 평균 신용등급을 각각 μ_1과 μ_2라고 하자. 데이터를 정리해보면,

$n_1 = 15,\ \overline{X}_1 = 4.68,\ S_1 = 0.8,\ n_2 = 15,\ \overline{X}_2 = 4.36,\ S_2 = 0.6$이고 $a = 0.05$이다.

신용등급에 차이가 있는지 살펴보기 위해서 가설을 다음과 같이 세울 수 있다.

$$H_0 : \mu_1 = \mu_2, \quad H_1 : \mu_1 \neq \mu_2$$

공통분산을 추정해보면 다음과 같다.

$$S_p^2 = \frac{(n_1 - 1)S_1^2 + (n_2 - 1)S_2^2}{n_1 + n_2 - 2} = \frac{14 \times 0.8^2 + 14 \times 0.6^2}{15 + 15 - 2} = 0.5$$

검정통계량값은 다음과 같으며 검정통계량은 자유도 28인 t분포를 따른다.

$$T = \frac{4.68 - 4.36}{\sqrt{0.5/15 + 0.5/15}} = 1.24$$

따라서 5% 유의수준에서 기각역은 $t_{0.025}(28) = 2.048$이다. 계산된 검정통계량값 T =1.24는 기각역(2.048)보다 작으므로 5% 유의수준에서 귀무가설을 기각할 수 없다. 한편 유의확률을 이용하여 검정을 실시할 수 있다. 유의확률은 $P(|T| > 1.24) = 2P(T > 1.24) = 0.225$이고 유의수준 0.05보다 크므로 귀무가설을 기각할 수 없다.

만일 두 모집단의 분산이 다를 경우 식 (7.10)의 검정통계량은 자유도 $n_1 + n_2 - 2$ 의 t분포를 따르지 않는다. 이 경우 식 (7.11)과 같이 계산된 자유도 ϕ인 t분포를 따른다. 따라서 검정의 기각역이 달라진다.

$$T = \frac{\overline{X}_1 - \overline{X}_2}{\sqrt{\frac{S_1^2}{n_1} + \frac{S_2^2}{n_2}}} \tag{7.10}$$

$$\phi = \frac{\left[\frac{S_1^2}{n_1} + \frac{S_2^2}{n_2}\right]^2}{\frac{\left(\frac{S_1^2}{n_1}\right)^2}{n_1 - 1} + \frac{\left(\frac{S_2^2}{n_2}\right)^2}{n_2 - 1}} \tag{7.11}$$

【예 7-7】 30대와 50대의 모집단의 신용등급은 정규분포를 따르는데 모집단의 분산이 다르다. 30대 15명의 평균 신용등급은 4.68, 50대 15명의 평균 신용등급은 4.36이고 표준편차는 각각 0.8, 0.6이다. 30대와 50대의 평균 신용등급에 차이가 있는가? 5% 유의수준으로 검정하시오.

<풀이> 30대와 50대의 평균 신용등급에 차이가 있는지를 살펴보기 위한 가설은 다음과 같다.

$$H_0 : \mu_1 = \mu_2, \quad H_1 : \mu_1 \neq \mu_2$$

두 집단의 모분산이 다르므로 계산된 검정통계량값은 다음과 같다.

$$T = \frac{4.68 - 4.36}{\sqrt{0.8^2/15 + 0.6^2/15}} = 1.24$$

귀무가설 하의 검정통계량은 t분포를 따르는데 자유도 ϕ는 아래와 같이 구할 수 있다.

$$\phi = \frac{(0.8^2/15 + 0.6^2/15)^2}{(0.8^2/15)^2/14 + (0.6^2/15)^2/14} = 25.96$$

5% 유의수준의 기각역은 $t_{0.025}(25.96) = 2.056$이다. 검정통계량값 T=1.24는 기각역(2.056)보다 작으므로 5% 유의수준에서 귀무가설을 기각할 수 없다.

(2) 대응표본의 모평균 비교

금융윤리 교육 전에 표본을 추출하여 윤리의식을 측정하고, 교육 후에 다시 윤리의식을 측정한 후 교육의 효과를 살펴본다. 이와 같이 한 개체에 대한 두 모집단의 평균을 비교하는 가설검정을 대응비교라고 한다. 전 X_{i1}과 후 X_{i2}의 대응비교를 할 때 귀무가설은 $H_0 : \mu_1 = \mu_2$일 때 대응되는 쌍의 차($D_i = X_{i2} - X_{i1}$)를 바탕으로 식 (7.12)의 검정통계량을 계산한다.

$$T = \frac{\overline{D}}{S_D/\sqrt{n}} \tag{7.12}$$

여기서 $\overline{D} = \sum_{i=1}^{n} D_i/n$과 $S_D^2 = \sum_{n=1}^{n} (D_i - \overline{D})^2/(n-1)$은 각각 D_i의 표본평균과 분산이다. 귀무가설 하에서 두 모집단의 차이가 정규분포를 따를 경우 식 (7.12)의 검정통

계량은 자유도가 $n-1$인 t분포를 따른다. 각각의 다른 대립가설에 대해 〈표 7-6〉의 기각역을 바탕으로 귀무가설을 기각한다.

〈표 7-6〉 대응표본의 가설검정

대립가설	기각역
$H_1:\ \mu_1 > \mu_2$	$\dfrac{\overline{D}}{S_D/\sqrt{n}} > t_\alpha(n-1)$
$H_1:\ \mu_1 < \mu_2$	$\dfrac{\overline{D}}{S_D/\sqrt{n}} < -t_\alpha(n-1)$
$H_1:\ \mu_1 \neq \mu_2$	$\left\lvert\dfrac{\overline{D}}{S_D/\sqrt{n}}\right\rvert > t_{\alpha/2}(n-1)$

【예 7-8】 30대 모집단 중 30명을 임의로 추출하여 정부의 신용등급 관련 정책 변화 전후의 신용평점을 관찰하였다. 신용등급 관련 정책 시행 전후 신용평점 차이의 평균은 5이고 표준편차는 10이다. 신용등급 관련 정책이 30대의 신용평점을 향상시켰는지 5% 유의수준으로 검정하시오. 단, 30대의 신용평점은 정규분포를 따른다고 가정하자.

<풀이> 정책 전후 30대 모집단의 신용평점을 각각 μ_1과 μ_2라고 하자. 주어진 데이터를 정리해보면 $n=30$, $\overline{D}=5$, $S_D=10$이고 $a=0.05$이다. 신용등급 관련 정책이 30대의 신용평점을 향상시켰는지 살펴보기 위해 가설을 다음과 같이 세울 수 있다.

$$H_0\ :\ \mu_1=\mu_2,\quad H_1\ :\ \mu_1<\mu_2$$

검정통계량값은 다음과 같으며 귀무가설 하에서 통계량은 자유도 29인 t분포를 따른다.

$$T=\frac{5}{10/\sqrt{30}}=2.74$$

5% 유의수준에서 기각역은 $t_{0.05}(29)=1.699$ 이다. 검정통계량값 $T=2.74$는 기각역(1.699)보다 크므로 5% 유의수준에서 귀무가설을 기각한다.

제 3 절 모분산의 검정

1. 모분산의 검정

작년 금융기관 개인고객의 신용평점의 분산이 900이라 한다. 금년 금융기관 개인고객의 신용평점의 분산이 작년보다 작아졌는지 살펴보자. 이는 모집단의 분산을 구해서 가설검정할 수 있다. 모분산에 대한 가설검정에서 귀무가설은 $H_0 : \sigma^2 = \sigma_0^2$ 이며, 대립가설은 양측 검정, 단측 검정에 따라 다르다.

정규분포를 따른 모집단에서 표본의 크기가 n인 표본을 추출한 후 구한 표본분산 S^2과 관련된 검정통계량은 자유도가 $n-1$인 χ^2분포를 따른다.

$$\frac{(n-1)S^2}{\sigma_0^2} \tag{7.13}$$

각각의 다른 대립가설에 대한 가설검정방법은 〈표 7-7〉과 같다. 여기서 α는 유의수준이다.

〈표 7-7〉 모분산의 가설검정

가설	기각역
H_1: $\sigma^2 > \sigma_0^2$	$(n-1)S^2/\sigma_0^2 > \chi_{\alpha}^2(n-1)$
H_1: $\sigma^2 < \sigma_0^2$	$(n-1)S^2/\sigma_0^2 < \chi_{1-\alpha}^2(n-1)$
H_1: $\sigma^2 \neq \sigma_0^2$	$(n-1)S^2/\sigma_0^2 > \chi_{\alpha/2}^2(n-1)$ 또는 $(n-1)S^2/\sigma_0^2 < \chi_{1-\alpha/2}^2(n-1)$

【예 7-9】 포트폴리오의 안정성을 살펴보려고 한다. 포트폴리오에 채워지는 금융상품 수익률의 표준편차가 3% 이하이어야 금융상품 수익률이 안정적이라고 할 수 있다. 금융상품 10개를 임의로 추출하여 수익률을 측정한 결과 표본 표준편차가 1.5%이었다. 금융상품 수익률이 정규분포를 따를 때 이 표준편차가 3% 이하인가를 유의수준 5%에서 검정하시오.

<풀이> 데이터를 정리하면 $n=10$, $S^2=0.015^2$, $\sigma^2=0.03^2$, $\alpha=0.05$ 이다. 가설은 다음과 같이 세울 수 있다.

$$H_0 : \sigma^2 = 0.03^2 \quad , \quad H_1 : \sigma^2 < 0.03^2$$

검정통계량값은 다음과 같으며 검정통계량이 자유도 9의 χ^2분포를 따른다.

$$\chi^2 = \frac{(n-1)S^2}{\sigma_0^2} = \frac{9\times 0.015^2}{0.03^2} = 2.25$$

유의수준 5%에서의 기각역을 구해보면 $\chi^2_{0.95}(9)=3.325$ 이다. 계산된 검정통계량값 2.25가 3.325보다 작으므로 귀무가설 H_0를 기각한다.

2. 모분산 비의 검정

두 포트폴리오의 수익률을 바탕으로 위험을 분산으로 비교한다. 이와 같이 두 모집단의 분산(σ_1^2과 σ_2^2)을 비교하는 경우 분산의 비(σ_1^2/σ_2^2)를 이용한다. 일반적으로 모분산 비에 대한 가설검정은 귀무가설이 $H_0 : \sigma_1^2 = \sigma_2^2$이며 대립가설로 양측 검정가설과 단측 검정가설을 고려할 수 있다.

정규분포를 따르는 두 모집단에서 표본 수 n_1, n_2인 표본을 추출하고 표본분산 S_1^2, S_2^2을 구했다. 모분산 비의 검정에는 모분산 비와 관련된 통계량인 두 표본분산의 비인 S_1^2/S_2^2을 이용하는데 귀무가설 하에서 S_1^2/S_2^2는 식 (7.14)와 같이 자유도 n_1-1과 n_2-1인 F분포를 따른다.

$$F = \frac{S_1^2}{S_2^2} \tag{7.14}$$

각각의 다른 대립가설에 대한 가설검정방법은 〈표 7-8〉과 같다. 여기서 α는 유의수준이다. 유의수준 5%에서의 F분포 관련 임계값은 〈부록〉의 〈표 4〉를 참조하면 된다.

<표 7-8> 두 모분산 비의 가설검정

가설	기각역
H_1: $\sigma_1^2 > \sigma_2^2$	$F = \frac{S_1^2}{S_2^2} \geq F_\alpha(n_1 - 1,\ n_2 - 1)$
H_1: $\sigma_1^2 < \sigma_2^2$	$F = \frac{S_1^2}{S_2^2} \leq F_{1-\alpha}(n_1 - 1,\ n_2 - 1)$
H_1: $\sigma_1^2 \neq \sigma_2^2$	$F = \frac{S_1^2}{S_2^2} \geq F_{\alpha/2}(n_1 - 1,\ n_2 - 1)$ 또는 $\leq F_{1-\alpha/2}(n_1 - 1,\ n_2 - 1)$

【예 7-10】 수없이 많은 자산으로 구성된 두 포트폴리오의 안정성을 비교하려고 한다. 각각의 포트폴리오에서 각각 금융상품 10개를 임의로 추출하여 수익률을 측정한 결과 각각 표본표준편차가 2%와 3%이었다. 금융상품 수익률이 정규분포를 따를 때 두 포트폴리오의 분산이 다른지 유의수준 5%에서 검정하시오.

<풀이> 두 포트폴리오의 분산이 다른지 살펴보기 위해 아래와 같은 가설을 세웠다.

$$H_0 : \sigma_1^2 = \sigma_2^2 , \quad H_1 : \sigma_1^2 \neq \sigma_2^2$$

검정통계량값 $F = \frac{0.03^2}{0.02^2} = 2.25$이며 관련된 검정통계량은 자유도 (9,9)의 F분포를 따른다. 5% 유의수준에서 기각역은 4.03이고 검정통계량값 2.25가 기각역보다 작으므로 5% 유의수준에서 귀무가설을 기각할 수 없다.

제 4 절 검정과 구간추정

가설검정과 구간추정 간에 일정한 관계가 성립한다. 가설검정에서 귀무가설 $H_0 : \theta = \theta_0$에 대해 유의수준 α에서 귀무가설을 기각하지 못하는 영역인 채택역$A(\theta_0)$를 찾았을 때 이 영역은 모수 θ에 대한 $(1-\alpha) \times 100\%$ 신뢰구간이 된다.

모평균에 대한 양측 검정($H_1 : \mu \neq \mu_0$)을 살펴보면 가설검정과 구간추정 간 관계를 보다 쉽게 이해할 수 있다. 만약 유의수준 α에서 $|T| < t_{\alpha/2}(n-1)$이 성립하면 귀무가설을 기각하지 못하게 된다. 이때 이 영역은 모평균의 $(1-\alpha) \times 100$ % 신뢰구간이 된다. 신뢰구간을 이용하여 모평균의 검정을 할 수 있다. 모평균의 $(1-\alpha) \times 100$ % 신뢰구간에 μ_0가 포함되면 귀무가설 $H_0 : \mu = \mu_0$을 기각하지 못하고 μ_0가 포함되지 못하면 귀무가설 $H_0 : \mu = \mu_0$을 기각하게 된다.

【예 7-11】 어떤 도시의 아파트 한 동에서 9명을 조사하여 한 달간 인터넷 금융거래 횟수를 조사하였더니 표본평균은 11, 표준편차는 1로 추정되었다. 모집단은 정규분포를 따른다. 이때 우리나라 전체 인구의 평균 거래횟수의 95% 신뢰구간을 구하시오. 신뢰구간을 이용하여 $H_0 : \mu = 10$ 일 때와 $H_0 : \mu = 11$ 일 때에 대한 5% 유의수준에서의 가설검정을 하시오.

<풀이> 모평균의 95% 신뢰구간은 다음과 같이 구할 수 있다.

$$(\overline{X} - t_{0.025}(8)S/\sqrt{n},\ \overline{X} + t_{0.025}(8)S/\sqrt{n})$$
$$= (11 - 2.306 \times 1/\sqrt{9},\quad 11 + 2.306 \times 1/\sqrt{9})$$
$$= (10.23,\ 11.77)$$

$H_0 : \mu = 10$의 귀무가설은 95% 신뢰구간에 10이 포함되지 못하므로 귀무가설은 5% 유의수준에서 기각되지만, $H_0 : \mu = 11$의 귀무가설은 95% 신뢰구간에 11이 포함되므로 귀무가설은 5% 유의수준에서 기각되지 않는다.

제 5 절 여러 가지 검정

1. 비모수 검정

이제까지 모평균과 모분산의 검정은 모집단이 정규분포를 따른다는 가정 하에서 제안된 검정이다. 그런데 실제의 경우 모집단이 정규분포라고 가정하기 어려울 때가 많다. 이 경우 모집단의 분포를 직접 특정 분포로 가정하지 않고 연속적 분포라는 가정을 하고 모평균에 대한 검정을 실시할 수 있다. 이와 같이 모집단의 가정을 약화한 후 진행되는 검정을 비모수 검정(nonparametric test)이라고 한다. 비모수 검정에서는 데이터 값을 그대로 쓰기보다는 순위(rank)와 부호(sign)를 이용하게 된다. 특이항이 있는 데이터에 대해 검정을 실시할 때 이 검정법이 기존의 검정보다 효율적이다. 이 절에서는 비모수 검정인 윌콕슨 순위합 검정(Wilcoxon rank sum test)을 살펴본다.

윌콕슨 순위합 검정은 두 모집단의 모평균이 차이가 있는지 살펴보는 검정이다. 각기 다른 두 모집단으로부터 생성된 두 확률변수 $X_1,\ X_2$ 가 있고 이들의 확률분포는 연속적 분포 $F(x)$와 $F(x-\delta)$ 라고 가정하고 두 모평균의 차이를 δ라고 할 때 δ가 0인지 여부를 검정하는 것이다. 귀무가설과 대립가설은 식 (7.15)와 같다.

$$H_0 : \delta = 0 \ , \ H_1 : \delta \neq 0 \tag{7.15}$$

이 가설을 검정하기 위해서 X_1의 모집단과 X_2의 모집단에서 각각 n_1과 n_2의 표본을 추출하고 두 표본을 혼합하여 크기순으로 나열하고 각 데이터의 순위를 정리한 후 X_1의 표본에 해당하는 순위를 합하여 검정통계량을 구성하게 되는데 이를 윌콕슨 순위합 통계량(Wilcoxon rank sum test, W)이라고 한다.

검정통계량 W는 별도의 분포를 따르며 검정통계량 W의 기댓값과 표준편차는 식 (7.16)과 식 (7.17)과 같다.

$$E(W) = \frac{1}{2} n_2 (n_1 + n_2 + 1) \tag{7.16}$$

$$\sigma(W) = \sqrt{\frac{1}{12} n_1 n_2 (n_1 + n_2 + 1)} \tag{7.17}$$

표본 크기가 커지면 이를 표준화한 검정통계량은 표준정규분포를 따르며 이를 이용하여 검정할 수 있다.

$$Z = \frac{W - E(W)}{\sigma(W)} \tag{7.18}$$

【예 7-12】 두 은행 고객들 간 신용평점에 차이가 있는지를 비교하기 위해 각각 12명씩 고객을 임의로 추출하였더니 다음과 같았다. 이에 대해서 윌콕슨 순위합 검정을 정규분포를 이용하여 검정하시오.

A	800, 810, 790, 880, 890, 920, 930, 945, 885, 870, 935, 985
B	600, 710, 730, 798, 809, 900, 917, 901, 815, 727, 811, 879

〈풀이〉 위 데이터를 순위대로 정리하면 다음과 같다.

A	7 9 5 14 16 20 21 23 15 12 22 24
B	1 2 4 6 8 17 19 18 11 3 10 13

이때 A은행의 순위합 W값은 188이다.

또한 $E(W) = \frac{1}{2} \times 12 \times (12 + 12 + 1) = 150$,
$Var(W) = \frac{1}{12} \times 12 \times 12 \times (12 + 12 + 1) = 300$이다.

두 은행 고객들 간 신용평점에 차이 δ가 있는지를 비교하기 위한 것이므로 귀무가설과 대립가설은 다음과 같다.

$$H_0 : \delta = 0 \ , \ H_1 : \delta \neq 0$$

검정통계량값은 기댓값과 분산을 고려하여 다음과 같이 구한다.

$$Z = \frac{188 - 150}{\sqrt{300}} = 2.19$$

이의 절대값이 유의수준 5%의 기각역 $z_{0.025} = 1.96$보다 크므로 유의수준 5%에서 귀무가설을 기각한다. 따라서 두 은행 고객들 간 신용평점에 차이가 있다고 말할 수 있다.

2. 분할표를 이용한 검정

분할표(contingency table)는 변수의 속성에 의해 구분된 각 칸에 데이터들이 어떻게 분포되어 있는가를 나타내는 표이다. 하나의 변수에 의해 분류된 표를 일원분할표(one-way contingency table)라고 하며, 2개의 변수로 분류된 표를 이원분할표(two-way contingency table)라 한다. 이원분할표에서는 몇 개 범주의 열변수와 몇 개 범주의 행변수가 있고 이들이 교차하는 칸(cell)에 데이터의 빈도수를 구한다.

분할표를 통해 데이터의 분포가 이론적 분포와 일치하는지를 점검하는 적합성 검정과 두 변수가 독립적인지를 점검하는 독립성 검정을 할 수 있다. 분할표에서의 통계적 검정은 하나 이상 변수의 속성에 의하여 분류된 관찰 수와 어떤 이론적 분포의 가설 하에서 기대되는 도수 간의 차이를 바탕으로 한 검정통계량을 이용하게 된다.

k개의 범주로 구성된 일원분할표에서의 관측도수는 O_i, 이론적 확률은 p_i이고 이론적 확률에 따른 기대도수는 $E_i = np_i$이다. 이 경우 관심이 있는 것은 "관측값이 이론적 확률모형을 따르는가?"이며 이와 관련된 귀무가설은 $H_0 : p_i = p_{i0}, \ i = 1, 2, \cdots, k$이다.

〈표 7-9〉 분할표의 관측도수와 기대도수

	1	2	$\cdots$	k	합계
관측도수 (O_i)	O_1	O_2	$\cdots$	O_k	n
이론적 확률 (p_i)	p_1	p_2	$\cdots$	p_k	1
기대도수 (E_i)	$E_1 = np_1$	$E_2 = np_2$	$\cdots$	$E_k = np_k$	n

이 귀무가설을 검정하기 위해서 관측도수와 기대도수 간 차이를 바탕으로 한 식 (7.19)의 검정통계량을 이용한다. 이 통계량은 자유도 $k-1$인 카이제곱(χ^2)분포를 따른다.

$$\chi^2 = \sum_{i=1}^{k} \frac{(O_i - E_i)^2}{E_i} \tag{7.19}$$

【예 7-13】 주사위가 공정한지 검토하기 위해서 주사위던지기를 180회 실시하였고, 다음 결과가 나타났다. 주사위가 공정한지 적합도 검정을 5% 유의수준 하에서 실시하시오.

	1	2	3	4	5	6	합계
관측도수 (O_i)	31	27	26	33	34	29	180

<풀이> 주사위가 공정한지 검토하기 위해서 다음과 같은 귀무가설을 설정할 수 있다.

$$H_0 : p_i = \frac{1}{6},\ i = 1, 2, \cdots, 6$$

각 눈금이 나타날 확률이 1/6이기에 각 눈금이 나타날 기대횟수는 $180 \times (1/6) = 30$ 이고 검정통계량의 값은 다음과 같다.

$$\chi^2 = \sum_{i=1}^{6} \frac{(O_i - E_i)^2}{E_i} = 1.73$$

유의수준 5%에 따른 기각역을 구해보면 $\chi^2_{0.05}(5) = 11.07$ 이다. 계산된 검정통계량 값 1.73이 11.07보다 작으므로 5% 유의수준에서 귀무가설 H_0 가 기각되지 못한다.

이원분할표는 두개의 이산형 변수에 대한 가능한 값들을 행과 열로 각각 놓고 두 변수의 값이 교차하는 칸(cell)의 빈도수를 표현하는 표이다. 한 모집단에서 변수 A의 속성이 r개이고, 변수 B의 속성이 c개인 $r \times c$ 분할표에서 각 속성이 나타날 확률이 p_{ij}라 하자.

〈표 7-10〉 이원분할표

B \ A	1	2	$\cdots$	$c-1$	c	합
1	$O_{1,1}$	$O_{1,2}$	$\cdots$	$O_{1,c-1}$	$O_{1,c}$	$O_{1\cdot}$
2	$O_{2,1}$	$O_{2,2}$	$\cdots$	$O_{2,c-1}$	$O_{2,c}$	$O_{2\cdot}$
$\vdots$	$\vdots$	$\vdots$	$O_{i,j}$	$\vdots$	$\vdots$	$\vdots$
$r-1$	$O_{r-1,1}$	$O_{r-1,2}$	$\cdots$	$O_{r-1,c-1}$	$O_{r-1,c}$	$O_{r-1\cdot}$
r	$O_{r,1}$	$O_{r,2}$	$\cdots$	$O_{r,c-1}$	$O_{r,c}$	$O_{r\cdot}$
합	$O_{\cdot 1}$	$O_{\cdot 2}$	$\cdots$	$O_{\cdot(c-1)}$	$O_{\cdot c}$	n

이때 동일성 검정과 독립성 검정을 할 수 있다. 동일성 검정은 "r개의 모집단이 동일하다."라는 귀무가설을 검정한다. 이때 귀무가설은 식 (7.20)과 같고 기대도수는 $E_{11} = \dfrac{O_{.1}}{n} \times n_1,\ \cdots,\ E_{rc} = \dfrac{O_{.c}}{n} \times n_r$ 이다. 여기서 $n_j = O_{j\cdot}$ 이다.

$$H_0 : p_{1j} = p_{2j} = \cdots = p_{rj}\ ,\ j = 1, 2, \cdots, c \tag{7.20}$$

독립성 검정은 두 요인 A와 B 사이에 관련이 있는지 또는 독립인지 검정한다. 가설검정은 칸 (A_i, B_j)에 속할 확률을 p_{ij}, 범주 A_i에 속할 확률을 $p_{i\cdot}$, 범주 B_j에 속할 확률을 $p_{\cdot j}$라고 하면 두 요인 A, B가 서로 독립이라는 가설은 식 (7.21)과 같다. 이때 기대도수는 $E_{11} = \dfrac{O_{1.}O_{.1}}{n}$, $\cdots$, $E_{rc} = \dfrac{O_{r.}O_{.c}}{n}$ 이다.

$$H_0 : p_{ij} = p_{i.}p_{.j},\ i=1,2,\cdots,r,\ j=1,2,\cdots c. \tag{7.21}$$

위 두 귀무가설의 검정통계량은 식 (7.22)와 같은데 자유도 $(r-1)(c-1)$인 카이제곱(χ^2)분포를 따른다.

$$\chi^2 = \sum_{i=1}^{r}\sum_{j=1}^{c}\frac{(O_{ij}-E_{ij})^2}{E_{ij}} \sim \chi^2((r-1)(c-1)) \tag{7.22}$$

귀무가설 하에서 $\chi^2 = \sum_{i=1}^{r}\sum_{j=1}^{c}\dfrac{(O_{ij}-E_{ij})^2}{E_{ij}} > \chi^2_{\alpha}((r-1)(c-1))$이면 귀무가설 H_0는 기각된다. 독립성 검정에서 카이제곱분포를 이용하려면 모든 칸의 기대도수가 적어도 5 이상이 되어야 한다. 따라서 기대도수가 5보다 작은 경우 인접구간을 합쳐서 분석하는 것이 바람직하다.

【예 7-14】 어느 은행에서 새로운 대출규정에 대해 고객들의 의견을 알아보기 위해 4개 은행별로 100명씩 뽑아 조사한 결과 다음의 데이터를 얻었다. 은행에 따라 의견이 다르다고 할 수 있는가? 유의수준 5% 하에서 검정하시오.

은행 \ 의견	찬성	반대	기권
A	39	24	37
B	41	29	30
C	50	10	40
D	34	36	30

<풀이> 각 은행별로 의견이 같은지를 알아보는 동일성 검정을 실행할 수 있다. 이때 귀무가설은 다음과 같다.

$$H_0 \ :\ p_{1j} = p_{2j} = p_{3j} = p_{4j},\quad {\scriptstyle j=1,2,3}$$

귀무가설 하에서 은행별로 의견이 동일하다면 기대도수는 다음과 같다.

은행 \ 의견	찬성	반대	기권
A	41	24.75	34.75
B	41	24.75	34.75
C	41	24.75	34.75
D	41	24.75	34.75

검정통계량값은 다음과 같으며 검정통계량은 자유도 6인 χ^2분포를 따른다.

$$\chi^2 = \sum_{i=1}^{4}\sum_{j=1}^{3}\frac{(O_{ij}-E_{ij})^2}{E_{ij}} = 20.17$$

유의수준 5%의 기각역은 12.59인데 검정통계량값이 12.59보다 크므로 5% 유의수준에서 귀무가설을 기각한다. 한편 유의확률(p값)은 0.0026으로 0.05보다 작으므로 귀무가설을 기각하게 된다. 따라서 은행별로 새로 만든 규정에 대한 의견이 같다고 할 수 없다.

【예 7-15】 성별 대출금액 증가 여부를 조사하였더니 다음과 같았다. 성과 대출금액 증가 여부에 서로 연관성이 있는지 5% 유의수준에서 검정하시오.

	증가	비증가	계
남	19	31	50
여	14	11	25
계	33	42	75

<풀이> 성과 대출금액 증가 여부에 서로 연관성이 있는지 파악하는 것이므로 독립성 검정을 한다.

$$H_0 : p_{ij} = p_{i.}p_{.j},\ i=1,2,\ j=1,2$$

독립성이 성립하는 가정 하에서 기대도수는 다음과 같다. 예를 들면 기대도수

$E_{11} = 75 \times \frac{33}{75} \times \frac{50}{75} = 22$이다.

	증가	비증가	계
남	22	28	50
여	11	14	25
계	33	42	75

검정통계량값은 $\chi^2 = \sum_{i=1}^{2}\sum_{j=1}^{2}\frac{(O_{ij}-E_{ij})^2}{E_{ij}} = 2.19$이며 이 통계량은 자유도 1인 χ^2분포를 따른다. 유의수준 5%의 기각역은 3.84인데 검정통계량값이 3.84보다 작으므로 5% 유의수준에서 귀무가설을 기각할 수 없다. 한편 유의확률(p값)은 0.139로 0.05보다 크므로 귀무가설을 기각하지 못한다. 따라서 성과 대출금액 증가 여부에 서로 연관성이 있다고 할 수 없다.

연 습 문 제

1. 귀무가설이 참인데 이를 기각하는 오류를 무엇이라 부르는가?
① 제1종의 오류　② 제2종의 오류
③ 제3종의 오류　④ 통계적 오류
⑤ 유의성 오류

(※ 2~3) 모분산이 알려져 있지 않은 정규분포($N(\mu, \sigma^2)$)를 따르는 기업 모집단으로부터 표본크기 11인 확률표본을 추출하여 부채비율을 조사하였다. 부채비율의 표본평균 $\overline{X}$와 표본표준편차 S를 산출한 결과는 각각 110%, 11%였다. 이때 다음 물음에 답하시오.(여기서 μ=모집단의 부채비율, σ^2=모분산이다.)

2. 부채비율의 표본평균이 100%와 다른지 검정하려고 한다. 이때 귀무가설과 대립가설로 가장 적당한 것을 고르시오.
① $H_0 : \mu = 100$ 대 $H_1 : \mu = 110$
② $H_0 : \mu = 110$ 대 $H_1 : \mu = 100$
③ $H_0 : \mu = 100$ 대 $H_1 : \mu > 100$
④ $H_0 : \mu = 110$ 대 $H_1 : \mu > 110$
⑤ $H_0 : \mu = 100$ 대 $H_1 : \mu \neq 100$

3. 검정통계량값이 3.02이고 임계값이 $t_{0.025}(10) = 2.228$일 때 검정결과의 기술로 가장 바른 것은?
① 검정통계량값이 기각역보다 커서 유의수준 5%에서 귀무가설을 기각한다.
② 검정통계량값이 기각역보다 커서 유의수준 2.5%에서 귀무가설을 기각한다.
③ 검정통계량값이 기각역보다 커서 유의수준 5%에서 귀무가설을 기각하지 못한다.
④ 검정통계량값이 기각역보다 커서 유의수준 2.5%에서 귀무가설을 기각하지 못한다.
⑤ 검정통계량값이 기각역보다 커서 유의수준 10%에서 귀무가설을 기각한다.

연 습 문 제

4. 가설검정을 위하여 유의확률(p값)을 계산해본 결과 0.01이었다. 다음 설명 중 가장 바른 것은?
   ① 유의수준 5%, 10%에서 귀무가설을 기각한다.
   ② 유의수준 5%, 10%에서 귀무가설을 기각하지 못한다.
   ③ 유의수준 5%에서 귀무가설을 기각하지 못하나 유의수준 10%에서는 귀무가설을 기각한다.
   ④ 유의수준 10%에서 귀무가설을 기각하지 못하나 유의수준 5%에서는 귀무가설을 기각한다.
   ⑤ 유의수준과 관계없이 귀무가설을 기각하지 못한다.

(※ 5~6) 기존 금융정책의 지지율이 40%라고 한다. 정부가 새로운 금융정책을 세우고 1,000명에 대해 지지율을 살펴본 결과 45%로 나타났다. 새로운 정책의 지지율이 기존 지지율 40%와 다른가를 유의수준 5%에서 검정하려고 한다.

5. 귀무가설 하의 검정통계량값 Z값의 구간은?
   ① $0 < Z < 1$ ② $1 < Z < 2$
   ③ $2 < Z < 3$ ④ $3 < Z < 4$
   ⑤ $5 < Z < 6$

6. 양측 검정의 기각역값으로 가장 적당한 값은?
   ① 1.00 ② 1.64 ③ 1.96 ④ 2.73 ⑤ 3.14

연 습 문 제

(※ 7~8) 금융상품의 분산이 $4\%^2$ 이하여야 안정적이라고 평가된다. 금융상품 10개를 임의로 추출하여 분산을 추출한 결과 표본분산 $S^2 = 3.7\%^2$이었다. 금융상품의 분산이 $4\%^2$보다 작은지 유의수준 5%에서 검정하려고 한다. 다음 물음에 답하시오.

7. 모분산이 σ^2일 때 대립가설을 구하시오.

① $\sigma^2 = 4$ ② $\sigma^2 > 4$ ③ $\sigma^2 < 4$ ④ $\sigma^2 \neq 4$ ⑤ $0 < \sigma^2 < 4$

8. 표본들이 정규분포를 따르는 경우 검정통계량으로 가장 적합한 통계량인 $\frac{(n-1)S^2}{\sigma^2}$의 분포는?

① 자유도 n인 카이제곱분포 ② 자유도 $n-1$인 카이제곱분포
③ 자유도 n인 t분포 ④ 자유도 $n-1$인 t분포
⑤ 표준정규분포

(※ 9~10) 성별 대출금액의 증가 여부를 조사하였더니 다음과 같았다. 성과 대출금액 증가 여부에 서로 연관성이 있는지 5% 유의수준에서 검정하려고 한다. 다음 물음에 답하시오.

	증가	비증가	계
남	19	31	50
여	14	11	25
계	33	42	75

9. 성과 대출금액이 독립이라는 귀무가설 하에서 남자이면서 대출금 증가인 기대도수는?

① 19 ② 20 ③ 21 ④ 22 ⑤ 25

10. 귀무가설 하에 검정통계량 $\sum_{i=1}^{2}\sum_{j=1}^{2}\frac{(O_{ij}-E_{ij})^2}{E_{ij}}$ 의 분포는?

① 자유도 1인 카이제곱분포 ② 자유도 2인 카이제곱분포
③ 자유도 1인 t분포 ④ 자유도 2인 t분포
⑤ 표준정규분포

정답 및 해설

1. ① 귀무가설이 참인데 이를 기각하는 오류를 제1종의 오류라고 한다.
2. ⑤ 대립가설은 밝히고자 하는 가설로 정한다.
3. ① 검정통계량값이 기각역보다 커서 유의수준 5%에서 귀무가설을 기각한다.
4. ① p값이 유의수준보다 작으면 귀무가설을 기각한다.
5. ④ 검정통계량값 : $Z = \frac{0.45 - 0.4}{\sqrt{0.4(1-0.4)/1000}} = 3.227$
6. ③ $z_{0.025} = 1.96$
7. ③ 금융상품의 분산이 $4\%^2$보다 작은지를 검정하므로 대립가설은 $\sigma^2 < 4$이다.
8. ② $\frac{(n-1)S^2}{\sigma^2}$는 자유도 $n-1$인 카이제곱분포를 따른다.
9. ④ 기대도수 $E_{11} = 75 \times \frac{33}{75} \times \frac{50}{75} = 22$이다.
10. ① 검정통계량은 자유도 $(2-1)(2-1)=1$인 카이제곱분포를 따른다.

제 8 장

상관분석과 회귀분석

학습목표

1. 상관분석의 기본개념을 이해할 수 있다.
2. 단순회귀모형의 기본개념을 이해할 수 있다.
3. 단순회귀모형을 추정할 수 있다.
4. 단순회귀모형의 적합도를 계산할 수 있다.
5. 단순회귀모형을 진단하고 예측할 수 있다.

학습개요

시장 포트폴리오의 수익률이 변함에 따라 개별 주식의 수익률이 변하는 것을 생각해 볼 수 있다. 또는 엔/달러 환율의 변화에 따른 원/달러 환율의 변화를 파악할 수도 있다. 이와 같이 둘 또는 그 이상의 변수 간의 함수관계를 데이터를 바탕으로 파악하는 통계적 방법을 회귀분석이라 한다. 회귀분석은 변수들 간 관계를 표현하고 동 관계로부터 미래값을 추정하는 것이다. 회귀분석 중 한 개의 설명변수를 포함한 회귀분석을 단순회귀분석이라 한다. 이 장에서는 상관분석, 단순회귀분석모형의 작성과 예측에 대해 살펴본다.

상관분석

두 변수 이상의 관계를 살펴보기 위해서는 산점도를 그려보거나 상관계수를 구한다. 이러한 기초적인 관계분석을 바탕으로 회귀모형을 작성한다.

1. 산점도

산점도(scatter plot)는 관심이 있는 두 변수 간 함수 관계를 파악하기 위해 두 변수 X, Y의 데이터 (x_i, y_i)를 2차원 평면에 점으로 표현하는 그래프이다. 〈그림 8-1〉은 2000년~2014년 월별 우리나라 종합주가지수와 회사채 유통수익률(3년, AA-등급) 간 산점도이다. 이를 보면 회사채 유통수익률과 우리나라 종합주가지수 간에는 반대 방향으로 움직이는 경향이 있음을 알 수 있다.

〈그림 8-1〉 우리나라 종합주가지수와 회사채 유통수익률 간 산점도

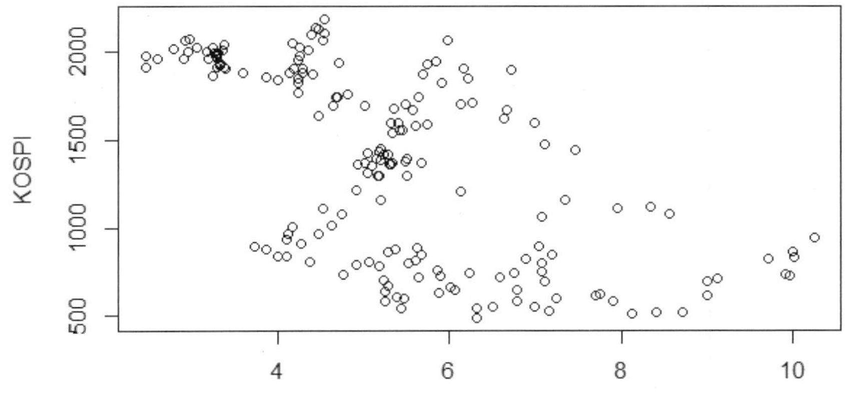

〈그림 8-2〉는 2000년~2014년 월별 콜금리와 국고채 수익률 간 산점도이다. 이를 보면 콜금리와 국고채 수익률은 같은 방향으로 움직이는 것을 알 수 있다.

〈그림 8-2〉 콜금리와 국고채 수익률 간 산점도

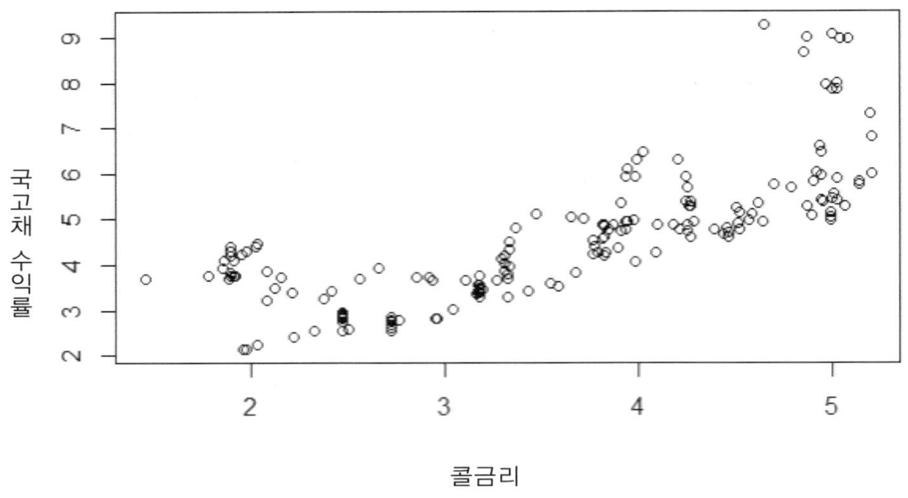

2. 상관분석

상관분석은 변수들 간 선형관계를 하나의 통계량값으로 표현하는 방법이다. 상관분석에서는 두 변수의 관계가 얼마나 선형적인지를 표본 상관계수라는 하나의 수치값을 통해 살펴볼 수 있다. 제2장에서 보았듯이 두 변수 간 결합확률분포의 상관계수는 두 변수 간 공분산을 각 변수의 표준편차로 나누어서 구한다. 두 변수 X, Y의 측정된 데이터를 $(x_i,\ y_i)$라 하면 표본 상관계수는 표본공분산을 각 변수의 표본표준편차로 나누어서 식 (8.1)과 같이 구한다.

$$r = \frac{\frac{1}{n-1}\sum_{i=1}^{n}(x_i - \bar{x})(y_i - \bar{y})}{\sqrt{\frac{1}{n-1}\sum_{i=1}^{n}(x_i - \bar{x})^2 \frac{1}{n-1}\sum_{i=1}^{n}(y_i - \bar{y})^2}} \tag{8.1}$$

$$= \frac{\sum_{i=1}^{n}(x_i - \bar{x})(y_i - \bar{y})}{\sqrt{\sum_{i=1}^{n}(x_i - \bar{x})^2 \sum_{i=1}^{n}(y_i - \bar{y})^2}}$$

표본 상관계수는 −1과 1 사이의 값($-1 \le r \le 1$)을 가진다. r이 0보다 클 때($r>0$)는 두 변수가 같은 방향으로 변화하며, r이 0보다 작을 때($r<0$)는 두 변수가 반대 방향으로 변화한다. r의 절댓값이 커지면 그 두 변수 간 선형관계의 정도가 커진다. 한편 $r = \pm 1$일 때 완전한 선형관계를 가지며, $r = 0$은 선형관계가 없음을 의미한다. 표본 상관계수는 두 변수 간의 비선형적 관계를 파악하는 데에는 제약이 있다.

〈그림 8-1〉의 우리나라 종합주가지수와 회사채 유통수익률 간 표본 상관계수를 구해보면 - 0.63으로 나타나 두 변수가 반대 방향으로 움직이고 있음을 알 수 있다. 〈그림 8-2〉의 월별 콜금리와 국고채 수익률 간 표본 상관계수를 구해보면 0.76으로 나타나 두 변수가 같은 방향으로 움직이고 있음을 알 수 있다.

두 변수 간 선형적 관계가 있는지 여부는 표본 상관계수를 바탕으로 상관계수가 0과 다른지 검정하여 파악할 수 있다. 이를 위해서는 두 변수의 결합확률분포가 이변량정규분포라는 가정이 필요하다. 이에 대한 귀무가설과 대립가설은 식 (8.2)와 같다.

$$H_0 : \rho = 0 \ , \ H_1 : \rho \neq 0 \tag{8.2}$$

이 가설을 검정하기 위한 검정통계량은 식 (8.3)과 같은데 이 검정통계량은 귀무가설 하에서 자유도 $n-2$인 t분포를 따른다.

$$T = \frac{r\sqrt{n-2}}{\sqrt{1-r^2}} \tag{8.3}$$

따라서 식 (8.4)와 같이 검정통계량 T의 절댓값이 기각역 $t_{\alpha/2}(n-2)$보다 클 때 유의수준 α에서 귀무가설이 기각된다.

$$|T| > t_{\alpha/2}(n-2) \tag{8.4}$$

【예 8-1】 두 변수 간 표본 상관계수가 0.3이고 표본 수가 20이다. 이때 두 변수 간의 상관계수가 유의한지 5% 유의수준에서 검정하시오.

<풀이> 귀무가설과 대립가설은 다음과 같다.

$$H_0 : \rho = 0 \ , \ H_1 : \rho \neq 0$$

표본 수 n은 20이고, $r = 0.3$이며 이를 바탕으로 검정통계량값을 구하면 다음과 같다.

$$|T| = \left| \frac{0.3\sqrt{20-2}}{\sqrt{1-0.3^2}} \right| = 1.33$$

검정통계량값은 5% 유의수준의 기각역 $t_{0.025}(18) = 2.101$보다 작으므로 상관계수가 0이라는 귀무가설은 5% 유의수준에서 기각될 수 없다. 따라서 두 변수 간 상관관계가 유의하지 않은 것으로 판단한다.

【예 8-2】 종합주가지수와 회사채 유통수익률 간 상관계수가 유의한지 5% 유의수준에서 검정하시오.

<풀이> 귀무가설과 대립가설은 앞의 예와 동일하게 다음과 같다.

$$H_0 : \rho = 0 \ , \ H_1 : \rho \neq 0$$

표본 수 n은 180이고, $r = -0.6287$이다. 이 정보를 이용하여 검정통계량값은 다음과 같이 계산된다.

$$|T| = \left| \frac{-0.6287\sqrt{180-2}}{\sqrt{1-(-0.6287)^2}} \right| = 10.79$$

검정통계량값은 5% 유의수준의 기각역 $t_{0.025}(178) = 1.973$보다 크므로 상관계수가 0이라는 귀무가설은 5% 유의수준에서 기각한다. 따라서 종합주가지수와 회사채 유통수익률 간 유의한 상관관계가 있다고 판단된다.

제 2 절 단순회귀모형의 개요

1. 모형의 구조

회귀분석(regression analysis)은 둘 또는 그 이상의 변수 간의 함수관계를 데이터를 바탕으로 파악하는 대표적인 통계분석 방법이다. 변수들 간의 관계를 수리적 함수인 회귀모형으로 표현한 후 데이터를 바탕으로 모형을 구체화한다. 추정된 모형으로부터 미래값을 추정하게 된다.

회귀모형은 원인이 되는 변수와 결과가 되는 변수로 구성되어 있다. 원인이 되는 변수(X)는 결과가 되는 변수(Y)를 설명한다. 여기서 원인이 되는 변수 X를 설명변수(explanatory variable) 또는 독립변수(independent variable)라고 부르며, 결과가 되는 변수 Y를 종속변수(dependent variable) 또는 반응변수(response variable)라 부른다. 설명변수가 1개인 회귀모형은 단순회귀모형(simple regression model)이라 부른다.

단순회귀모형에서 종속변수 Y와 설명변수 X는 실제로는 식 (8.5)와 같은 선형관계를 가지고 있다고 가정한다.

$$E(Y|X) = \beta_0 + \beta_1 X \tag{8.5}$$

여기서 $E(Y|X)$ 는 주어진 X값 하의 Y의 조건부 기댓값이다. 소비지출과 소득 데이터로 그 의미를 생각해보면 $E(Y|X)$ 는 주어진 소득 하에 이루어지는 평균적 소비지출이다. 식 (8.5)에서 회귀계수 β_0, β_1은 미지의 모수값이다. 〈그림 8-3〉에서 β_0는 $X=0$일 때 Y 값인 절편(intercept)이며, β_1은 X가 한 단위 증가할 때 Y가 증가한 비로 기울기(slope)이다. 통상 β_0와 β_1은 데이터를 이용하여 추정하게 된다.

〈그림 8-3〉 회귀계수의 의미

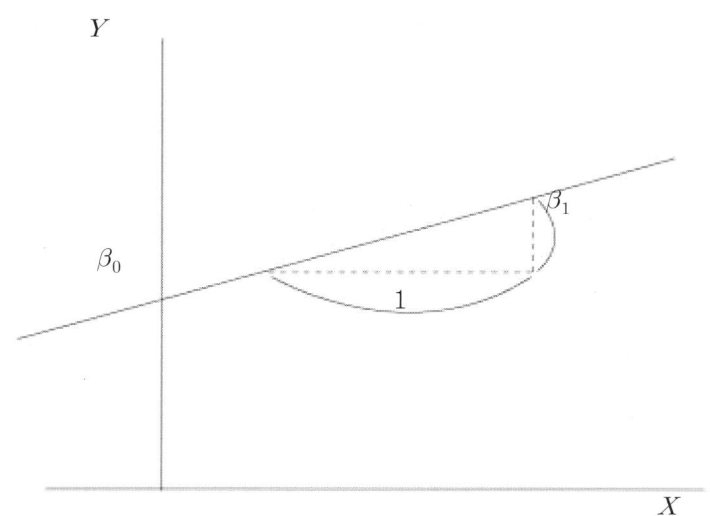

그런데 실제 데이터의 경우 위의 직선 상에 존재하기 어렵다. 종속변수 Y의 실제값과 주어진 X값 상의 Y값(단순회귀모형에 의한 값)의 차이를 통계적 오차라 부른다. 이는 단순회귀모형으로 설명할 수 없는 임의적 요인이다. 통계적 오차는 모형의 가정이 맞지 않거나 측정오차가 있거나 X 외의 다른 설명변수가 Y를 설명할 때 발생될 수 있다. 〈그림 8-4〉는 〈그림 8-1〉의 산점도를 대표하는 회귀직선을 산점도와 같이 표현한 그래프이다. 이를 보면 모든 점들이 직선 상에 있지 않은데 통계적 오차이다.

〈그림 8-4〉 회귀직선과 산점도

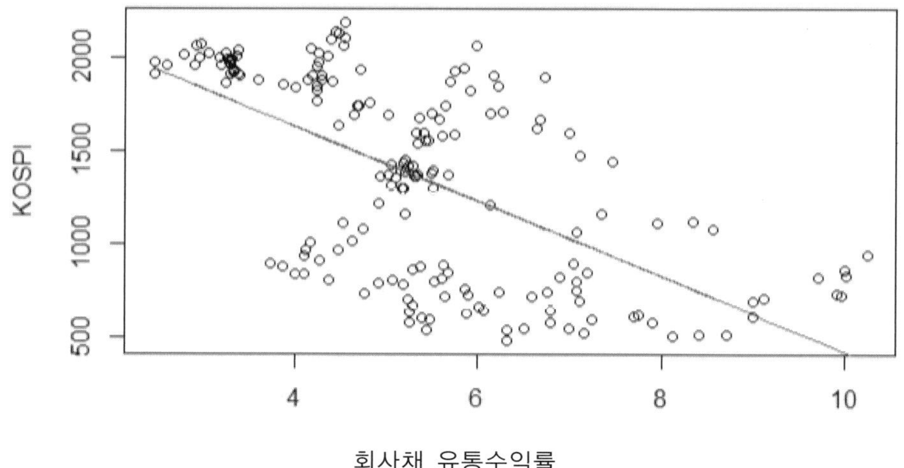

종속변수 Y와 설명변수 X의 관측값을 (x_i, y_i), $i=1, 2, \cdots, n$이라 하면 단순회귀모형은 식 (8.6)과 같이 설정한다. 여기서 β_0, β_1는 미지의 모수이다.

$$y_i = \beta_0 + \beta_1 x_i + \varepsilon_i, \quad i=1, 2, \cdots, n \tag{8.6}$$

오차항 (ε_i)은 서로 독립이며 평균이 0이고($E(\varepsilon_i)=0$), 분산이 일정하며($Var(\varepsilon_i)=\sigma^2$), 독립변수는 오차항과 무관하다고 가정된다($Cov(x_i, \varepsilon_i)=0$). 회귀계수 β_0, β_1에 대한 검정을 하려면 오차항이 정규분포를 따른다($N(0, \sigma^2)$)는 가정이 필요하다. 이 경우 종속변수의 관측값 y_i는 조건부 정규분포 $y_i|x_i \sim N(\beta_0 + \beta_1 x_i, \sigma^2)$를 따른다.

제 3 절 단순회귀모형의 추정

1. 최소제곱법

단순회귀모형을 구체화하기 위해서는 데이터를 바탕으로 β_0와 β_1을 추정하게 된다. 이때 주로 이용되는 추정방법은 최소제곱법(least square estimation)이다. 최소제곱법은 보다 많은 관측값 (x_i, y_i)들이 직선에 가깝도록 하는 모수 β_0, β_1의 추정값 $\hat{\beta}_0$, $\hat{\beta}_1$를 구하는 방법이다. 구체적으로 보면 이는 식 (8.7)의 오차제곱합(SSE)을 최소화하는 $\hat{\beta}_0$, $\hat{\beta}_1$를 구하는 것이다.

$$SSE = \sum_{i=1}^{n} \epsilon_i^2 = \sum_{i=1}^{n} (y_i - \beta_0 - \beta_1 x_i)^2 \tag{8.7}$$

식 (8.7)의 SSE를 최소화하기 위해서는 SSE를 β_0, β_1에 대해 편미분한 식을 0으로 둔 후 이 두 식을 만족하는 β_1, β_0 값을 구하는 것인데 추정회귀계수 $\hat{\beta}_1$, $\hat{\beta}_0$는 식 (8.8)과 식 (8.9)와 같다. $\hat{\beta}_1$은 표본공분산을 표본분산으로 나눈 값이다.

$$\hat{\beta}_1 = \frac{\frac{1}{n-1}\sum_{i=1}^{n}(x_i - \overline{x})(y_i - \overline{y})}{\frac{1}{n-1}\sum_{i=1}^{n}(x_i - \overline{x})^2} \tag{8.8}$$

$$\hat{\beta}_0 = \overline{y} - \hat{\beta}_1 \overline{x} \tag{8.9}$$

$\hat{\beta}_0$, $\hat{\beta}_1$이 구해지면 이를 이용하여 주어진 x_i값에서의 y_i의 추정값 $\hat{y}_i$를 식 (8.10)과 같이 구할 수 있다. 이를 통해 회귀직선이 구체화되는 것이다.

$$\hat{y}_i = \hat{\beta}_0 + \hat{\beta}_1 x_i \tag{8.10}$$

식 (8.9)를 식 (8.10)에 대입하면 식 (8.10)의 회귀직선은 항상 $(\bar{x}, \bar{y})$를 지나고 있음을 알 수 있다. 수학적으로 보면 $\hat{\beta}_0$, $\hat{\beta}_1$는 오차항의 가정과는 무관하게 구해진다. 따라서 데이터만 있으면 회귀모형의 오차항 가정에 관련 없이 회귀계수의 최소제곱값을 구할 수 있다.

【예 8-3】 금융회사에서 일 년에 두 번의 실적 평가를 100점 만점으로 진행된다. 다음 데이터는 금융회사 임직원 10명에 대한 1차 평가점수(x)와 2차 평가점수(y)이다. 이를 바탕으로 최소제곱법을 이용하여 회귀직선을 구하고, 1차 평가점수가 $x=85$일 때 2차 평가점수를 예측하시오.

1차 평가점수 (x)	83 90 88 80 96 76 69 91 96 77
2차 평가점수 (y)	89 87 85 82 99 82 75 89 93 81

<풀이> 회귀계수 $\hat{\beta}_1$은 표본공분산을 표본분산으로 나누어 구한다.

$$\hat{\beta}_1 = \frac{\frac{1}{n-1}\sum_{i=1}^{n}(x_i - \bar{x})(y_i - \bar{y})}{\frac{1}{n-1}\sum_{i=1}^{n}(x_i - \bar{x})^2} = \frac{56.31}{82.27} = 0.6845$$

$$\hat{\beta}_0 = \bar{y} - \hat{\beta}_1 \bar{x} = 86.2 - 0.6845 \times 84.6 = 28.3$$

따라서 회귀직선은 다음과 같다.

$$\hat{y}_i = 28.3 + 0.6845 x_i$$

1차 평가점수가 $x=85$일 때 2차 평가점수는 다음과 같다.

$$\hat{y}_i = 28.3 + 0.6845 \times 85 = 86.5$$

이와 관련된 산점도와 회귀직선은 다음과 같다.

〈그림 8-5〉 두 점수 간 산점도와 회귀직선

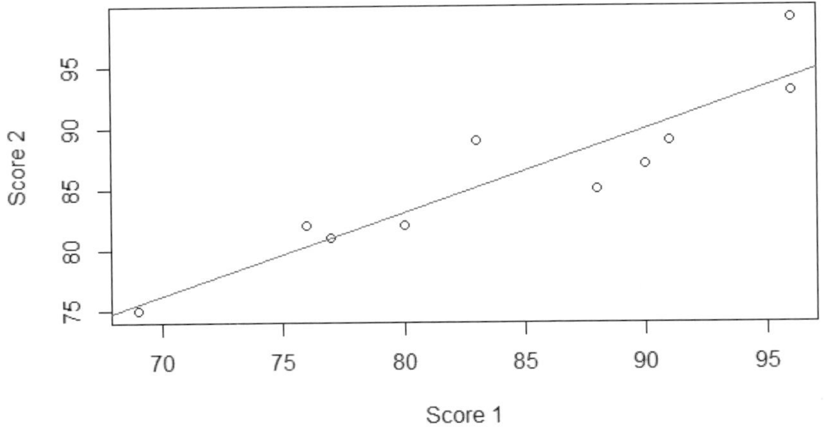

단순회귀모형의 또 다른 모수로는 오차의 분산 σ^2이 있다. 오차의 분산 σ^2을 추정하기 위해서는 종속변수의 데이터값과 회귀모형 추정값의 차이인 잔차 $y_i - \hat{y}_i$ 의 제곱항을 잔차의 자유도로 나누어 구한다. 단순회귀모형에서 이용되는 미지의 모수가 β_0와 β_1 두 개이므로 잔차의 자유도는 $n-2$ 이다. 따라서 오차 분산의 추정량은 식 (8.11)과 같다.

$$\hat{\sigma}^2 = \frac{1}{n-2}\sum_{i=1}^{n}(y_i - \hat{\beta}_0 - \hat{\beta}_1 x_i)^2 \tag{8.11}$$

단순회귀모형의 모수 β_0, β_1, σ^2은 최대가능도추정법(maximum likelihood method)과 적률추정법(moment estimation)으로 추정될 수 있다. 최대가능도추정법은 오차항이 정규분포를 따른다고 가정하고 오차항의 가능도함수(likelihood function)를 최대화하여 β_0, β_1, σ^2을 추정하는 방법이다. 적률추정법은 오차에 대한 가정 $E(\varepsilon_i)=0$, $cov(\varepsilon_i, x_i)=0$을 적률(moment)로 표현하여 β_0, β_1을 추정하는 방법이다. 정규분포 가정의 최대가능도추정법과 적률추정법에 의한 β_0, β_1 추정량은 최소제곱법에서 구한 추정량과 그 결과가 같다.

2. 추정량의 성질

단순회귀모형의 추정량 $\hat{\beta}_0$, $\hat{\beta}_1$는 식 (8.6)의 오차항의 가정 하에서 다음과 같은 성질을 가지는데 이를 Gauss-Markov 정리라 부른다.

① $\hat{\beta}_0$, $\hat{\beta}_1$는 β_0, β_1의 불편추정량(unbiased estimator)이다.
② $\hat{\beta}_0$, $\hat{\beta}_1$는 일치추정량(consistent estimator)이다.
③ $\hat{\beta}_0$, $\hat{\beta}_1$는 불편선형추정량 중에서 가장 효율적 추정량(efficient estimator)이다.

회귀계수의 분포를 구하기 위해서는 오차항이 정규분포를 따른다는 가정이 필요하다. 오차항이 정규분포 $N(0,\sigma^2)$를 따른다고 가정하면 $\hat{\beta}_0$, $\hat{\beta}_1$의 분포는 식 (8.12)와 같은 정규분포를 따른다.

$$\begin{aligned} &\hat{\beta}_0 \sim N(\beta_0, \sigma^2[\frac{1}{n}+\frac{\bar{x}^2}{\sum(x_i-\bar{x})^2}]) \\ &\hat{\beta}_1 \sim N(\beta_1, \frac{\sigma^2}{\sum(x_i-\bar{x})^2}) \end{aligned} \tag{8.12}$$

잔차($r_i = y_i - \hat{y_i}$)는 다음과 같은 성질을 가지고 있다.

① 잔차의 합은 0이다($\sum r_i = 0$).
② 잔차의 설명변수에 의한 가중합은 0이다($\sum x_i r_i = 0$).
③ 잔차의 y의 추정치($\hat{y}_i$)에 의한 가중합은 0이다($\sum \hat{y_i} r_i = 0$).

3. 추정량의 검정

회귀계수는 오차항이 정규분포를 따른다는 가정 하에서 그 유의성을 검정할 수 있다. 통상 오차항의 분산 σ^2을 알지 못하므로 회귀계수가 0인지에 대해서는 t검정을 이용한다. β_1이 0인지 검정해보자. 이 경우 식 (8.13)의 가설을 생각해볼 수 있다.

$$H_0 : \beta_1 = 0, \quad H_1 : \beta_1 \neq 0 \tag{8.13}$$

오차항의 분산 σ^2을 모르기 때문에 검정통계량은 식 (8.14)와 같은 $\hat{\beta}_1$를 표준오차 $se(\hat{\beta}_1)$로 나누어서 구한다.

$$T = \frac{\hat{\beta}_1}{\widehat{se}(\hat{\beta}_1)} \tag{8.14}$$

여기서 $\widehat{se}(\hat{\beta}_1) = \dfrac{\hat{\sigma}}{\sqrt{\sum_i (x_i - \bar{x})^2}}$ 이고 $\hat{\sigma} = \sqrt{\dfrac{1}{n-2}\sum_i (y_i - \hat{\beta}_0 - \hat{\beta}_1 x_i)^2}$ 이며, T는 귀무가설 하에 자유도 $n-2$인 t분포를 따른다. 데이터를 바탕으로 구한 검정통계량값이 $t_{\alpha/2}(n-2)$보다 크면 유의수준 α에서 귀무가설을 기각하게 된다.

가설검정과정을 바탕으로 β_1의 $(1-\alpha) \times 100\%$ 신뢰구간을 식 (8.15)와 같이 구할 수 있다.

$$\hat{\beta}_1 \pm t_{\alpha/2}(n-2) \times \frac{\hat{\sigma}}{\sqrt{\sum_i (x_i - \bar{x})^2}} \tag{8.15}$$

β_0에 대한 검정도 β_1에 대한 검정과 같은 방식으로 진행된다.

【예 8-4】 【예 8-3】의 회귀모형의 회귀계수 β_1에 대해 t검정을 하시오.

<풀이> 회귀계수 β_1이 유의한지(β_1이 0과 다른지) 다음과 같이 가설을 세울 수 있다.

$$H_0 : \beta_1 = 0 \ , \ H_1 : \beta_1 \neq 0$$

$\hat{\beta}_1$ 추정값은 0.6845이며, 검정통계량값은 $\hat{\beta}_1$ 추정값을 그 표본오차 $\widehat{se}(\hat{\beta}_1)$ 0.1077로 나눈 6.356이다. 이 값은 유의수준 5%의 기각역 $t_{0.025}(8) = 2.306$ 보다 크므로 5% 유의수준에서 귀무가설을 기각한다. 이와 관련된 유의확률(p값)을 구해보면 0.0002로 0.05보다 작다. 따라서 β_1은 5% 유의수준에서 유의한 것으로 나타났다.

제 4 절 단순회귀모형의 적합도

1. 회귀모형의 적합도

단순회귀모형이 얼마나 데이터를 설명할 수 있는가를 살펴보는 지표로는 식 (8.11)의 오차 분산 추정량 $\hat{\sigma}^2$을 이용한다. $\hat{\sigma}^2$의 값이 작으면 모형의 적합도가 높다고 할 수 있다.

또 다른 적합도 지표로는 결정계수 R^2이 있다. 결정계수를 구하기 위해서는 전체변동을 회귀모형에 의한 변동과 잔차 변동으로 분해해야 한다. 먼저, 종속변수 관측값과 종속변수 평균의 차이인 총 편차 $y_i - \bar{y}$ 는 식 (8.16)과 같이 분해할 수 있다.

$$y_i - \bar{y} = (y_i - \hat{y}_i) + (\hat{y}_i - \bar{y}) \tag{8.16}$$

= 잔차 + 회귀모형에 의하여 설명되는 편차

위 식을 제곱하면 관측값과 평균의 차이의 제곱합(총변동, SST)은 회귀모형에 의해 설명되는 변동(회귀변동, SSR)과 회귀모형으로 설명할 수 없는 변동(잔차변동, SSE)의 합으로 식 (8.17)과 같이 표현된다.

$$\sum(y_i - \bar{y})^2 = \sum(\hat{y}_i - \bar{y})^2 + \sum(y_i - \hat{y}_i)^2 \tag{8.17}$$

$$SST \quad = \quad SSR \quad + \quad SSE$$

데이터의 총변동(SST)을 설명하는데 있어서 회귀선에 의하여 설명되는 변동(SSR)이 기여하는 비율을 결정계수(R^2)라 하며 식 (8.18)과 같다.

$$R^2 = \frac{SSR}{SST} = 1 - \frac{SSE}{SST} \tag{8.18}$$

R^2은 다음과 같은 특징을 가지고 있다. R^2은 0과 1 사이의 값을 가진다. $R^2=1$은 모든 관측점들이 회귀선 상에 위치하는 경우이다. $R^2=0$은 두 변수 간 선형관계가 없는 경우이다. R^2이 클수록 회귀모형이 유용하다. 단순회귀모형에서 R^2은 상관계수(r)의 제곱과 같다.

2. 분산분석표

분산분석(analysis of variance)은 종속변수 관측값의 변동을 제곱합(sum of square)으로 나타내고, 이를 회귀모형과 관련된 요인들의 제곱합(회귀변동, SSR)과 잔차의 제곱합(잔차변동, SSE)으로 분해하여 추정된 회귀모형이 의미가 있는지 찾아내는 분석방법이다. 그 비교는 회귀변동의 평균제곱값을 잔차변동의 평균제곱값(오차의 분산 추정값)에 비하여 얼마나 큰가를 검토하여 이루어진다.

분산분석 결과는 〈표 8-1〉의 분산분석표(analysis of variance table, ANOVA table)로 정리된다. 분산분석표는 열 기준으로 제곱합, 자유도, 제곱합을 자유도로 나눈 평균제곱합, F통계량 순으로 구성되어 있다.

〈표 8-1〉 단순회귀모형의 분산분석표

	제곱합	자유도	평균제곱	F_0	임계값
회 귀	SSR	1	$MSR=SSR$	MSR/MSE	$F_\alpha(1,n-2)$
잔 차	SSE	$n-2$	$MSE=SSE/n-2$		
계	SST	$n-1$			

단순회귀분석의 경우 SSE의 자유도는 회귀모형 작성 시 두 개의 회귀계수가 추정되므로 $n-2$이며, SST의 자유도는 $\bar{y}$를 계산할 때 한 개의 자유도가 손실되므로 $n-1$이다. 따라서 SSR의 자유도는 $(n-1)-(n-2)=1$ 이 된다. 이는 설명변수의 수와 같다. 여기서 MSE는 식 (8.11)인 $\hat{\sigma}^2$와 같다. F_0 검정통계량은 MSR/MSE 이며 식 (8.19)의 가설을 검정하는데, 검정통계량은 자유도 $(1,\ n-2)$인 F분포를 따른다.

$$H_0 : \beta_1 = 0, \quad H_1 : \beta_1 \neq 0 \tag{8.19}$$

유의수준이 α인 경우 F_0값이 임계값 $F_\alpha(1, n-2)$보다 크면 귀무가설을 기각하여 단순회귀모형이 유의하다고 할 수 있다.

【예 8-5】 【예 8-3】에서의 분산분석표를 작성하시오.

<풀이> 【예 8-3】의 회귀모형의 분산분석표는 다음과 같이 구할 수 있다.

	제곱합	자유도	평균제곱	F_0	임계값(5%)
회 귀	346.9	1	346.9	40.4	5.32
잔 차	68.7	8	8.59		
계	415.6	9			

분산분석표를 보면 잔차의 평균제곱은 오차 분산의 추정값이고 R^2는 346.9를 415.6으로 나눈 0.835이다. 회귀모형이 유의한지는 F검정으로 파악할 수 있는데 F통계량값 40.4은 임계값(5.32)보다 크기 때문에 【예 8-3】에서 추정한 회귀모형은 유의수준 5%에서 유의하다고 할 수 있다.

제 5 절 단순회귀모형의 진단과 예측

1. 단순회귀모형의 진단

단순회귀모형이 제대로 작성되었는지에 대한 진단은 추정 후 남은 잔차 $r_i = y_i - \hat{y_i}$가 오차항의 가정에 부합하는지 즉 임의적인지를 파악하여 이루어진다. 단순회귀모형을 가장 쉽게 진단하는 방법은 잔차를 x축 중심으로 그려봄으로써 모형의 타당성을 검토할 수 있다. 잔차가 x축을 중심으로 임의로 분포해 있다면 단순회귀모형이 제대로 설정되었다고 볼 수 있다. 〈그림 8-6〉과 같이 잔차가 임의적이며 특정한 패턴을 보이지 않으므로 단순회귀모형은 제대로 작성되었다고 판단한다.

〈그림 8-6〉 임의적인 잔차의 산점도

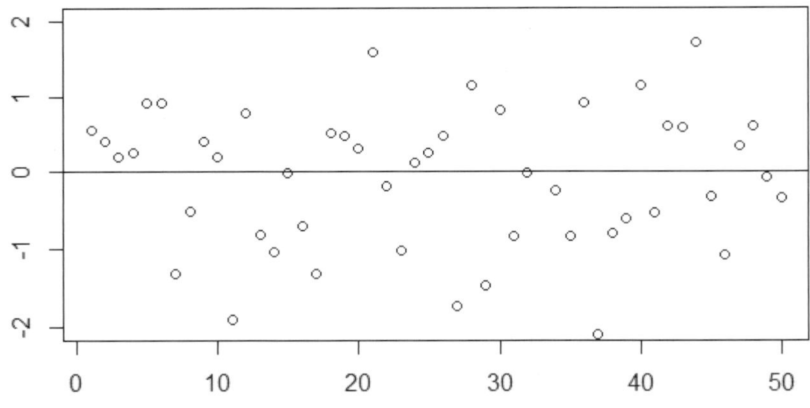

〈그림 8-7〉의 (a)와 같이 잔차에 제곱항의 패턴이 나타나면 회귀모형에 설명변수로 제곱항을 추가해야 한다. 〈그림 8-7〉의 (b)와 같이 분산이 x값에 따라 커지는 이분산 현상이 있다면 회귀계수 추정 시 이분산을 고려해서 추정해야 한다. 이와 같이 잔차항이 임의적이지 않고 일정한 함수 패턴을 보이면 그 패턴을 고려하여 모형을 수정해야 한다.

〈그림 8-7〉 잔차의 산점도

(a) 제곱항

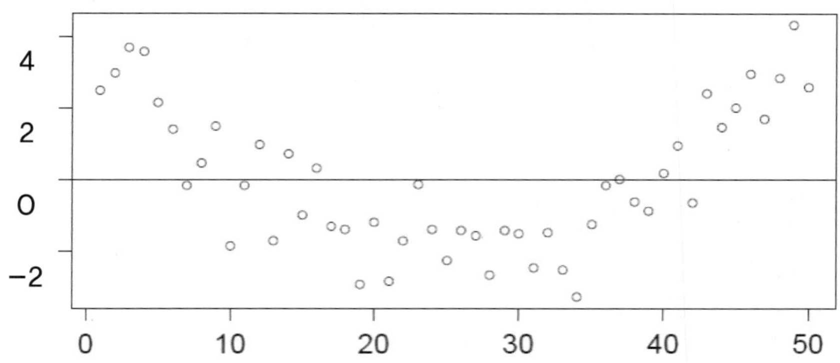

(b) 이분산

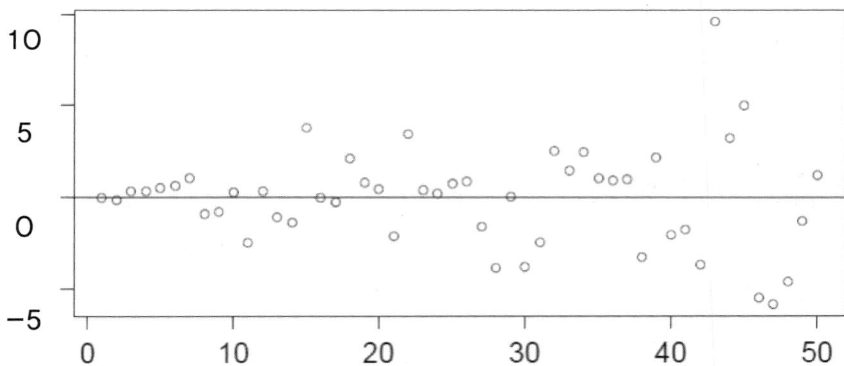

2. 추정계수의 이해

단순회귀분석에서 회귀계수 β_1은 승수(multiplier)를 의미한다. 예를 들어 식 (8.20)과 같이 1차 평가점수 X가 2차 평가점수 Y를 설명한다고 하자.

$$\hat{y}_i = 28.3 + 0.6845x_i \tag{8.20}$$

이 식은 1차 평가점수 1단위(1점)가 증가하면 이에 따라 2차 평가점수가 0.6845단위(0.6845점) 증가하는 것을 의미한다.

변수를 대수(log)변환하는 경우 회귀계수는 탄력성(elasticity)을 의미한다. 식 (8.21)과 같은 소득으로 소비를 추정한다고 하자. 이는 소득의 1% 증가가 0.633%의 소비지출 증가를 초래함을 의미한다. 이 경우 설명변수의 단위가 변하더라도 기울기는 항상 일정하며 상수항만 변한다.

$$\log(\hat{y_i}) = 2.498 + 0.633\log(x_i) \tag{8.21}$$

3. 단순회귀모형의 예측

오차항이 정규분포 $N(0, \sigma^2)$을 따르고 설명변수 x_i가 오차항과 관련 없는 경우 관측값 y_i는 식 (8.22)의 정규분포를 따른다.

$$y_i \sim N(\beta_0 + \beta_1 x_i, \sigma^2) \tag{8.22}$$

관측값 y_i와 x값에서 회귀모형 추정값 $\hat{y} = \hat{\beta}_0 + \hat{\beta}_1 x$의 분포는 식 (8.23)과 같은 정규분포를 따른다. 여기서 $S_{xx} = \sum_{i=1}^{n}(x_i - \overline{x})^2$이다.

$$\hat{y} \sim N(\beta_0 + \beta_1 x, \sigma^2[\frac{1}{n} + \frac{(x-\overline{x})^2}{S_{xx}}]) \tag{8.23}$$

$E(y)=\beta_0+\beta_1 x$의 $(1-\alpha)\times 100\%$ 신뢰구간은 식 (8.24)와 같이 구할 수 있다.

$$\hat{y}\pm t_{\alpha/2}(n-2)\sqrt{\hat{\sigma}^2\left[\frac{1}{n}+\frac{(x-\bar{x})^2}{S_{xx}}\right]} \tag{8.24}$$

$\hat{y}$의 분산은 $x=\bar{x}$일 때 최소가 되며 표본의 크기 n이 커져도 작아지므로 추정의 정도는 $x=\bar{x}$일 때 가장 높다. 이는 표본의 범위를 훨씬 벗어나는 예측의 경우 예측의 신뢰성이 낮아진다는 것을 의미한다. 한편 표본 수가 늘어나면 예측의 정도가 높아진다고 할 수 있다.

한편 x값이 주어졌을 때 y의 $(1-\alpha)\times 100$ % 신뢰구간은 식 (8.25)와 같이 구한다. 여기서 관측값 y는 추정값 $\hat{y}$에 오차항이 더해져서 구해지기 때문에 분산이 $\hat{\sigma}^2$만큼 증가해서 신뢰구간이 넓어진다.

$$\hat{y}\pm t_{\alpha/2}(n-2)\sqrt{\hat{\sigma}^2\left[1+\frac{1}{n}+\frac{(x-\bar{x})^2}{S_{xx}}\right]} \tag{8.25}$$

【예 8-6】 【예 8-3】에서 1차 평가점수 X로 2차 평가점수 Y는 다음과 같이 추정되었다.

$$\hat{y}_i=28.3+0.6845x_i$$

오차항이 정규분포를 따를 때 1차 평가점수가 $x_i=85$점일 때의 관측값 y_i의 추정값과 95% 신뢰구간을 구하시오.

<풀이> 회귀식에서 $x_i=85$를 대입하면 관측값 y_i의 추정값을 구할 수 있다.

$\hat{y}_i=28.3+0.6845\times 85=86.48$

오차의 분산 추정결과인 $\hat{\sigma}^2$은 8.6이며 $\widehat{Var}(\hat{y}_i)$은 다음과 같이 구한다.

$$\widehat{Var}(\hat{y_i}) = \hat{\sigma}^2[1+\frac{1}{n}+\frac{(x-\bar{x})}{S_{xx}}]$$

$$= 8.6\times[1+\frac{1}{10}+\frac{(85-84.6)^2}{740.4}]$$

$$= 9.46$$

따라서 1차 평가점수 $x_i = 85$일 때 2차 평가점수의 95% 신뢰구간은 다음과 같다.

$$\hat{y_i}\pm t_{0.025}(8)\times\sqrt{\widehat{Var}(\hat{y_i})}$$

$$= 86.48\pm 2.306\times\sqrt{9.46} = (79.39,\ 93.57)$$

연 습 문 제

(※ 1~2) 다음 그래프는 종합주가지수 로그수익률(KOSPI)과 전기전자 주가지수 로그수익률(전기전자 KOSPI) 간 관계를 나타낸 산점도이다. 이를 보고 물음에 답하시오.

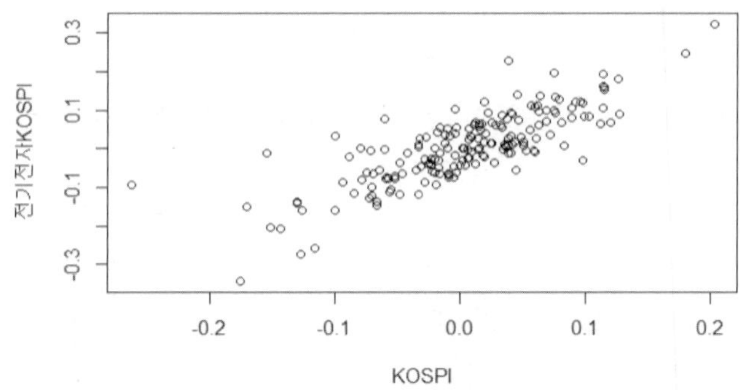

1. 두 변수 간 선형관계에 대해 파악하려고 한다. 다음 중 가장 바르게 기술된 것은?
   ① 표본 상관계수값이 양(+)의 값으로 나타나 종합주가지수 로그수익률이 증가하면 전기전자 주가지수 로그수익률이 증가하는 경향이 있다.
   ② 표본 상관계수값이 음(−)의 값으로 나타나 종합주가지수 로그수익률이 증가하면 전기전자 주가지수 로그수익률이 증가하는 경향이 있다.
   ③ 표본 상관계수값이 양(+)의 값으로 나타나 종합주가지수 로그수익률이 증가하면 전기전자 주가지수 로그수익률은 감소하는 경향이 있다.
   ④ 표본 상관계수값이 음(−)의 값으로 나타나 종합주가지수 로그수익률이 증가하면 전기전자 주가지수 로그수익률은 감소하는 경향이 있다.
   ⑤ 표본 상관계수값이 0으로 나타나 종합주가지수 로그수익률과 전기전자 주가지수 로그수익률은 선형관계가 없는 것으로 판단된다.

연 습 문 제

2. 전기전자 주가지수 로그수익률을 종속변수, 종합주가지수 로그수익률을 설명변수로 하여 단순회귀모형을 작성하였다. 이때 기울기를 나타내는 회귀계수를 최소제곱법으로 추정하였다. 다음 설명 중 가장 바르게 기술된 것은?
   ① 추정된 회귀계수값이 양(+)의 값으로 나타나 종합주가지수 로그수익률이 증가하면 전기전자 주가지수 로그수익률도 증가하는 것으로 판단된다.
   ② 추정된 회귀계수값이 음(-)의 값으로 나타나 종합주가지수 로그수익률이 증가하면 전기전자 주가지수 로그수익률도 증가하는 것으로 판단된다.
   ③ 추정된 회귀계수값이 양(+)의 값으로 나타나 종합주가지수 로그수익률이 증가하면 전기전자 주가지수 로그수익률은 감소하는 것으로 판단된다.
   ④ 추정된 회귀계수값이 음(-)의 값으로 나타나 종합주가지수 로그수익률이 증가하면 전기전자 주가지수 로그수익률은 감소하는 것으로 판단된다.
   ⑤ 추정된 회귀계수값이 0으로 나타나 종합주가지수 로그수익률과 전기전자 주가지수 로그수익률은 선형관계가 없는 것으로 판단된다.

3. 단순회귀모형에서 결정계수 R^2의 최댓값과 최솟값의 차이(최댓값−최솟값)는?
   ① 0　② 0.5　③ 1　④ 2　⑤ ∞

4. 두 변수 X, Y 간 표본 상관계수가 0.8로 나타났을 때 Y를 종속변수, X를 설명변수로 둔 단순회귀모형의 결정계수값은?
   ① 0.16　② 0.40　③ 0.64　④ 0.80　⑤ 0.91

(※ 5~6) 표본 수 15인 변수 X, Y의 데이터가 $(x_i,\ y_i)$일 때 추정된 회귀모형이 다음과 같다. 오차항은 정규분포를 따른다.

$$\hat{y}_i = 10 + 0.5x_i$$

5. $\bar{x} = 10$일 때 $\bar{y}$값은?
   ① 0　② 5　③ 10　④ 15　⑤ 20

연습문제

6. 기울기가 유의한지 검정하려고 한다. 기울기 검정과 관련된 검정통계량의 분포로 가장 적합한 것은?

① 자유도 13인 t분포　② 자유도 14인 t분포

③ 자유도 13인 χ^2분포　④ 자유도 14인 χ^2분포

⑤ 자유도 (13, 14)인 F분포

7. 최소제곱법으로 추정된 회귀계수를 검정하기 위해 필요한 오차항 가정을 모두 고르시오.

> ㉠ 오차항의 분산은 일정하다.
> ㉡ 오차항은 서로 독립이다.
> ㉢ 오차항은 정규분포를 따른다.

① ㉠　② ㉡, ㉢　③ ㉠, ㉢

④ ㉠, ㉡　⑤ ㉠, ㉡, ㉢

8. 단순회귀모형에 대한 다음의 내용 중 <u>틀린</u> 내용은 무엇인가?

① 오차가 정규분포를 따른다면 최소제곱법에 의한 회귀계수 추정값과 최대가능도추정법에 의한 회귀계수 추정값은 같다.

② 최소제곱법에 의한 회귀계수 추정값 $\hat{\beta}_1$은 편의추정량이다.

③ 잔차의 합은 항상 0이다.

④ 잔차의 설명변수에 의한 가중합은 0이다.

⑤ 최소제곱법에 의한 회귀계수 추정값은 오차항이 정규분포가 아니라도 구할 수 있다.

연 습 문 제

9. 추정된 회귀모형 잔차의 산포도가 아래와 같을 때 회귀모형은 어떤 문제가 있는가?

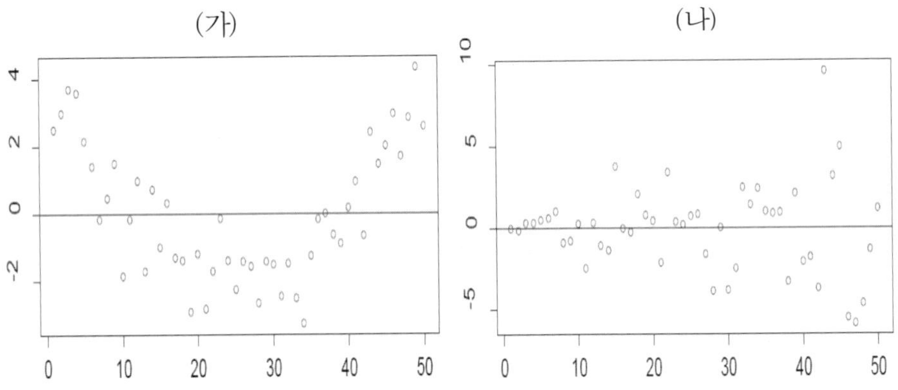

① (가) 자승항 누락 － (나) 이분산
② (가) 이분산 － (나) 자승항 누락
③ (가) 자기상관 － (나) 이분산
④ (가) 자기상관 － (나) 자승항 누락
⑤ (가) 자승항 누락 － (나) 문제없음

10. C는 다음과 같이 Y의 함수식으로 표현될 수 있다.

$$\log(C_i) = 2.5 + 0.6 \log(Y_i)$$

이 식으로 파악할 수 있는 내용은 무엇인가?

① Y가 1단위 증가하면 C가 0.6단위 증가한다.
② Y가 1% 증가하면 C가 0.6% 증가한다.
③ C가 1단위 증가하면 Y가 0.6단위 증가한다.
④ C가 1% 증가하면 Y가 0.6% 증가한다.
⑤ Y값이 0이면 C는 2.5이다.

정답 및 해설

1. ① 표본 상관계수값이 양(+)의 값으로 나타나 종합주가지수 로그수익률이 증가하면 전기전자 주가지수 로그수익률도 증가하는 것으로 판단된다.
2. ① 추정된 회귀계수값이 양(+)의 값으로 나타나 종합주가지수 로그수익률이 증가하면 전기전자 주가지수 로그수익률도 증가하는 것으로 판단된다.
3. ③ 결정계수 R^2의 최댓값과 최솟값은 각각 1, 0이므로 그 차이는 1이다.
4. ③ 단순회귀모형의 결정계수는 표본 상관계수의 제곱값으로 0.64이다.
5. ④ $\bar{y} = 10 + 0.5\bar{x} = 10 + 0.5 \times 10 = 15$
6. ① 검정통계량은 표본 수가 15이고 추정해야 할 모수는 2개이므로 자유도 13인 t분포를 따른다.
7. ⑤ 최소제곱법으로 회귀계수를 검정하기 위해서는 오차항의 정규분포 가정도 필요하다.
8. ② 최소제곱법에 의한 회귀계수 추정값 $\hat{\beta}_1$은 불편추정량이다.
9. ① 잔차의 모습을 보고 회귀모형의 문제점을 파악할 수 있다.
10. ② 로그변환한 경우의 탄력성 개념이다.

제 9 장

중회귀분석과 로지스틱회귀분석

학습목표

1. 중회귀모형의 기본개념을 이해할 수 있다.
2. 중회귀모형의 적합도를 이해할 수 있다.
3. 중회귀모형을 진단할 수 있다.
4. 중회귀모형을 이용하여 예측할 수 있다.
5. 로지스틱회귀모형을 작성할 수 있다.

학습개요

금융 및 경제현상을 살펴보면 경제변수를 두 개 이상의 다른 경제변수가 설명하는 경우가 대부분이다. 이와 같이 종속변수를 두 개 이상의 설명변수를 이용하여 표현하는 선형회귀모형을 중회귀분석모형이라 한다. 종속변수가 0과 1의 값인 경우 로지스틱회귀모형을 이용하여 추정한다. 이 장에서는 중회귀모형의 작성, 진단과 예측에 대해 살펴보고, 로지스틱회귀모형의 작성에 대해 살펴본다.

제1절 중회귀모형의 작성

1. 중회귀분석의 개요

제8장에서 종속변수를 하나의 설명변수로 설명하는 단순회귀모형에 대해 살펴보았다. 그러나 실제의 경우 종속변수를 두 개 이상의 다른 변수가 설명하는 경우가 대부분이다. 예를 들면 우리나라 종합주가지수는 금리, 환율과 국내경기, 해외경기 등에 영향을 받는다. 이와 같이 금융변수를 두 개 이상의 다른 금융 및 경제변수가 설명한다.

종속변수를 두 개 이상의 설명변수를 이용하여 표현하는 선형회귀모형을 중회귀분석(multiple regression)모형이라 한다. 종속변수 Y와 설명변수 $X_1, X_2, \ldots, X_k$의 관측값을 $(y_i,\ x_{1i},\ x_{2i},\ \cdots,\ x_{ki})$, $i=1, 2, \ldots, n$ 이라 할 때 설명변수가 k개인 일반적인 중회귀모형은 식 (9.1)과 같이 표현된다.

$$y_i = \beta_0 + \beta_1 x_{1i} + \beta_2 x_{2i} + \cdots + \beta_k x_{ki} + \varepsilon_i, \quad i = 1, 2, \cdots, n \tag{9.1}$$

여기서 오차항(ε_i)은 평균이 0이고 서로 독립적이며 분산이 동일하다고 가정한다. 또한 설명변수 간 선형관계가 존재하지 않는다고 가정한다. 만약 회귀분석에서 각종 검정을 하거나 신뢰구간을 구하려면 추가적으로 오차항이 정규분포라는 가정이 필요하다.

2. 중회귀모형의 추정

중회귀분석에서 단순회귀분석과 마찬가지로 최소제곱법으로 회귀계수를 추정할 수 있다. 중회귀분석 중 가장 간단한 경우로서 하나의 종속변수(Y)에 두 개의 설명변수($X_1,\ X_2$)가 있는 식 (9.2)의 중회귀모형을 생각할 수 있다.

$$y_i = \beta_0 + \beta_1 x_{1i} + \beta_2 x_{2i} + \epsilon_i, \qquad i = 1, 2, \cdots, n \tag{9.2}$$

회귀계수 β_0, β_1, β_2의 최소제곱법 추정량은 식 (9.3)의 오차항의 제곱합(SSE)을 최소화하는 통계량 $\hat{\beta}_0$, $\hat{\beta}_1$, $\hat{\beta}_2$이다.

$$SSE = \sum_{i=1}^{n} \epsilon_i^2 = \sum_{i=1}^{n} (y_i - \beta_0 - \beta_1 x_{1i} - \beta_2 x_{2i})^2 \tag{9.3}$$

식 (9.3)을 최소화하기 위해서는 SSE를 β_0, β_1, β_2에 대하여 편미분하여 구하는데, 그 결과는 식 (9.4)~식 (9.6)과 같다.

$$\hat{\beta}_1 = \frac{\sum y_i x_{1i} \cdot \sum x_{2i}^2 - \sum y_i x_{2i} \cdot \sum x_{1i}^2}{\sum x_{1i}^2 \cdot \sum x_{2i}^2 - (\sum x_{1i} x_{2i})^2} \tag{9.4}$$

$$\hat{\beta}_2 = \frac{\sum y_i x_{2i} \cdot \sum x_{1i}^2 - \sum y_i x_{1i} \cdot \sum x_{2i}^2}{\sum x_{1i}^2 \cdot \sum x_{2i}^2 - (\sum x_{1i} x_{2i})^2} \tag{9.5}$$

$$\hat{\beta}_0 = \overline{y} - \widehat{\beta_1}\,\overline{x}_1 - \widehat{\beta_2}\,\overline{x}_2 \tag{9.6}$$

한편 오차항의 분산 σ^2은 평균제곱오차를 잔차의 자유도로 나누어 식 (9.7)과 같이 구한다.

$$\hat{\sigma}^2 = \frac{1}{n-3} \sum_{i=1}^{n} (y_i - \hat{\beta}_0 - \hat{\beta}_1 x_{1i} - \hat{\beta}_2 x_{2i})^2 \tag{9.7}$$

만약 오차항이 정규분포를 따른다면 $\beta_j = 0$ 인지에 대해 식 (9.8)의 검정통계량을 이용하여 t검정을 실시할 수 있다. 이 통계량은 자유도 $n-k-1$인 t분포를 따른다.

$$T = \frac{\hat{\beta}_j}{\sqrt{\widehat{Var}(\hat{\beta}_j)}} \qquad j = 1, 2, \cdots, k \tag{9.8}$$

【예 9-1】 A 기업 주가를 Y, A 기업이 속한 산업의 주가 및 거래량을 각각 X_1, X_2라 할 때 종속변수와 설명변수를 log변환하여 모형을 작성하고 회귀계수가 0인지 검정을 하려고 한다. 추정된 회귀모형은 다음과 같다.

$$\log(\hat{y}_i) = 1.426 + 0.479\log(x_{1i}) + 0.359\log(x_{2i})$$

회귀계수의 표준편차 추정값은 $\sqrt{\widehat{Var}(\hat{\beta}_0)}$ = 0.553, $\sqrt{\widehat{Var}(\hat{\beta}_1)}$ = 0.0786, $\sqrt{\widehat{Var}(\hat{\beta}_2)}$ = 0.181이다. 이를 이용하여 회귀계수 β_1과 β_2에 대해 검정을 실시하시오.

<풀이> (1) β_1이 유의한지 다음과 같은 가설을 세울 수 있다.

$$H_0 : \beta_1 = 0,\ H_1 : \beta_1 \neq 0$$

위의 가설에 대한 t검정통계량값을 구해보면 다음과 같다.

$$t = \frac{\hat{\beta}_1 - 0}{\sqrt{\widehat{Var}(\hat{\beta}_1)}} = \frac{0.479}{0.0786} = 6.094$$

오차항 분산의 자유도는 설명변수 2개와 상수항이 있기 때문에 10-2-1=7이다. 유의수준 5%의 t분포 임계값 $t_{0.025}(7) = 2.365$ 이다. 위 통계량값은 5% 유의수준에서의 임계값보다 크므로 5% 유의수준에서 귀무가설 $\beta_1 = 0$을 기각한다. 따라서 β_1은 0이라 할 수 없다.

(2) β_2가 유의한지 다음과 같은 가설을 세울 수 있다.

$$H_0 : \beta_2 = 0,\ H_1 : \beta_2 \neq 0$$

앞에서와 같이 t검정통계량값을 구해보면 다음과 같다.

$$t = \frac{\hat{\beta}_2 - 0}{\sqrt{\widehat{Var}(\hat{\beta}_2)}} = \frac{0.359}{0.181} = 1.983$$

위 통계량값은 5% 유의수준에서의 임계값 $t_{0.025}(7) = 2.365$보다 작으므로 5% 유의수준에서 귀무가설을 기각할 수 없다. 따라서 5%수준에서 β_2는 0이라 할 수 있다.

제 2 절 중회귀모형의 적합도

1. 적합도 지표

중회귀모형의 적합도는 단순회귀모형과 마찬가지로 결정계수와 오차항의 분산 추정값을 이용하여 검토할 수 있다. 또한 분산분석표를 만들어 중회귀모형의 적합도를 전반적으로 파악할 수 있다.

중회귀모형에서는 단순회귀모형에서와 같이 총변동(SST)은 회귀변동(회귀에 의한 제곱합, SSR)과 잔차변동(잔차에 의한 제곱합, SSE)으로 분해된다. 회귀모형의 적합도는 흔히 SSR을 SST로 나눈 결정계수(R^2)를 이용하여 검토할 수 있다. R^2=0이면 F값도 0이 되며 R^2이 크면 F값이 매우 커지게 된다. 중회귀모형에서 설명변수의 수가 증가하면 R^2은 1로 수렴된다. 즉, 종속변수와 관련 없는 변수를 회귀모형의 설명변수로 계속 추가하더라도 R^2은 1로 수렴된다. 따라서 중회귀모형의 적합성을 R^2만으로 검토하는 데에는 한계가 있다. 이러한 R^2의 제약을 극복하기 위해서는 유의하지 않은 설명변수를 불필요하게 중회귀모형에 추가하면 그 값이 줄어드는 수정된 R^2(corrected R^2, $\overline{R}^2$)를 이용할 필요가 있다. 수정된 R^2은 식 (9.9)와 같이 표현된다.

$$\overline{R}^2 = 1 - \frac{\hat{\sigma}_2}{\widehat{Var}(Y)} = 1 - (1 - R^2)\frac{n-1}{n-k-1} \tag{9.9}$$

설명변수의 수 k가 커지면서 $\overline{R}^2$는 R^2를 밑돌게 된다. 의미 없는 설명변수가 늘어난다면 $\overline{R}^2$는 마이너스 값을 가질 수도 있다. 그다지 유의하지 않은 설명변수에 추가되는 경우 R^2은 증가하나 $\overline{R}^2$는 감소한다. 따라서 중회귀모형을 작성할 때 $\overline{R}^2$는 R^2보다 유용한 모형선택방법이 된다.

【예 9-2】 월별 전기전자산업 주가지수 로그차분을 Y, 전체 종합주가지수 및 원/달러 환율의 로그차분을 각각 X_1, X_2라 할 때 Y를 종속변수, X_1, X_2를 설명변수로 두고 회귀모형을 작성하고, R^2와 $\overline{R}^2$를 구하시오.

<풀이> 회귀모형은 다음과 같이 추정된다. ( )는 t통계량값이다. 통계량값을 보면 상수항을 제외한 회귀계수들이 모두 5% 유의수준에서 유의하게 나타났다.

$$\underset{}{\Delta \log(\hat{y_t})} = \underset{(0.16)}{0.0006} + \underset{(19.22)}{1.1561}\Delta\log(x_{1t}) + \underset{(4.20)}{0.7071}\Delta\log(x_{2t})$$

이 회귀모형의 R^2와 $\overline{R}^2$는 각각 0.677과 0.674이다.

2. 분산분석표

총변동의 분해를 바탕으로 분산분석표를 〈표 9-1〉과 같이 구할 수 있다. 여기서 잔차의 제곱합 SSE의 자유도는 중회귀모형을 추정할 때 $k+1$개의 모수가 있으므로 $n-k-1$이다. SST의 자유도는 종속변수 평균을 계산할 때 한 개의 자유도가 손실되므로 $n-1$이다. 따라서 SSR의 자유도는 $(n-1)-(n-k-1)=k$가 된다.

〈표 9-1〉 중회귀모형의 분산분석표

	제곱합	자유도	평균제곱	F_0	임계값
회 귀	SSR	k	$MSR=\frac{SSR}{k}$	$\frac{MSR}{MSE}$	$F_\alpha(k, n-k-1)$
잔 차	SSE	$n-k-1$	$MSE=\frac{SSE}{n-k-1}$		
계	SST	$n-1$			

여기서 F검정은 식 (9.10)의 가설을 검정하는 것이다.

$$H_0 : \ \beta_1 = \beta_2 = \ \cdots \ = \beta_k = 0 \tag{9.10}$$

F검정은 오차항이 정규분포를 따른다는 가정 하에 이용될 수 있는데 검정통계량 F_0 값이 유의수준 α의 기각역보다 크면 유의수준 α에서 귀무가설을 기각할 수 있다.

【예 9-3】【예 9-2】의 회귀모형의 분산분석표를 작성하시오.

<풀이> 【예 9-2】의 회귀모형의 분산분석표는 다음과 같다. 설명변수가 2개이므로 회귀모형의 자유도는 2이다. F통계량값 184.83은 유의수준 5% 의 임계값 3.05보다 크므로 유의수준 5%에서 귀무가설 ($H_0 : \beta_1 = \beta_2 = 0$)을 기각할 수 있다. 따라서 이 회귀모형은 의미 있는 모형이다. 결정계수는 다음과 같이 구할 수 있다.

$$R^2 = \frac{SSR}{SST} = \frac{1.06094}{1.56636} = 0.6773$$

	제곱합	자유도	평균제곱	F_0	5% 임계값
회 귀	1.06094	2	0.53047	184.83	3.05
잔 차	0.50542	176	0.00287		
계	1.56636	178			

3. 모형선택기준

회귀모형이 올바로 설정된 것을 가정하여 회귀모형이 추정, 작성되기 때문에 회귀모형에서 적절한 모형을 선택하는 것은 중요하다. 회귀모형을 설정할 때 설정오류는 회귀모형에 중요 변수를 설명변수로 포함하지 못하는 경우와 회귀모형에 불필요한 설명변수가 추가된 경우로 구분된다.

회귀모형에 중요 변수를 설명변수로 포함하지 못하는 경우 추정된 회귀계수는 편의(bias)가 있는 추정량이어서 일치추정량이 되지 못한다. 또한 추정된 회귀계수의 분산 추정량도 편의를 가진다. 불필요한 설명변수가 추가된 경우 추정된 기존 회귀계수는 불편추정량이지만 추정된 회귀계수의 분산이 커진다.

실제 데이터를 바탕으로 회귀모형을 작성할 때 회귀모형이 정확하게 설정되었는지 여부를 알 수 없다. 따라서 이론을 바탕으로 후보 설명변수를 준비하고 이들 중에서 최적 회귀모형을 선택할 필요가 있다. 회귀모형을 선택할 때의 중요 기준은 '모형 간편화의 원칙'이다.

대표적 모형선택방법으로는 *AIC* (Akaike Information Criterion) 통계량과 *SBC* (Schwarz's Bayesian Criterion) 통계량이 있다. *AIC* 와 *SBC* 통계량은 각각 식 (9.11), 식 (9.12)와 같이 ①항과 ②항의 합으로 정의된다.

$$\underbrace{AIC = n\ln(\hat{\sigma}^2)}_{①} + \underbrace{2k}_{②} \qquad (9.11)$$

$$SBC = n\ln(\hat{\sigma}^2) + \ln(n)\cdot k \qquad (9.12)$$

여기서 $\hat{\sigma}^2$은 오차항 분산의 추정량이다. *AIC* 및 *SBC*의 ①항은 모형의 적합도를, ②항은 과대추정에 따른 벌칙항을 의미한다. 모수의 수(k)가 증가하면 모형의 적합도가 개선되어 ①항은 줄어들지만 모수의 수의 증가로 ②항은 커진다. 따라서 모형선택기준은 '모형의 적합'과 '과다한 모수'의 균형을 맞추는 역할을 한다. 여러 후보 모형 중 모형선택기준을 최소로 하는 k를 선정하면 '모형간결의 원칙'에 부합되면서도 적합도가 높은 모형을 찾을 수 있다. *AIC*와 *SBC*는 벌칙항에 차이가 있다. 즉, *SBC*의 벌칙항은 *AIC*의 벌칙항보다 대체로 큰데, 이는 *SBC*가 *AIC*보다 모수의 수가 많아지는 데에 엄격하다는 의미이다. *AIC*와 *SBC*에 대한 연구결과를 살펴보면 표본의 수가 충분히 크면 *SBC* 를 최소로 하는 k로, 표본 수가 작으면 *AIC*를 최소로 하는 k로 모형을 정하는 것이 바람직하다. 실제로는 표본의 수가 작고 큼을 분석자가 정하기 어려우므로 최소 *SBC*와 최소 *AIC*로 정해진 범위에서 적절한 k를 정하게 된다.

【예 9-4】 월별 전기전자산업 주가지수 로그차분을 Y, 전체 종합주가지수 및 원/달러 환율의 로그차분을 각각 X_1, X_2라 할 때 다음 두 회귀모형에 대해 *AIC*,

SBC와 $\overline{R}^2$를 구하고 비교하시오.

<풀이> 두 개의 회귀모형의 AIC, SBC와 $\overline{R}^2$를 구해보면 다음과 같다. 이를 보면 설명변수가 2개인 ①모형이 ②모형보다 $\overline{R}^2$는 크고, AIC와 SBC는 작게 나타나 ①모형이 ②모형보다 우수한 것으로 판단된다.

① $$\triangle\log(\hat{y_t}) = \underset{(0.16)}{0.0006} + \underset{(19.22)}{1.1561}\triangle\log(x_{1t}) + \underset{(4.20)}{0.7071}\triangle\log(x_{2t})$$

$$\overline{R}^2 = 0.674,\ AIC = -534.705,\ SBC = -521.96$$

② $$\triangle\log(\hat{y_t}) = \underset{(0.18)}{0.0007} + \underset{(17.93)}{1.094647}\triangle\log(x_{1t})$$

$$\overline{R}^2 = 0.645,\ AIC = -519.628,\ SBC = -510.06$$

제 3 절 중회귀모형의 진단

1. 회귀분석모형의 가정

식 (9.13)의 중회귀분석모형에서는 여러 가지 가정 하에서 추정을 하게 된다.

$$y_i = \beta_0 + \beta_1 x_{1i} + \beta_2 x_{2i} + \cdots + \beta_k x_{ki} + \epsilon_i, \quad i = 1, 2, \cdots, n \tag{9.13}$$

중회귀분석모형의 오차항 가정은 구체적으로 정리하면 다음과 같다. 첫째, 회귀모형이 정확하게 설정된다. 둘째, 설명변수들 간 선형관계(다중공선성)가 존재하지 않는다. 셋째, 오차항의 기댓값이 0($E(\epsilon_i) = 0$)이다. 회귀모형의 절편항으로 평균이 조정되기 때문에 오차항의 기댓값이 0이라는 가정은 검토되지 않는다. 넷째, 오차항들의 분산이 일정하다($Var(\epsilon_i) = \sigma^2$). 다섯째, 오차항들이 독립적이다($\epsilon_i, \epsilon_j (i \neq j)$ 는 서로 독립). 여섯째, 설명변수는 오차항과 상관관계가 없다($E(\epsilon_i | x_i) = 0$). 일곱째, 검정과 신뢰구간을 구하기 위해서는 오차항이 정규분포를 따른다는 가정이 필요하다. 중심극한정리에 따르면 회귀계수의 추정량들이 표본 수가 커지면서 정규분포에 수렴되기 때문에 표본 수가 적절하게 크다면 정규분포 가정은 검토되지 않는다.

만약 가정이 위배되는 경우 회귀계수의 추정결과에 문제가 발생된다. 따라서 회귀모형의 문제를 진단하고 이를 바탕으로 문제를 적절하게 해결하게 된다.

2. 다중공선성

어떤 기업의 회사채 유통수익률(3년 만기)을 결정하는 설명변수로 국고채 수익률(3년 만기, 연율)과 이를 4로 나눈 수익률을 이용한다고 하자. 3년 만기 국고채 수익률과 이를 4로 나눈 수익률은 선형적이다. 따라서 두 개의 설명변수를 이용한 회귀모형이 하나의 설명변수를 이용한 회귀모형과 설명력에 있어서 차이가 없다. 이와 같이 중회귀분석에서 어느 한 변수가 다른 변수와 선형적으로 움직일 경우 이를 공선성(collinearity)이 있다고 한다. 만약 여러 개의 설명변수 간에 선형관계가 있을 때에는 설명변수 간 다중공선성(multicollinearity)이 존재한다고 한다. 완전한 다중공선성이 있는 경우 회귀계수의 분산 추정값이 ∞가 되어 회귀계수를 추정할 수 없다.

실제의 경우 설명변수들 간 완전히 유사한 선형관계가 있기보다는 설명변수들 간에 상관관계가 높은 경우가 있다. 예를 들면 회사채 유통수익률(3년 만기)을 결정하는 설명변수로 3년 만기 국고채 수익률과 5년 만기 국고채 수익률을 설명변수로 동시에 사용했다고 하자. 이때 두 금리 변수는 완전한 선형관계를 가지지 않으나 유사하게 움직이는데 이 경우에도 회귀계수의 분산을 크게 추정하는 문제가 발생된다. 따라서 변수들 간 유사한 선형관계가 있을 때에도 다중공선성이 존재한다고 판단한다.

다중공선성이 존재하는 경우 회귀계수의 추정량은 불편추정량이나 분산이 매우 크게 추정되므로 두 변수 모두 또는 두 변수 중 한 변수 추정량의 유의성이 매우 낮게 나타난다. 따라서 회귀모형에서 결정계수 R^2은 매우 크지만 추정 회귀계수의 표준오차가 매우 커서 회귀계수의 t통계량값이 유의하지 않게 나타난다.

다중공선성을 해결하는 가장 간단한 방법으로는 상관관계가 높은 설명변수를 회귀모형에서 제외시키는 것이다. 다른 해결 방법으로는 능형회귀(ridge regression) 추정량으로 회귀계수를 추정하거나 주성분 분석(principal component regression)을 통해 변수들 간 선형변환을 하는 것이다. 회귀모형으로 예측을 하는 것이 목적이라면 다중공선성은 무시되기도 한다.

【예 9-5】 월별 회사채 유통수익률(3년 만기 AA-, Y_t) 관련하여 다음 두 회귀모형을 작성하고 이를 비교하시오.

① 회사채 유통수익률(Y_t)을 3년 만기 국고채 수익률(X_{1t})로 설명하는 모형
② 회사채 유통수익률(Y_t)을 3년 만기 국고채 수익률(X_{1t})과 5년 만기 국고채수익률(X_{2t})로 설명하는 모형

<풀이> 회사채 유통수익률을 3년 만기 국고채 수익률로 설명하는 회귀모형 ①에 설명변수로 5년 만기 국고채 수익률을 추가한 후 추정하였더니 ②와 같았다.

① $\log(1+y_t/100) = \underset{(3.31)}{0.0046} + \underset{(35.59)}{1.076} \log(1+x_{1t}/100)$

$R^2/\overline{R}^2 = 0.877/0.876$

② $\log(1+y_t/100) = \underset{(3.31)}{0.0027} + \underset{(0.08)}{0.016} \log(1+x_{1t}/100) + \underset{(5.15)}{1.038} \log(1+x_{2t}/100)$

$R^2/\overline{R}^2 = 0.893/0.892$

여기서 ( )값은 회귀계수의 t통계량값이다. 3년 만기 국고채 수익률과 5년 만기 국고채 수익률의 상관관계를 구해보면 0.991이다. 회귀모형 ②에서 5년 만기 국고채 수익률이 추가되면서 기존에 유의했던 3년 만기 국고채 수익률은 유의하지 않게 나타났다. 따라서 회귀모형 ②에서 5년 만기 국고채 수익률과 3년 만기 국고채 수익률 간 다중공선성이 존재하는 것으로 판단된다.

3. 이분산

기업의 매출액이 증가하면서 투자지출의 규모도 커지지만 변동성도 커진다. 이와 같이 설명변수가 변하면서 종속변수의 변동성이 변할 때 회귀모형에 이분산성(heteroskedasticity)이 존재한다고 한다.

회귀모형에서 오차항이 등분산이라는 가정을 하고 있기 때문에 오차항에 이분산이 있는 경우 회귀모형의 추정과 검정에 문제가 발생한다. 오차항의 등분산 가정이 위배되는 경우 최소제곱법에 의한 회귀계수는 불편추정량이지만 최소분산을 가지는 추정량이 되지 못한다. 또한 분산의 추정량에 편의가 있어 각종 검정 및 신뢰구간 작성이 부적절해진다.

이분산을 검진하는 기본적 방법은 잔차(r_i) 또는 잔차의 제곱항과 종속변수의 추정치($\hat{y_i}$) 간 산점도를 그려보는 것이다. 잔차의 산점도로 잔차의 이분산 존재 여부를 판단하기 어려운 경우 White 검정 등을 이용한다. White 검정은 회귀모형 잔차의 제곱항을 종속변수, 설명변수와 설명변수의 제곱항(총 항수 k)을 이용하여 회귀분석을 실행하고 이 모형의 표본 수와 결정계수를 곱한 검정통계량(nR^2)을 이용하여 오차항의 이분산성을 검정하는 것이다. 이 검정통계량은 오차항이 등분산이라는 귀무가설 하에서 자유도 k인 χ^2분포를 따른다. 이 검정통계량값이 기각역보다 크면 등분산 가정이 기각된다.

이분산 문제를 해결하는 방법으로는 가중최소제곱법을 이용하거나 공분산행렬을 추정하여 검정과 신뢰구간 작성에만 이용하는 것이다. 통상의 분석에서는 변수변환이 제대로 되지 않아 오차항에 이분산이 발생한 경우가 흔하므로 로그변환 등 변수변환하여 이분산 문제를 해결한다.

【예 9-6】【예 9-4】의 회귀모형 ①의 잔차에 대해서 White 검정을 실시하여 이분산성을 검정하시오.

<풀이> 【예 9-4】에서 추정된 회귀모형의 잔차항을 바탕으로 다음과 같이 추정하고 이의 결정계수에 표본 수를 곱한 White 통계량값은 표본 수×R^2 = 20.12이고 관련된 유의확률(p값)은 0.0012이다.

$$\begin{aligned} r_t^2 = {} & \underset{(6.00)}{0.0025} - \underset{(1.40)}{0.7941}\,\Delta\log(x_{1t}) - \underset{(2.19)}{0.0090}\,[\Delta\log(x_{1t})]^2 \\ & - \underset{(1.69)}{0.0090}\,\Delta\log(x_{2t}) + \underset{(2.91)}{0.1471}\,[\Delta\log(x_{2t})]^2 - \underset{(1.52)}{0.3210}\,\Delta\log(x_{1t})\Delta\log(x_{2t}) \end{aligned}$$

이 회귀모형의 R^2와 $\overline{R}^2$는 각각 0.1124과 0.0867이다. 유의확률(p값)이 0.05보다 작으므로 5% 유의수준에서 오차항이 등분산이라는 귀무가설을 기각한다. 즉 잔차에 이분산이 존재하며 이는 GARCH모형 등으로 추정하여 해결할 수 있다.

4. 자기상관

회귀모형에서는 오차항 간 서로 독립이라고 가정하여 추정하고 있다. 그러나 시간에 따라 집계되는 데이터의 경우 시간에 따른 상관관계가 존재한다. 즉, 현재 시점에서 발생한 오차가 미래 시점에도 영향을 미친다. 특히 오차항이 전기 오차항에 영향을 받는 1차 자기상관이 존재하는 경우가 많다.

오차항에 자기상관이 존재할 경우, 최소제곱법에 의한 추정량은 불편추정량이며, 표본의 크기가 커지면서 회귀계수가 참값에 접근하는 일치성을 가진다. 그러나 오차항에 자기상관이 존재하는 경우, 회귀계수의 표준오차 추정값이 실제보다 작게 추정되어 회귀계수 추정값에 대한 t, F검정이 실제보다 과대하게 평가된다. 따라서 자기상관을 적절히 검진하고 이를 조정해 줄 필요가 있다. 여기서는 1차의 자기상관에 대한 검진방법과 이의 조정방법에 대해 살펴보겠다.

회귀모형에 1차의 자기상관이 있는 경우는 식 (9.14)와 같이 모형화할 수 있다.

$$\begin{aligned} y_t &= \beta_0 + \beta_1 x_{1t} + \beta_2 x_{2t} + \cdots + \beta_k x_{kt} + \eta_t, \quad t = 1, 2, \cdots, T \\ \eta_t &= \rho \eta_{t-1} + \varepsilon_t, \; |\rho| < 1 \end{aligned} \tag{9.14}$$

여기서 $\rho = 0$이면 오차항 η_t는 독립적이며, $\rho > 0$이면 오차항 η_t와 η_{t-1} 간에 양의 상관관계가 존재하는 것이며, $\rho < 0$이면 오차항 η_t와 η_{t-1} 간에 음의 상관관계가 존재하는 것이다.

자기상관의 대표적인 검진방법은 더빈–왓슨(Durbin–Watson) 검정이다. 이 검정은 회귀모형 오차항의 1차의 자기상관을 검진할 때 이용되는 검정이다.

$$H_0 : \rho = 0, \quad H_1 : \rho > 0 \text{ 또는 } \rho < 0 \tag{9.15}$$

더빈–왓슨(DW) 검정통계량은 식 (9.16)과 같이 정의된다.

$$DW = \frac{\sum_{t=2}^{n} (r_t - r_{t-1})^2}{\sum_{t=1}^{n} r_t^2} \tag{9.16}$$

여기서 분모는 잔차(r_t)의 제곱합이며 분자는 인접기간 간 잔차 차이의 제곱합이다. 더빈-왓슨 검정통계량은 잔차의 자기상관계수를 이용하여 식 (9.17)과 같이 표현된다.

$$DW \simeq 2(1-\hat{\rho}) \tag{9.17}$$

여기서 $\hat{\rho} = \dfrac{\sum_i r_t r_{t-1}}{\sum_i r_t^2}$ 이다.

더빈-왓슨 통계량값은 0에서 4까지의 값을 가지는데 만약 오차항에 자기상관관계가 없으면 더빈-왓슨 통계량값이 2에 가까워진다. 만약 양의 자기상관관계가 존재하면 더빈-왓슨 통계량값이 2보다 작게, 음의 자기상관관계가 존재하면 더빈-왓슨 통계량값이 2보다 크게 나타난다. 먼저 더빈-왓슨 검정을 이용하여 오차항에 자기상관관계가 있는지 여부를 검정할 때 설명변수의 수와 표본의 크기에 대해 더빈-왓슨 검정 통계량의 상한과 하한(d_U, d_L)을 찾아서 검정하거나 관련된 유의확률로 판단한다. 더빈-왓슨 검정통계량값의 상한과 하한(d_U, d_L)은 〈부록〉의 〈표 6〉을 참조하면 된다. 더빈-왓슨 검정통계량값이 2보다 작아 오차항에 양의 1차의 자기상관(ρ)이 있는지 검정하고자 하는 경우 더빈-왓슨 검정통계량값이 하한(d_L)보다 작으면 양의 자기상관이 있다고 판단하고, 더빈-왓슨 검정통계량값이 상한(d_U)보다 크면 자기상관이 없다고 판단한다. 더빈-왓슨 검정통계량값이 상한과 하한(d_U, d_L)에 있는 경우 판단을 유보한다. 더빈-왓슨 검정통계량값이 2보다 커서 오차항에 음의 1차의 자기상관이 있는지 검정하고자 하는 경우 더빈-왓슨 검정통계량값은 상한과 하한($4-d_U$, $4-d_L$)을 이용한다. 일반적으로 더빈-왓슨 통계량값은 통계패키지를 이용하여 구하므로 표를 이용하기보다는 유의확률을 구해서 판단한다.

회귀모형의 오차항에 나타나는 1차의 자기상관 문제는 설명변수로 자기시차변수를 추가하거나 코크란-오컷(Cochrane-Orcutt) 방법을 적용하는 것이다.[1] 코크란-오컷 방법은 자기상관계수를 반복적으로 구하여 회귀모형을 추정하는 방법이다. 만약 자기상관계수가 1에 가깝다면 차분변수로 구성된 회귀모형을 구하는 것이 자기상관을 해결하는 방법이다.

1) 회귀모형의 설명변수에 자기시차변수를 추가하는 경우 오차항에 1차의 자기상관이 남아있는지 여부는 더빈(Durbin)-h 검정을 이용한다. 더빈-왓슨 검정은 1차의 자기상관이 없는데 있다고 판단할 가능성이 있다.

【예 9-7】【예 9-4】의 회귀모형 ①에 대해 더빈-왓슨 검정을 실시하시오.

<풀이> 더빈-왓슨 통계량값은 1.97로 나타나 동 통계량의 상한인 1.72보다 크므로 오차항에 1차의 자기상관이 없다고 할 수 있다. 유의확률을 구해보면 0.86으로 0.05보다 크므로 오차항에 1차의 자기상관이 없다는 귀무가설을 기각할 수 없다.

5. 정규성

중심극한정리에 따르면 회귀계수 추정값들이 표본 수가 커지면서 정규분포로 수렴하기 때문에 정규분포의 가정은 검토되지 않는 경우가 많다. 오차항의 정규성 가정 검토 방법으로는 잔차의 정규확률그래프를 이용하거나 자큐-베라(Jarque-Bera) 검정을 이용하는 것이다.

정규확률그래프는 표준화된 잔차 $r_1, r_2, \cdots, r_n$을 크기순으로 나열해서 이것을 세로축(y축)으로 잡고, 가로축(x축)으로 잔차들이 표준정규분포로부터 나왔다고 가정할 경우의 정규점수를 그린 것이다. (정규점수, 잔차)의 산점도가 직선에 가까우면 잔차가 정규분포를 따른다고 판단한다.

자큐-베라의 검정통계량은 식 (9.18)과 같이 잔차의 첨도와 왜도를 이용하여 작성된다. 여기서 $\hat{\mu_k} = \frac{1}{n}\sum_{i=1}^{n} r_i^k$ 이다. 잔차가 정규분포를 따른다는 귀무가설 하에서 자유도 2인 χ^2분포를 따른다.

$$JB = n\left[\frac{\hat{\mu}_3^2}{6\hat{\mu}_2^3} + \frac{(\hat{\mu}_4/\hat{\mu}_2^2 - 3)^2}{24}\right] \tag{9.18}$$

【예 9-8】【예 9-4】에서 추정된 회귀모형 ①의 잔차가 정규분포를 따르는지 자큐-베라(Jarque-Bera) 검정을 해보시오.

<풀이> 자큐-베라 검정통계량값은 6.03이고 유의확률(p값)은 0.043으로 0.05보다 작으므로 5% 유의수준에서 오차항이 정규분포라는 귀무가설을 기각한다. 따라서 5% 유의수준에서 동 잔차는 정규분포를 따른다고 할 수 없다.

제4절 중회귀모형의 예측

1. 추정계수의 이해

중회귀모형의 추정된 회귀계수는 종속변수와 하나의 설명변수 간 상관관계를 나타내기보다는 다른 설명변수가 고정되었을 경우 종속변수와 하나의 설명변수 간 상관관계를 의미한다. 2개의 설명변수로 구성된 식 (9.19)의 회귀모형에서 추정된 회귀계수의 의미를 구체적으로 살펴보자.

$$\hat{y_i} = \hat{\beta}_0 + \hat{\beta}_1 x_{1i} + \hat{\beta}_2 x_{2i} \tag{9.19}$$

$\hat{\beta}_1$은 X_2값이 고정되었을 경우 X_1값이 한 단위 증가했을 경우 Y값이 증가하는 양을 의미한다. 즉, 중회귀분석에서 $\hat{\beta}_1$은 Y, X_1으로부터 X_2의 영향을 각각 제거한 후 X_1값 한 단위가 증가했을 때 Y_1값의 변화량을 계측하는 것이다. 마찬가지로 $\hat{\beta}_2$는 X_1이 고정되었을 경우 X_2가 한 단위 증가했을 경우 Y의 변화량을 의미한다. 따라서 중회귀분석의 회귀계수를 편회귀계수(partial regression coefficient)라고 부른다.

종속변수에 대한 설명변수의 탄력성은 통상 종속변수와 설명변수를 각각 로그변환시킨 식 (9.20)의 회귀모형을 이용한다. 종속변수가 소비지출 Y이고 설명변수 중 하나가 소득 X_1이라면 다른 변수가 고정되었다는 가정 하에 소비의 소득 탄력성은 추정된 소득에 대한 회귀계수 $\hat{\beta}_1$이 된다.

$$\log(\hat{y_i}) = \hat{\beta}_0 + \hat{\beta}_1 \log(x_{1i}) + \hat{\beta}_2 \log(x_{2i}) \tag{9.20}$$

【예 9-9】 월별 전기전자산업 주가지수를 Y, 원/달러 환율 및 전체종합주가지수를 각각 X_1, X_2라 할 때 다음 두 회귀모형을 추정하였다. 이 때 회귀계수의 의미를 정리하시오.

① $\hat{y}_t = 3579.54 - 520.32\,x_{1t} + 3.72\,x_{2t}$

② $\log(\hat{y}_t) = 3.56 - 0.37\log(x_{1t}) + 0.79\log(x_{2t})$

<풀이> 모형 ①의 회귀계수의 의미는 다음과 같이 정리할 수 있다. 종합주가지수가 고정되었을 경우 원/달러 환율이 한 단위(1원) 상승하면 전기전자산업 주가지수가 520.32단위 하락한다. 종합주가지수가 한 단위 상승하면 원/달러 환율이 고정되었다는 가정 하에 전기전자산업 주가지수가 3.72단위 상승한다

모형 ②의 회귀계수의 의미는 다음과 같이 정리할 수 있다. 종합주가지수가 고정되었을 경우 원/달러 환율이 1% 상승하면 전기전자산업 주가지수가 0.37% 하락한다. 종합주가지수가 1% 상승하면 원/달러 환율이 고정되었다는 가정 하에 전기전자산업 주가지수가 0.79% 상승한다.

2. 예측

중회귀분석의 예측은 단순회귀분석의 예측과 동일하다. 여러 개의 설명변수값을 구하고 이를 회귀모형에 대입하여 종속변수의 예측값을 구한다.

【예 9-10】 【예 9-4】의 방정식 ①에서 종합주가지수와 원/달러 환율의 로그수익률이 각각 1% 증가할 때 전기전자산업 주가지수의 로그수익률을 추정하시오.

<풀이> 추정된 식에 설명변수값 0.01(1%)을 대입하여 종속변수의 추정값을 구한다.

$$\begin{aligned}\triangle\log(\hat{y}_t) &= 0.0006 + 1.1561\ \triangle\log(x_{1t}) + 0.7071\ \triangle\log(x_{2t}) \\ &= 0.0006 + 1.1561 \times 0.01 + 0.7071 \times 0.01 \\ &= 0.019232\end{aligned}$$

추정결과를 보면 추정된 전기전자산업 주가지수의 로그수익률은 1.92%이다.

제 5 절 로지스틱회귀모형

이제까지 살펴본 회귀모형은 종속변수가 연속형의 양적 변수였다. 그러나 우리는 '중앙은행이 금리를 올릴 것인가 또는 내릴 것인가', '어떤 기업이 도산할 것인가 그렇지 않을 것인가'와 같이 둘 중 하나의 결과가 도출되는 질적 변수에 관심을 가진다. 이때 선택되는 사건을 1, 선택되지 않은 나머지 사건을 0으로 정의한다. 이 확률변수는 선택될 확률 $p_i = P(Y_i = 1)$ 인 베르누이 분포를 따르게 되어, 이 확률변수를 종속변수로 둔 회귀모형을 작성하는 경우 오차항의 이분산성과 비정규성이 나타나고 종속변수의 예측도 비현실적으로 된다.

이 경우 0과 1의 값으로 종속변수를 직접 예측하기보다는 도산할 확률과 같이 발생가능성으로 전환하여 모형을 작성하는 것이 바람직하다. 그런데 발생가능성은 0과 1 사이의 값으로 그 범위가 한정되므로 이 값을 $-\infty$와 ∞값으로 변환하는데 대표적인 변환 방법이 식 (9.21)과 같이 승산(odds)을 로그변환한 로짓 변환(logit transformation)이다.

$$\ln\left(\frac{P(Y_i = 1|x_i)}{1 - P(Y_i = 1|x_i)}\right) \tag{9.21}$$

식 (9.22)와 같이 위의 변수를 종속변수로 두고 회귀모형을 작성하는 것이 로지스틱회귀모형(logistic regression, logit regression)이다.

$$\ln\left(\frac{P(Y_i = 1|x_i)}{1 - P(Y_i = 1|x_i)}\right) = \beta_0 + \beta_1 x_{1i} + \beta_2 x_{2i} + \cdots + \beta_k x_{ki} + \varepsilon_i \tag{9.22}$$

이러한 로지스틱 회귀모형의 회귀계수는 가능도 함수를 구한 후 이를 최대화하는 통계량을 바탕으로 구한다. 이 회귀계수값은 직접 구할 수 없고 Newton-Raphson방법과 같은 반복적인 추정방법으로 추정된다. 회귀계수가 $\hat{\beta}_0, \hat{\beta}_1, \cdots, \hat{\beta}_k$로 추정되면 설명변수값에 따라 어떤 사건이 발생될 확률은 식 (9.23)과 같이 추정된다.

$$\hat{P}(Y_i = 1|x_{1i}, x_{2i}, \cdots, x_{ki}) = \frac{\exp(\hat{\beta}_0 + \hat{\beta}_1 x_{1i} + \cdots + \hat{\beta}_k x_{ki})}{1 + \exp(\hat{\beta}_0 + \hat{\beta}_1 x_{1i} + \cdots + \hat{\beta}_k x_{ki})} \tag{9.23}$$

종속변수의 또 다른 변수변환으로는 정규분포를 이용하는 변환이 있는데 이를 이용한 회귀모형을 프로빗(probit)모형이라고 부른다.

【예 9-11】 한국은행에서는 은행이 부실화되기 전에 부실은행들이 어떠한 재무적 특성을 보이는지를 사전에 파악할 수 있는 로지스틱 모형을 개발하였다(한국은행 은행국, 1999). 동 모형을 이용하여 1년 후 은행이 부실해질 확률을 산출하였다. 일반은행을 부실은행군과 비부실은행군으로 구분하고 부실화 정도와 밀접한 관련이 있다고 판단되는 경영지표들을 설명변수로 선정하였다. 퇴출된 은행들이 1997년 말에 도산한 것으로 간주하여 1996년 경영지표를 이용하여 1997년 중 부실확률을 추정하였다. 이들 부실은행과 비부실은행의 1년 전 경영지표 중 두 그룹을 명확히 구분하는 경영지표를 재무위험성, 자산건전성, 수익성, 자본적정성 등 4개 부문에서 추출하여 설명변수로 선정하였다.

연습문제

(※ 1~3) 다음 분산분석표를 보고 물음에 답하시오.

요인	제곱합	자유도	평균제곱	F 통계량	임계값
모형	10	2	(가)	(나)	4.74
오차	7	7	(다)		
계	17	9			

1. 위의 회귀모형에 대한 설명으로 가장 적당한 것은?
   ① 설명변수가 1개인 회귀모형이다.
   ② 설명변수가 2개인 회귀모형이다.
   ③ 설명변수가 3개인 회귀모형이다.
   ④ 설명변수가 7개인 회귀모형이다.
   ⑤ 설명변수가 9개인 회귀모형이다.

2. (나) F 통계량과 관련된 내용 중 가장 바르게 기술된 것은?
   ① F통계량값은 2.0으로 임계값보다 작으므로 귀무가설을 기각한다.
   ② F통계량값은 2.0으로 임계값보다 작으므로 귀무가설을 기각할 수 없다.
   ③ F통계량값은 5.0으로 임계값보다 크므로 귀무가설을 기각한다.
   ④ F통계량값은 5.0으로 임계값보다 크므로 귀무가설을 기각할 수 없다.
   ⑤ F통계량값은 1.0으로 임계치보다 작으므로 귀무가설을 기각한다.

3. 결정계수 R^2값은?
   ① $\frac{7}{17}$ ② $\frac{10}{17}$ ③ $\frac{3}{17}$ ④ $\frac{7}{10}$ ⑤ $\frac{3}{10}$

연 습 문 제

4. 주가의 수익률과 관련된 모형의 잔차가 정규분포를 따르는지 검정하였다. 이를 위한 검정으로 가장 적당한 검정은?

① Jarque-Bera 검정 ② White 검정
③ Durbin-Watson 검정 ④ Cochran-Orcutt 검정
⑤ ADF 검정

(※ 5~7) 다음의 추정된 회귀모형식을 보고 물음에 답하시오.

$$\widehat{y_t} = 0.5 + 0.1 \cdot x_t + 0.4 \cdot z_t$$
$$DW = 1.0,\ R^2 = 0.90,\ \overline{R}^2 = 0.89$$

5. 회귀모형에 대한 설명 중 가장 바른 것은?
① X가 한 단위 증가하면 Y는 0.1단위 증가한다.
② Z가 고정되었을 경우 X가 한 단위 증가하면 Y는 0.1단위 증가한다.
③ X가 1% 증가하면 Y는 0.1% 증가한다.
④ Z가 고정되었을 경우 X가 1% 증가하면 Y는 0.1% 증가한다.
⑤ X가 1% 증가하면 Y는 0.4% 증가한다.

6. $x_t = 10,\ z_t = 5$일 때 Y의 예측값은?
① 3 ② 3.5 ③ 4 ④ 5 ⑤ 6

7. 중회귀모형의 잔차의 더빈-왓슨(DW) 검정통계량값은 1.0이다. 이를 통해 알 수 있는 내용을 가장 바르게 기술한 것은?
① 오차항에 1차의 양의 자기상관 관계가 존재한다.
② 오차항에 2차의 양의 자기상관 관계가 존재한다.
③ 오차항에 1차의 음의 자기상관 관계가 존재한다.
④ 오차항에 2차의 음의 자기상관 관계가 존재한다.
⑤ 오차항에 자기상관이 존재하지 않는다.

연습문제

8. 다음 회귀모형에 대한 분산분석표의 F검정으로 검정할 수 있는 귀무가설은?

$$y_i = \beta_0 + \beta_1 x_{1i} + \beta_2 x_{2i} + \epsilon_i, \quad i = 1, 2, \cdots, n$$

① $H_0: \ \beta_0 = \beta_1 = \beta_2 = 0$
② $H_0: \ \beta_1 = 0$
③ $H_0: \ \beta_2 = 0$
④ $H_0: \ \beta_0 = \beta_1 = \beta_2$
⑤ $H_0: \ \beta_1 = \beta_2 = 0$

9. 회귀계수의 표준오차의 추정치가 실제보다 작게 추정하여 회귀계수 추정값에 대한 t, F검정이 실제보다 과대하게 평가되게 하는 것은?
① 오차항의 정규성
② 오차항의 양의 자기상관
③ 불필요한 설명변수가 추가된 모형 설정오류
④ 다중공선성
⑤ 오차항의 이분산성

정답 및 해설

1. ② 자유도가 설명변수의 수를 의미한다.

2. ③ F통계량값은 5.0으로 임계값보다 크므로 귀무가설을 기각한다.

3. ② $R^2 = \frac{SSR}{SST} = \frac{10}{17}$

4. ① Jarque-Bera검정은 정규성 검정이며, White검정은 이분산 검정이며 Durbin-Watson 검정은 자기상관 관련 검정이다. ADF검정은 단위근 검정이다.

5. ② 중회귀모형은 부분 계수이므로 Z가 고정되었을 경우 X가 한 단위 증가하면 Y는 0.1단위 증가한다.

6. ② $\hat{y_t} = 0.5 + 0.1 \cdot x_t + 0.4 \cdot z_t$에서 X와 Y값을 대입하여 구하면 다음과 같다.
   $0.5+0.1\times10 + 0.4\times5 = 3.5$

7. ① DW검정통계량값은 0과 4사이이며 2보다 작으면 양의 자기상관이 존재한다.

8. ⑤ 분산분석표에서 F검정은 설명변수가 모두 영향이 없는지 검정하는 것이다.

9. ② 자기상관이 있는 경우 오차항의 분산을 작게 추정하게 한다. 이 경우 t, F검정이 실제보다 과대하게 평가된다.

제 10 장

시계열분석과 변동성분석

학습목표

1. 시계열의 특성을 이해할 수 있다.
2. 시계열을 모형화하여 예측할 수 있다.
3. 이동평균의 의미를 이해하고 기술적 분석을 할 수 있다.
4. 변동성을 측정하고 모형화하여 예측할 수 있다.

학습개요

많은 금융 및 경제 데이터는 시간의 흐름에 따라 순서대로 관측되는 시계열이다. 이 장에서는 시계열이 무엇인지 알아보고 이를 모형화하는 방법을 정리하고, 작성된 시계열모형을 이용하여 미래를 예측하는 방법에 대해 살펴본다. 아울러 시계열의 기술적 분석과 변동성 모형에 대해 살펴본다.

제 1 절 시계열의 특징과 모형

1. 시계열의 정의

종합주가지수, 환율 등 금융데이터와 국내총생산(GDP), 소비자물가지수 등 경제 관련 데이터는 연도별, 분기별, 월별, 일별 또는 시간별 등 시간에 따라 순서대로 관측된다. 이와 같은 데이터를 시계열(time series)이라고 한다. 시계열은 시간 t를 하첨자로 하여 식 (10.1)과 같이 표현된다.

$$Y_t : t = 1,\ 2,\ 3,\ \cdots \tag{10.1}$$

시계열은 시간에 따라 변하는 시간영역(time domain) 정보와 일정한 주기로 순환하는 주파수영역(frequency domain) 정보를 동시에 가지고 있다. 시계열에 대한 통계분석 즉 시계열분석은 시계열의 특성을 파악하여 시계열의 생성과정을 확률적으로 모형화한 후 이를 바탕으로 시계열을 예측하는 것을 목적으로 진행된다.

2. 시계열의 변동요인

시계열의 특성을 파악하기 위해서는 시계열도표를 그려봐야 한다. 시계열도표는 시간 t를 가로축으로 하고 시계열의 관측값 Y_t를 세로축으로 하여 그려진 선그래프이다. 이를 통해 시계열이 가지는 특징, 특히 시계열의 변동을 한눈에 알아볼 수 있다.

시계열(Y_t)은 통상 그 변동주기에 따라 추세변동(T_t), 순환변동(C_t), 계절변동(S_t), 불규칙변동(I_t)으로 구성된다고 가정한다. 첫째, 추세변동(T_t)은 시간에 따라 증가하거나 감소하는 경향을 가지고 있는 장기적인 변동이다. 경제시계열의 경우 이 변동요인은 인구증가, 기술변화 등으로 나타나는 변동이다. 둘째, 순환변동(C_t)은 주기적인 변동 중 주기가 1년을 초과하는 변동이다. 경제시계열의 경우 이 변동요인은 경제활동이 팽창· 위축하는 경기순환에 따라 움직이는 변동이다. 셋째, 계절변동(S_t)은 1년 주기로 반복되는 변화인데, 이것은 앞서 설명된 계절의 변화 및 각종 관습에 의해 생성되는 변동이다. 계절변동에는 월별 또는 분기별로 요일의 구성이 다르거나 2월의 윤달 등에 의해서 생성되는 변동과 음력에 따른 설, 추석 등 명절변동이 포함된다. 넷째, 불규칙변동(I_t)은 위의 세 가지 성분 이외의 변동으로, 돌발적인 변동이나 원인불명의 변동(파업, 태풍, 지진, 홍수 등)에 의하여 일어나는 변동을 의미한다.

시계열(Y_t)에 포함된 변동요인들이 측정될 수 없지만 변동요인들은 식 (10.2)와 식 (10.3)과 같이 승법형과 가법형 등으로 결합되어 시계열을 구성하고 있다고 가정하고 있다.

$$\text{승법모형 : } Y_t = T_t \cdot C_t \cdot S_t \cdot I_t \tag{10.2}$$

$$\text{가법모형 : } Y_t = T_t + C_t + S_t + I_t \tag{10.3}$$

【예 10-1】 <그림 10-1>의 2000년 이후 월별 우리나라 종합주가지수의 시계열도표를 보면 추세변동과 순환변동이 혼재해 있음을 알 수 있다.

〈그림 10-1〉 월별 종합주가지수의 시계열도표

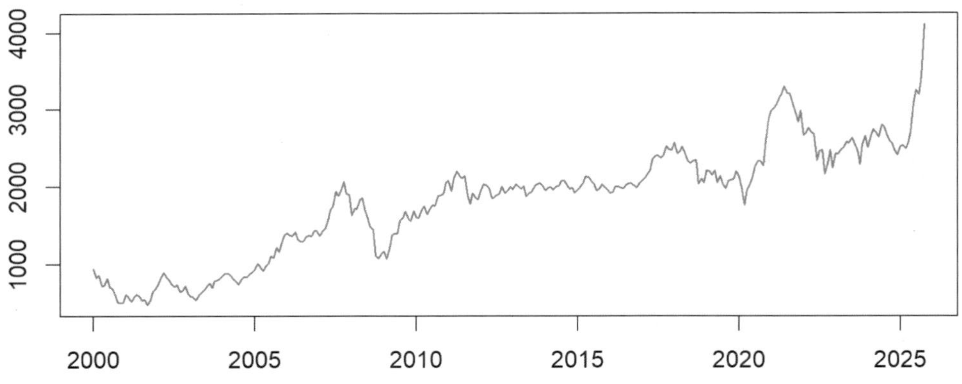

【예 10-2】 <그림 10-2>의 1960년 이후 분기별 국내총생산의 원계열(GDP)의 시계열 도표를 보면 원계열 GDP는 1970년 이후 지속적으로 성장하는 추세변동과 1년을 주기로 반복되는 계절변동이 결합되어 있음을 알 수 있다.

〈그림 10-2〉 분기별 국내총생산의 원계열(GDP)의 시계열도표

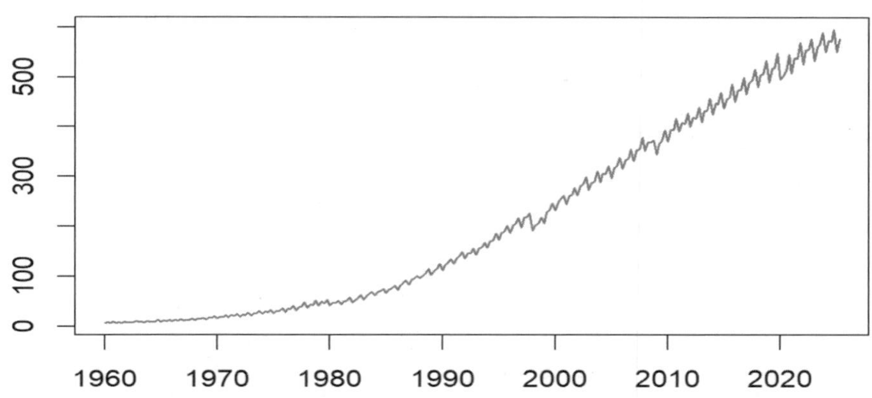

3. 자기상관

시계열은 현재값과 과거값 및 미래값이 서로 관련되어 있다. 이와 같은 시계열 내의 관련성은 표본 자기상관계수를 이용하여 파악할 수 있다. 표본 자기상관계수(sample autocorrelation coefficient: $\hat{\rho}(h)$)는 식 (10.4)와 같이 시계열의 현재값과 시계열의 시차변수값 간의 표본 상관계수로 정의된다.

$$\hat{\rho}(h) = \frac{\sum_t (y_t - \bar{y})(y_{t-h} - \bar{y})}{\sum_t (y_t - \bar{y})^2} \tag{10.4}$$

표본 자기상관계수는 표본 상관계수와 마찬가지로 -1과 1 사이의 값을 가지며 0이면 시계열의 현재값과 시계열의 시차변수값 간 선형적 관계가 없음을 의미한다. 표본 자기상관계수의 절댓값이 클수록 선형적 관계의 강도는 높다. 시차 0에서는 같은 변수 간의 상관계수이므로 표본 자기상관계수들이 시차별로 구해졌으면 이것들이 시차에 따라 어

떤 형태로 움직이는지를 검토해야 한다. 이는 시차(h)를 x축, 표본 자기상관계수($\hat{\rho}(h)$)를 y축으로 한 상관도표(correlogram)를 그려서 파악된다.

현재 시계열(Y_t)과 과거(또는 미래) 시계열 간의 관련성을 파악하는 데 이용되는 또 다른 통계량으로 표본 부분자기상관계수(sample partial autocorrelation coefficients: $\hat{\phi}(h)$)가 있다. Y_t와 Y_{t+h}의 표본 부분자기상관계수($\hat{\phi}(h)$)는 Y_t와 Y_{t+h} 사이 기간의 관측값 $Y_{t+1}, \cdots, Y_{t+h-1}$의 영향력을 제거한 후 구한 표본 자기상관계수이다. 표본 부분자기상관계수들도 표본 자기상관계수처럼 시차(h)를 x축, 표본 부분자기상관계수($\hat{\phi}(h)$)를 y축으로 하여 부분상관도표(partial correlogram)를 그려서 그 특징을 파악한다.

〈그림 10-3〉은 정규분포에서 독립적으로 생성된 시계열 즉 백색잡음(white noise) 계열의 시계열도표, 상관도표와 부분상관도표이다. 이를 보면 상관도표(부분상관도표)에 점선이 있는데 이 점선은 표본 자기상관계수(표본 부분자기상관계수)가 0인지 여부의 검정에서 유의수준 5%의 기각역을 의미한다. 표본 자기상관계수(표본 부분자기상관계수)값이 이 선을 초과할 경우 해당 시차의 모집단의 자기상관계수(부분자기상관계수)는 0과 다르다고 할 수 있다. 〈그림 10-3〉의 백색잡음계열의 상관도표와 부분상관도표를 보면 상관도표의 시차 0차를 제외한 표본 자기상관계수값과 표본 부분자기상관계수값은 모두 점선 내에 있다. 따라서 백색잡음계열의 각 시차 자기상관계수값과 각 시차 부분자기상관계수값은 5% 유의수준에서 0과 다르다고 할 수 없다.

륭과 박스(Ljung and Box)의 검정을 통해서도 시계열이 백색잡음계열인지 검정할 수 있다. 즉, 시계열에 m차까지의 자기상관관계가 존재하지 않는다는 귀무가설($H_0 : \rho(1) = \rho(2) = \cdots = \rho(m) = 0$)을 검정하는 것이며 검정통계량은 식 (10.5)와 같다.

$$\hat{Q}_m = n(n+2)\sum_{h=1}^{m}\frac{\hat{\rho}(h)^2}{(n-h)} \tag{10.5}$$

이 검정통계량은 귀무가설 하에서 자유도 m인 카이제곱분포 $\chi^2(m)$를 따른다. 만약 $Q_m > \chi^2_\alpha(m)$이면 유의수준 α에서 귀무가설이 기각된다. 이와 같은 상관도표를 이용하여 시계열의 특성 또는 확률과정을 파악할 수 있다. 이와 같은 백색잡음계열의 특성을 이용하여 시계열모형을 진단하게 된다. 앞의 백색잡음계열에 대해 검정해보면 검정통계량값은 3.97로 5% 유의수준의 기각역 $\chi^2_{0.05}(8) = 15.51$보다 작으므로 귀무가설을 기각하지 못하게 된다. 유의확률을 계산해보면 0.86으로 0.05보다 크므로 유의수준 5%에서 귀무가설을 기각하지 못한다.

〈그림 10-3〉 백색잡음계열의 시계열도표와 상관도표

(a) 시계열도표

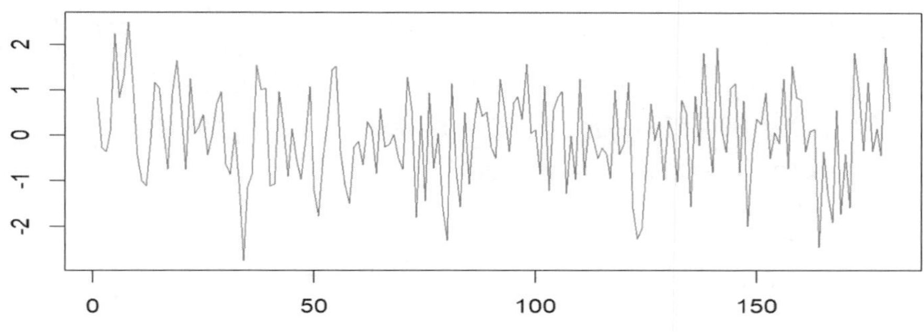

(b) 상관도표

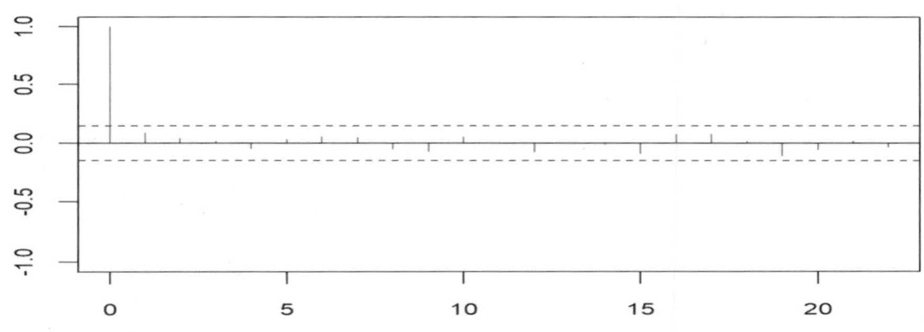

(c) 부분상관도표

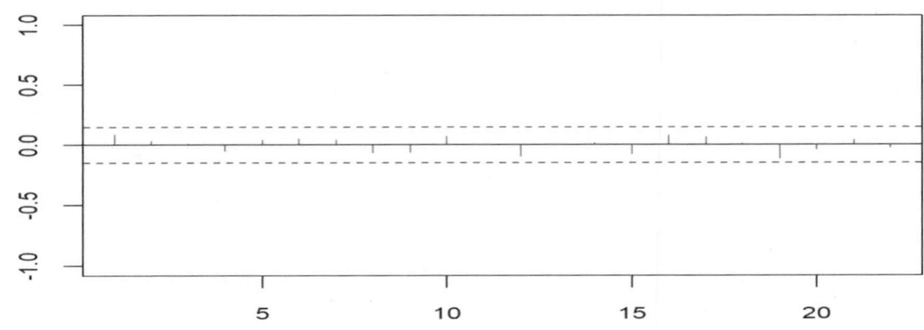

【예 10-3】 2000년 이후 월별 회사채 유통수익률(3년, AA-등급)의 상관도표 및 부분상관도표를 그리고 륭-박스(Ljung-Box) 검정을 실시하시오.

<풀이> 2000년 이후 월별 회사채 유통수익률(3년, AA-등급)의 상관도표와 부분상관도표를 그려보면 <그림 10-4>와 같다. 이를 보면 표본 자기상관계수값이 유의수준 5%의 기각역보다 모든 시차에서 크게 나타났으며 1차의 표본 부분자기상관계수값이 유의수준 5%의 기각역보다 크게 나타났다. 따라서 월별 회사채의 유통수익률은 백색잡음계열이라고 할 수 없다. 또한 륭-박스 검정 결과 검정통계량값이 927.3으로 유의확률(p값)이 0에 가까워 5% 유의수준에서 백색잡음계열이라는 귀무가설을 기각한다.

〈그림 10-4〉 월별 회사채 유통수익률의 상관도표와 부분상관도표

(a) 상관도표

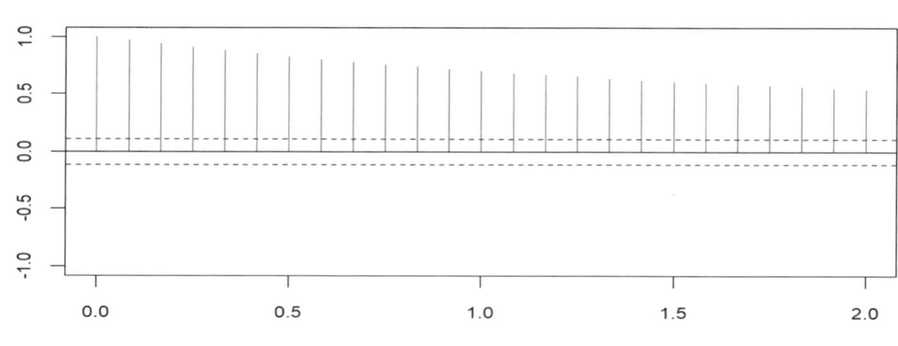

(b) 부분상관도표

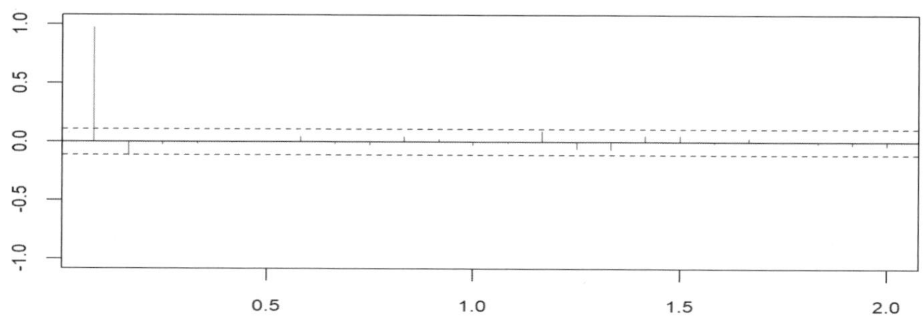

4. 안정 시계열과 불안정 시계열

시계열은 안정(stationary) 시계열과 불안정(nonstationary) 시계열로 구분된다. 안정시계열은 시계열의 움직임이 구간이 달라지더라도 매 구간별 특성이 동일한 시계열이다. 간단히 정의하면 안정 시계열은 시계열의 평균과 분산이 시간에 따른 규칙적인 변화가 없고 주기적 변화도 없는 계열을 의미한다. 불안정 시계열은 시계열의 평균 및 분산이 시간에 따라 변화하는 시계열을 의미한다. 안정 시계열의 상관도표를 보면 시차가 커지면서 표본 자기상관계수가 빠르게 0으로 수렴한다. 반면 불안정 시계열의 상관도표를 보면 시차가 커지면서 표본 자기상관계수가 매우 느리게 감소한다.

금융 및 경제시계열은 대체로 추세변동 등을 포함하고 있어서 표본 자기상관계수가 매우 느리게 감소하는 불안정 시계열이다. 시계열에 대한 통계분석 이론은 안정 시계열을 중심으로 정립되어 있다. 따라서 불안정 시계열을 분석할 때에는 차분, 변수변환 등으로 불안정 시계열을 안정 시계열로 전환하거나 불안정 시계열을 선형결합하여 안정성을 확보하여 분석할 필요가 있다. 시계열이 불안정 시계열인지 여부를 판단하는 검정으로는 디키-풀러(Dickey-Fuller, DF) 검정과 이를 보완한 ADF(Augmented Dickey-Fuller) 검정, 필립스-페론(Phillips-Perron) 검정 등의 단위근 검정이 있다.

【예 10-4】 2000년 이후 월별 우리나라 종합주가지수와 로그수익률의 그래프를 그리고 이들의 상관도표를 구하고 특징을 서술하시오.

<풀이> <그림 10-5>는 2000년 이후 월별 우리나라 종합주가지수와 로그수익률의 그래프이다. 이를 보면 2000년 이후 월별 우리나라 종합주가지수는 추세적으로 증가하는 불안정 시계열이지만 이를 로그차분한 로그수익률 계열은 추세가 사라진 안정 시계열이다. 월별 우리나라 종합주가지수와 로그수익률의 상관도표를 보면 우리나라 종합주가지수 로그수익률의 표본 자기상관계수가 빠르게 0으로 수렴한다. 반면 우리나라 종합주가지수의 표본 자기상관계수는 시차가 커져도 0으로 수렴하지 않는다.

〈그림 10-5〉 우리나라 종합주가지수 관련 시계열도표와 상관도표

(a) 우리나라 종합주가지수

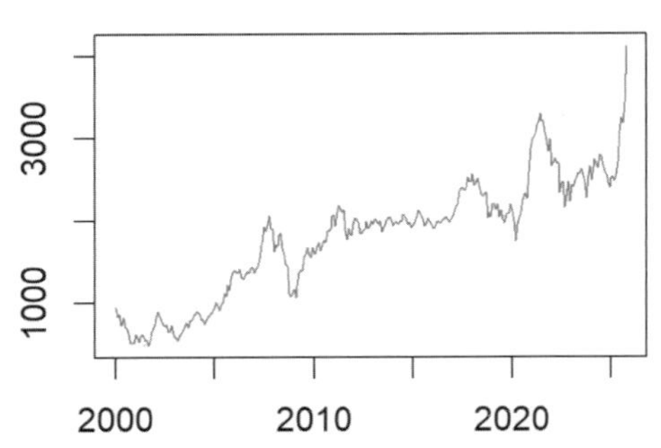

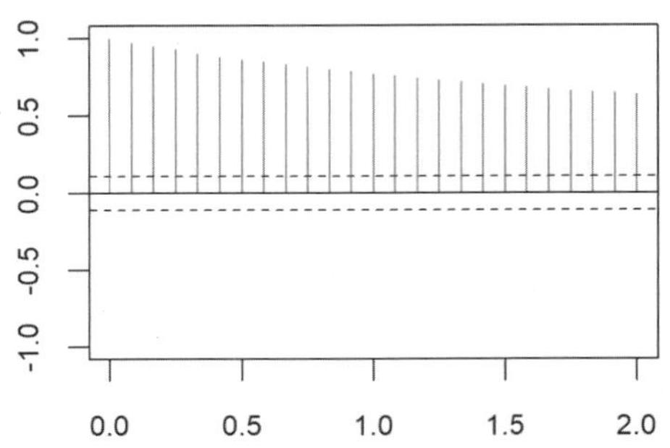

(b) 우리나라 종합주가지수의 로그수익률

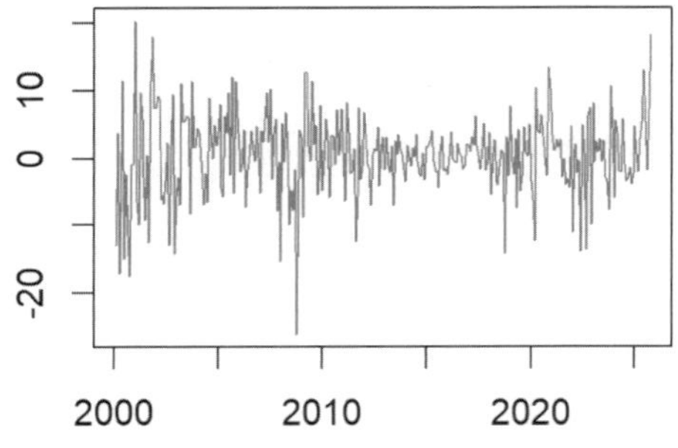

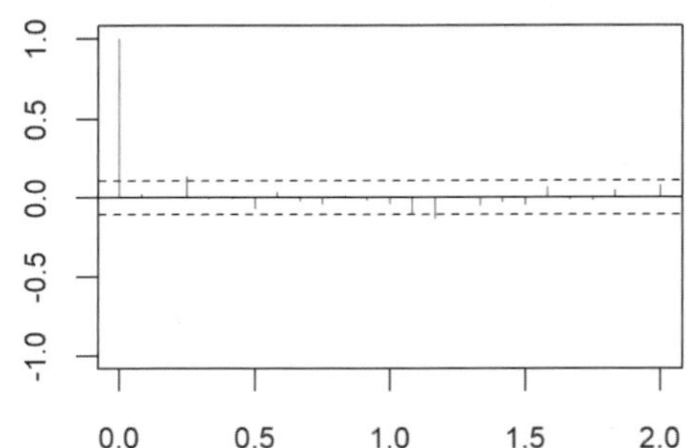

5. 시계열모형

시계열은 특정 확률과정인 시계열모형으로부터 생성되었다고 생각한다. 시계열 모형으로는 AR모형, MA모형, ARMA모형과 ARIMA모형이 있다.

시계열 Y_t가 과거 실제값의 함수로 표현된다면 그 모형을 자기회귀모형(autoregressive model) 또는 AR모형이라고 한다. 식 (10.6)은 전기의 시계열로 현재의 시계열을 설명하는

모형이다. 최대 시차변수로 1기 전의 시계열을 이용하였기 때문에 이것을 AR(1)모형이라 한다. 여기서 ε_t는 오차항이다.

$$y_t = \phi_0 + \phi_1 y_{t-1} + \varepsilon_t \tag{10.6}$$

여기서 ε_t는 서로 독립적이고 평균이 0, 분산이 일정한 정규분포를 따른다고 가정한다. 즉, ε_t는 백색잡음계열이다. ϕ_0, ϕ_1은 미지의 모수이다. 이 모형을 연장하면 p차의 시차변수로 현재의 시계열을 설명할 수 있으며 이는 식 (10.7)의 AR(p)모형이다.

$$y_t = \phi_0 + \phi_1 y_{t-1} + \phi_2 y_{t-2} + \cdots + \phi_p y_{t-p} + \varepsilon_t \tag{10.7}$$

AR(p)모형으로부터 생성된 시계열의 표본 자기상관계수는 지수적으로 감소하거나 진동하면서 소멸하며, 표본 부분자기상관계수는 p차 이후에는 0의 값을 갖는다.

과거의 충격으로 현재의 시계열 Y_t를 설명할 수 있는데 이를 이동평균모형(moving average model) 또는 MA모형이라 부른다. 식 (10.8)은 전기의 충격으로 현재의 시계열을 설명하는 모형이다. 최대 시차변수로 1기 전의 시계열을 이용하였기 때문에 이것을 MA(1)모형이라 한다. 여기서 θ_0, θ_1은 미지의 모수이다.

$$y_t = \theta_0 + \theta_1 \varepsilon_{t-1} + \varepsilon_t \tag{10.8}$$

MA(1)모형을 연장하면 q차의 충격으로 현재 시계열을 설명하는 식 (10.9)의 MA(q)모형이 된다.

$$y_t = \theta_0 + \theta_1 \varepsilon_{t-1} + \theta_2 \varepsilon_{t-2} + \dots\dots + \theta_q \varepsilon_{t-q} + \varepsilon_t \tag{10.9}$$

MA(q)모형으로부터 생성된 시계열의 표본 자기상관계수는 q차 이후에는 0의 값을 가지며, 표본 부분자기상관함수는 지수적으로 감소하거나 진동하면서 소멸한다.

유한 차수의 AR모형은 일정한 조건 하에서 무한 차수의 MA모형으로 전환할 수 있고, 마찬가지로 유한 차수의 MA모형은 무한 차수의 AR모형으로 전환할 수 있다. 그런데 시계열을 순수하게 AR 또는 MA모형으로 추정하려면 지나치게 많은 모수가 필요하게 된다. 따라서 모형의 모수의 수를 줄여 모형의 안정성을 유지하기 위해서는 시계열이 과거의 실제값과 과거에 발생했던 충격으로 동시에 설명되는 모형을 이용할 필요가 있다. 이를 자기회귀 및 이동평균(autoregressive moving average, ARMA)모형이라 한다. 식 (10.10)은 전기의 시차변수와 전기의 충격으로 현재의 시계열 Y_t를 설명하는 모형으로 ARMA(1, 1)모형이라 한다.

$$y_t = \phi_0 + \phi_1 y_{t-1} + \theta_1 \varepsilon_{t-1} + \varepsilon_t \tag{10.10}$$

식 (10.11)은 p차의 시차변수와 q차의 과거 충격으로 현재의 시계열을 설명하는 ARMA(p, q)모형이다.

$$\begin{aligned} y_t = \ & \phi_0 + \phi_1 y_{t-1} + \phi_2 y_{t-2} + \cdots + \phi_p y_{t-p} \\ & + \theta_1 \varepsilon_{t-1} + \theta_2 \varepsilon_{t-2} + \cdots + \theta_q \varepsilon_{t-q} + \varepsilon_t \end{aligned} \tag{10.11}$$

ARMA(p, q)모형으로부터 생성된 시계열의 표본 자기상관계수 및 표본 부분자기상관계수는 각각 $q-p$, $p-q$차 이후 지수적으로 감소하거나 진동하면서 소멸한다.

시간에 따라 평균과 분산이 일정하지 않은 불안정 시계열은 앞서의 시계열모형으로 분석하기 어렵다. 경제 및 금융시계열의 경우 평균이 지속적으로 증가하고 변동성도 커지는 경향이 있다. 여기서 시간에 따라 시계열의 평균이 증가하고 있다는 것은 추세변동요인을 갖고 있음을 의미한다. 이 경우 식 (10.12)와 같이 차분을 하여 시계열의 추세를 제거한다.

$$\triangle y_t = y_t - y_{t-1} \tag{10.12}$$

추세변동이 확정적이라면 시간의 함수로 시계열에서 추세를 차감하여 안정 시계열로 전환시킬 수 있다. 추세변동이 있는 시계열의 경우 자기상관함수가 느리게 감소하고 부분자기상관함수가 0차에서 매우 큰 값을 가진다. 분산이 시간에 따라 일정하지 않으면 통상 변수변환을 하여 시계열을 안정화시킨다. 통상의 경우 로그변환을 실시한다.

식 (10.13)은 1차 차분하여 ARMA(p, q)모형이 되는 모형인데 이를 ARIMA$(p, 1, q)$모형이라 한다.

$$\Delta y_t = \phi_0 + \phi_1 \Delta y_{t-1} + \phi_2 \Delta y_{t-2} + \cdots + \phi_p \Delta y_{t-p}$$
$$+ \theta_1 \varepsilon_{t-1} + \theta_2 \varepsilon_{t-2} + \cdots + \theta_q \varepsilon_{t-q} + \varepsilon_t \tag{10.13}$$

d차 차분을 한 시계열이 ARMA(p, q)모형을 따른다면 이 모형을 ARIMA(p, d, q)모형이라 한다. 이러한 ARIMA모형으로 대부분의 시계열을 표현할 수 있다.

예를 들어, 주가지수와 환율은 대체로 식 (10.14)와 같은 확률보행(random walk)모형을 따른다고 생각할 수 있다. 확률보행모형은 분산이 시간의 함수가 되어 시간이 지나면서 커진다. 확률보행과정을 ARIMA모형으로 표시하면 ARIMA(0, 1, 0)으로 표현된다.

$$y_t = y_{t-1} + \varepsilon_t \tag{10.14}$$

시계열모형은 ①모형의 식별, ②모형의 추정, ③모형의 진단이라는 세 가지 단계를 거쳐 작성된다. 모형의 식별이란 ARIMA(p, d, q)에서 p, d, q를 찾아내는 것이다. 이는 시계열도표를 바탕으로 〈표 10-1〉의 표본 자기상관계수, 표본 부분자기상관계수 등의 움직임을 바탕으로 초기 모형의 형태를 정하게 된다.

〈표 10-1〉 ARMA모형의 식별

	ACF	PACF
$AR(p)$	지수적으로 감소하거나 진동하면서 소멸	p시차 이후에는 0으로 절단
$MA(q)$	q시차 이후에는 0으로 절단	지수적으로 감소하거나 진동하면서 소멸
$ARMA(p, q)$	$(q-p)$시차 이후부터 점차 감소	$(p-q)$시차 이후부터 점차 감소

다음으로 식 (10.11) 또는 식 (10.13)의 시계열모형 모수들의 값을 데이터를 바탕으로 추정하게 된다. 모수값을 추정하는 방법으로는 조건부 최소제곱법, 비조건부 최소제곱법, 최대가능도추정법 등이 있다. 모수값들이 추정되면 추정된 결과를 바탕으로 식별된 시계열모형을 다시 식별한다. 식별된 모형들 간 비교는 *AIC*, *SBC*와 같은 모형선택기준

을 이용한다.

마지막으로 실제 시계열과 추정된 시계열모형 결과의 차이인 잔차($y_t - \hat{y}_t$)가 임의적인지 진단한다. 시계열모형의 잔차가 임의적이면 현재 시계열모형보다 더 좋은 시계열모형을 작성할 수 없다고 보고 시계열모형을 확정하게 된다. 추정된 시계열모형 잔차의 임의성은 잔차의 표본 자기상관계수, 표본 부분자기상관계수를 통해 검토될 수 있다. 잔차의 표본 자기상관계수와 표본 부분자기상관계수가 모든 시차에서 0에 가깝고, 륭-박스 검정 결과 잔차가 백색잡음계열로 나타나면 시계열모형이 적절히 식별 · 추정되었다고 판단한다.[1)]

시계열모형의 작성이 완료되면 시계열이 시계열모형의 패턴에 따라 미래에도 움직일 것이라고 생각하고 시계열모형을 이용하여 미래에 대한 예측을 실시하게 된다. 식 (10.15)와 식 (10.16)과 같이 실적치(y_t)와 예측치($\hat{y}_t$)의 차이를 바탕으로 한 RMSE(root mean square error)와 RMS%E(root mean square percent error)의 예측력을 비교하게 된다. 여기서 RMS%E는 측정단위에 따라 예측오차의 규모를 비교하기 곤란할 때 상호 비교 가능하도록 표준화한 통계량이다.

$$\mathrm{RMSE} = \sqrt{\frac{1}{\mathrm{T}}\sum_{t=1}^{\mathrm{T}}(\mathrm{y_t} - \hat{\mathrm{y}}_t)^2} \tag{10.15}$$

$$\mathrm{RMS\%E} = \sqrt{\frac{1}{\mathrm{T}}\sum_{t=1}^{\mathrm{T}}\left(\frac{\mathrm{y_t} - \hat{\mathrm{y}}_t}{\mathrm{y_t}}\right)^2} \times 100 \tag{10.16}$$

【예 10-5】 2000년~2025년 10월 중 월별 회사채 유통수익률(3년, AA-등급)을 ARIMA모형으로 작성하시오.

<풀이> <그림 10-4>의 월별 회사채 유통수익률 R_t의 상관도표를 보면 불안정 시계열로 판단된다. 따라서 월별 회사채 유통수익률 R_t를 바탕으로 차분을 실시하였다. 차분된 계열 $\Delta \log(1 + R_t/100)$에 대한 상관도표와 부분상관도표를 그려보면

---

1) 륭-박스(Ljung-Box)의 검정의 귀무가설은 $H_0 : \rho(1) = \rho(2) = \cdots = \rho(m) = 0$ 이다. ARMA*(p, q)* 모형 추정 결과로부터 구한 잔차를 바탕으로 검정통계량이 작성되므로 검정통계량은 자유도 $m-p-q$ 인 카이제곱 (χ^2)분포를 따른다.

<그림 10-6>과 같다. 상관도표를 보면 표본 자기상관계수는 1시차에만 유의하게 나타났다. 부분상관도표를 보면 표본 부분자기상관계수는 1, 2시차에 유의하게 나타났다. 따라서 후보모형으로 MA(1), AR(1), AR(2), ARMA(1, 1)을 고려할 수 있다.

〈그림 10-6〉 월별 회사채 유통수익률 차분계열의 상관도표와 부분상관도표

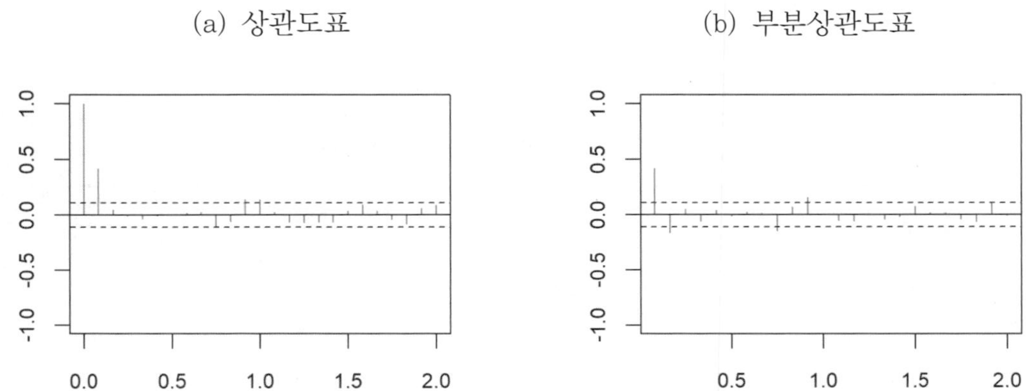

모형 추정 후 *AIC*를 기준으로 정리해보면 MA(1)모형이 가장 적합한 모형이라고 판단된다. 추정된 결과는 식 (10.17)와 같다. ( )는 t통계량값이다.

$$\Delta \log(1+\hat{r}_t/100) = -\underset{(1.00)}{0.0002} + \underset{(10.03)}{0.4846}\varepsilon_{t-1} \tag{10.17}$$

<그림 10-7>는 잔차에 대한 상관도표와 륭-박스 검정의 유의확률(p값) 결과인데 이를 보면 표본 자기상관계수가 모두 점선(5% 기각역) 안에 있고 륭-박스 검정의 유의확률(p값)이 0.05보다 크므로 잔차는 임의적이라 판단된다. 따라서 작성된 모형이 적절한 것으로 판단된다.

작성된 시계열모형을 바탕으로 미래를 예측할 수 있다. $\log(1+r_t/100)$ 의 2년간 예측결과는 <그림 10-8>의 굵은 선과 같다. 흐린 영역은 80%, 95% 신뢰구간이다.

〈그림 10-7〉 잔차에 대한 상관도표와 륭-박스 검정의 유의확률

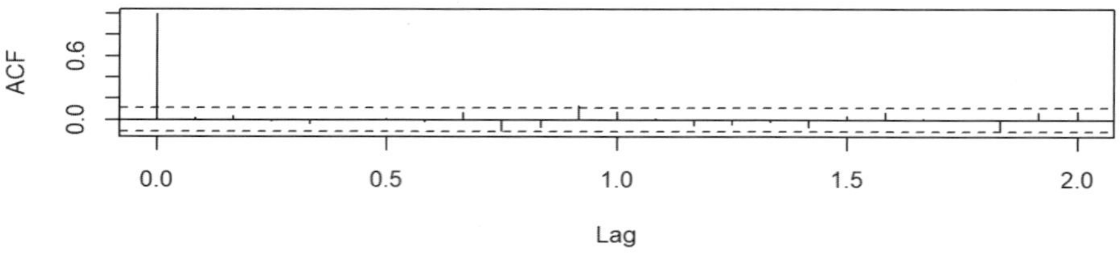

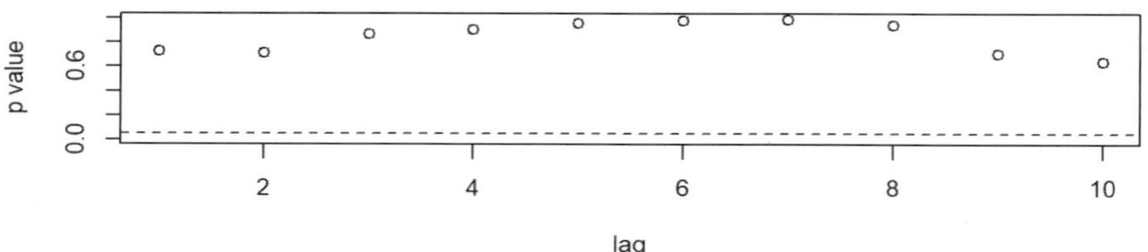

〈그림 10-8〉 월별 회사채 유통수익률의 예측

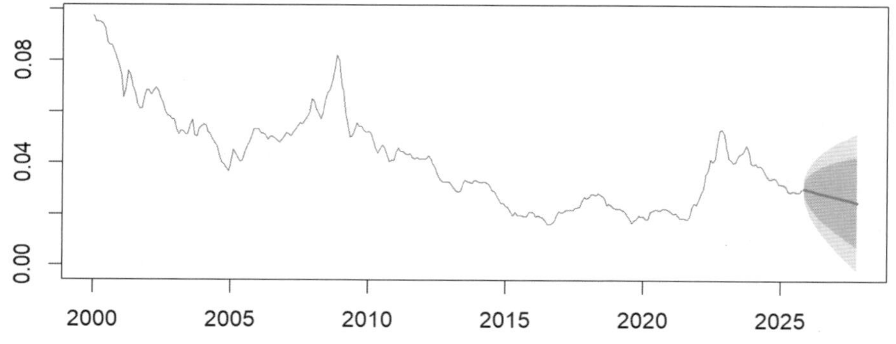

제 2 절 이동평균과 기술적 분석

1. 이동평균

시계열을 분석하다 보면 시계열에 존재하는 불규칙변동, 계절변동 등 주기가 짧은 변동요인으로 인해 시계열의 흐름을 제대로 파악하기 매우 어려울 때가 있다. 이 경우 평활화(smoothing)를 통해 주기가 짧은 변동, 즉 교란요인을 제거하여 시계열의 기조적 흐름을 파악할 필요가 있다.

평활화는 중심화이동평균, 후방이동평균, 이중이동평균, 가중이동평균 등으로 구분된다. 주로 이용되는 평활화 방법에는 중심화이동평균이 있다. 시계열 Z_t의 $(2l+1)$기 중심화이동평균은 식 (10.18)과 같이 구한다.

$$\begin{aligned} y_t &= \frac{1}{2l+1}(z_{t-l} + z_{t-l+1} + \cdots + z_t + z_{t+1} + \cdots + z_{t+l}) \\ &= \frac{1}{2l+1}\sum_{j=-l}^{l} z_{t+j} \end{aligned} \tag{10.18}$$

중심화이동평균된 시계열은 원래 시계열과 시차구조가 동일하다는 장점이 있다. 하지만 최근 시점에서 중심화이동평균을 실시할 경우 미래 시점의 시계열이 없기 때문에 최근 시점의 이동평균값을 계산할 수 없다.

주가지수 등 금융 데이터의 경우 최근 시점의 불확실성을 배제하기 위해 후방이동평균을 이용한다. 주가지수 분석의 경우 5일, 20일, 60일, 120일 이동평균이 주로 이용된다. m기 후방이동평균은 식 (10.19)와 같이 구한다.

$$y_t = \frac{1}{m}(z_t + z_{t-1} + \cdots + z_{t-m+1}) \tag{10.19}$$

후방이동평균은 중심화이동평균과 달리 최근 이동평균값을 구할 수 있다. 그러나 후방이동평균 시계열은 원래 시계열보다 후행하는 단점이 있다.

이동평균의 항수를 늘리면 시계열의 보다 장기적인 변동을 파악할 수 있다. 중심화 이동평균의 경우 이동평균 과정에서 시계열의 처음 또는 마지막 시점에서 해당 자료가 없어서 이동평균값을 구할 수 없기 때문에 장기 이동평균을 이용하는 데 제약이 있다.

【예 10-6】 우리나라 종합주가지수 5일, 20일, 120일, 200일 이동평균선을 그리시오.

<풀이> <그림 10-9>은 2025년 3월 이후 일별 데이터를 그리고 이와 관련된 5일, 20일, 120일, 200일 이동평균선을 그린 결과이다. 여기서 종합주가지수 이동평균선은 후방이동평균을 이용한다. 5일 이동평균선은 단기 추세를, 20일 이동평균선은 중기 추세를, 120일, 200일 이동평균선은 장기 추세를 나타낸다. 종합주가지수 이동평균선은 이동평균 항수가 작을수록 주가변화에 민감하게 반응해 정확성은 떨어지나 후행성은 줄어드는 장점이 있다. 장기 이동평균선은 추세의 신호는 상대적으로 정확하나 후행성이 크다. <그림 10-9>을 보면 5일 이동평균선은 빠르게 변하지만 200일 이동평균선은 서서히 변함을 알 수 있다.

〈그림 10-9〉 종합주가지수와 이동평균

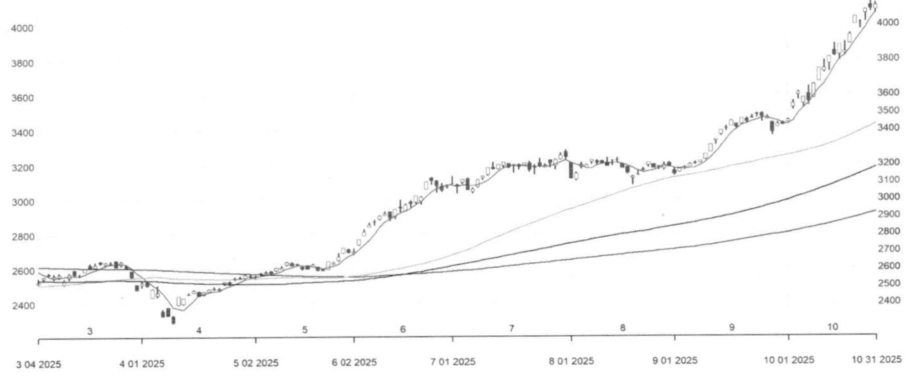

2. 기술적 분석

증권분석에서 과거 주가와 거래량 데이터를 그래프 등으로 표현하고 이를 바탕으로 주가 추세를 발견하고 주가를 예측하는 기술적 분석(technical analysis)이 빈번하게 이용된다. 기술적 분석은 주가가 주식에 대한 수요와 공급에 의해서만 결정되며, 상당 기간 추세를 유지하면서 순환되는 경향이 있다는 가정 하에서 실시된다.

대표적인 기술적 분석으로는 후방이동평균을 이용한 이동평균분석이 있다. 이동평균선을 그려서 살펴보면 주가의 추세가 전환될 때 '단기 → 장기' 순으로 주가의 이동평균값이 움직인다. 주가가 상승하기 시작할 때에는 단기 이동평균선이 먼저 상승하고 이어서 중기, 장기 이동평균선이 상승한다. 주가가 하락하기 시작하면 단기 이동평균선이 먼저 하락하고 이어서 중기, 장기 이동평균선이 하락한다. 위의 과정 속에서 이동평균선은 배열이 변하고 이동평균선의 교차가 발생한다. 따라서 이동평균선의 배열도와 교차를 바탕으로 주가의 상승과 하락을 추측하게 된다.

이동평균선의 배열도는 정배열과 역배열로 구분된다. 정배열은 그래프 하단부터 장기, 중기, 단기 이동평균선이 존재하는 것으로 주가가 상승국면에 있음을 의미한다. 역배열은 그래프 하단부터 단기, 중기, 장기 이동평균선이 존재하는 것으로 주가가 하락국면에 있음을 의미한다.

〈그림 10-9〉를 보면 주가가 상승과 하락을 반복하면서 정배열과 역배열을 반복하면서 전환하고 있음을 알 수 있다. 이 과정에서 여러 이동평균이 수렴하면서 크로스가 나타난다. 따라서 이동평균선의 수렴은 주가의 변곡점 역할을 하고 있다. 크로스는 골든크로스(golden cross)와 데드크로스(dead cross)로 나눌 수 있다. 골든크로스는 단기 이동평균선이 장기 이동평균선을 상향 돌파할 경우 나타나는데 이는 주가가 상승세로 전환했음을 의미한다. 데드크로스는 단기 이동평균선이 장기 이동평균선을 하향 돌파할 경우 나타나는데 이는 주가가 하락세로 전환했음을 의미한다. 이동평균선을 이용한 분석은 유용하나 결과가 사후적으로 나타나므로 배열 및 전환 시점 당시에는 제대로 판단하기 어렵다.

주가 관련 지표는 주가를 가공해서 주가 등락과 관련된 순환지표를 만드는 것이다. 주가 관련 지표는 차이를 이용한 지표(모멘텀, 이격도, MACD), 표준화를 이용한 지표

(스토캐스틱, CCI) 및 방향성을 이용한 지표(투자심리선과 RSI)로 구분할 수 있다. 이러한 지표를 바탕으로 주가의 단기적 움직임을 파악하고 이를 바탕으로 주식 거래를 하기도 한다. 주가 지표를 이용하여 분석하는 방법은 크게 세 가지로 나눌 수 있다. 첫째, 일정한 과매수(과열) 구간 또는 과매도(침체) 구간을 정하고 이를 넘는지 여부를 바탕으로 주가의 움직임을 정한다. 둘째, 기준점의 상향 또는 하향 교차를 기준으로 판단한다. 셋째, 지표의 고점 간 연결선 또는 저점 간의 연결선과 주가의 추세를 비교하여 판단한다. 넷째, 지표와 지표의 이동평균선 간의 교차를 바탕으로 주가의 움직임을 정한다. 주가의 추세적 움직임이 크게 나타날 때에는 순환변동과 관련성이 높은 주가지표의 신호가 명확하지 않은 경향이 있다.

〈그림 10-10〉은 2020년 1월 이후 일별 종합지수 관련 지표인 MACD, CCI와 RSI의 추이를 종합주가지수 캔들 차트와 같이 그린 것인데 이를 보면 주가지표는 추세를 가지지 않고 순환하는 것을 볼 수 있다.

〈그림 10-10〉 종합주가지수의 지표

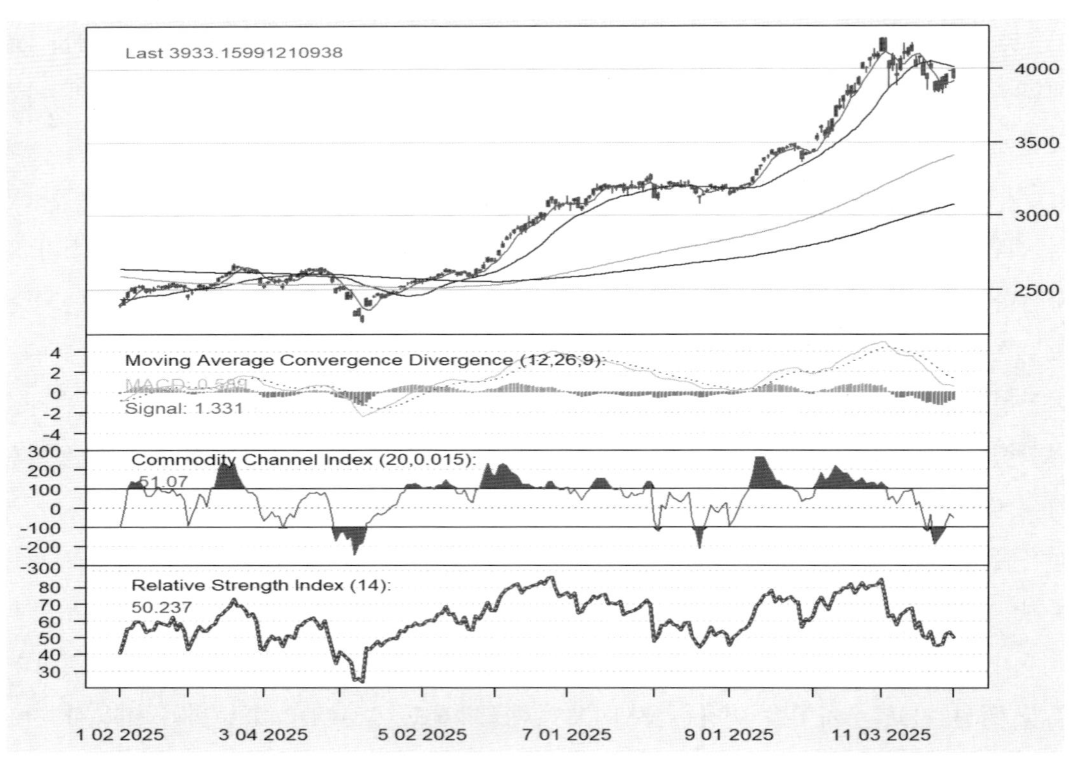

제 3 절 변동성의 측정

1. 금융시계열의 특성

금융시계열인 원/달러 환율과 종합주가지수(KOSPI)의 일별 로그수익률과 이를 제곱한 값에 대한 시계열도표를 그려보면 각각 〈그림 10-11〉과 〈그림 10-12〉와 같다.

〈그림 10-11〉 원/달러 환율과 종합주가지수의 로그수익률

(a) 원/달러 환율

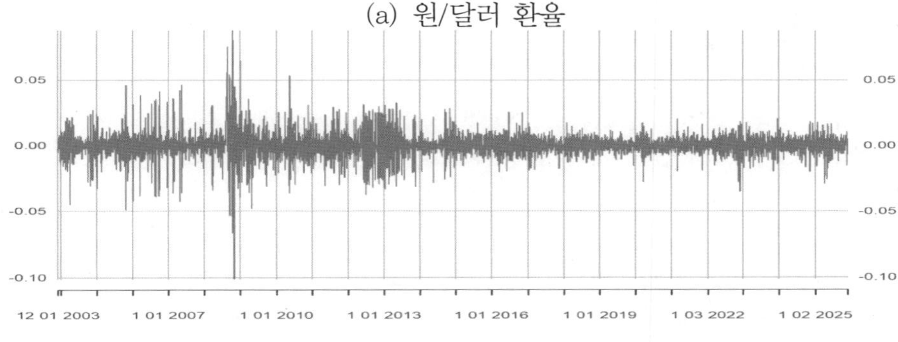

(b) 종합주가지수

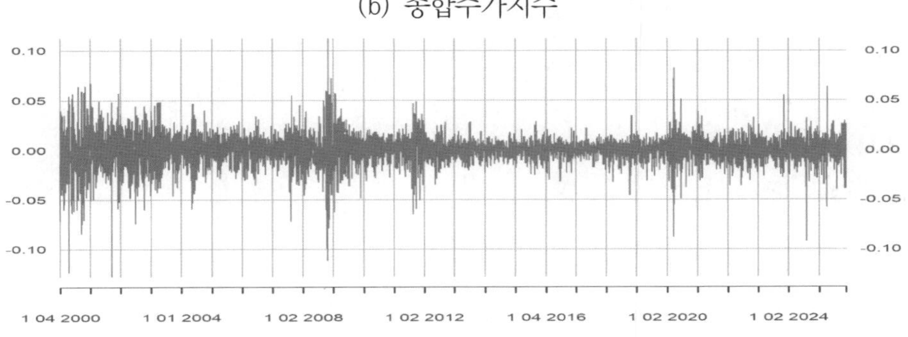

이를 보면 로그수익률은 백색잡음계열처럼 보이나 수익률의 제곱인 변동성에는 밀집현상과 지속성이 나타나고 있다. 즉, 시계열의 변동성인 분산은 시간이 변함에 따라 특정 기간에는 커지거나 작아지는 등 값이 일정하지 않다.

〈그림 10-12〉 원/달러 환율과 종합주가지수의 변동성

(a) 원/달러 환율

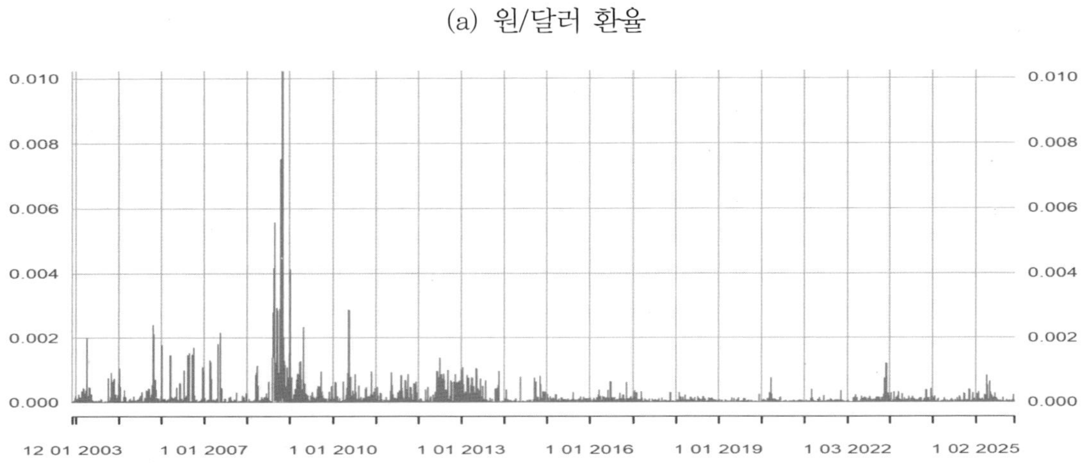

(b) 종합주가지수

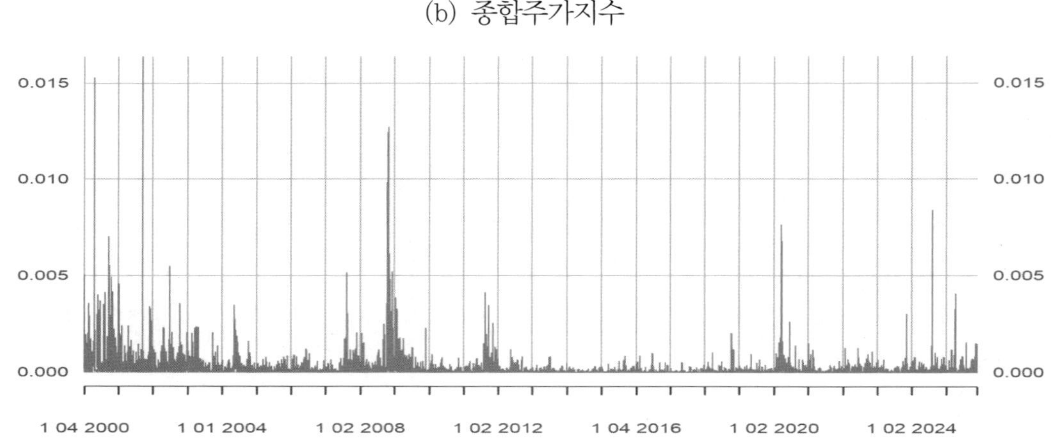

2. 변동성의 측정

금융데이터의 변동성은 다양하게 측정된다. 금융데이터의 변동성을 구하는 가장 간단한 방법은 시간을 고려하지 않고 식 (10.20)과 같이 로그수익률에 대해 전체기간의 표준편차를 구하는 것이다. 여기서 로그수익률의 평균은 0으로 가정된다.

$$\hat{\sigma} = \sqrt{\frac{1}{n-1}\sum_{t=1}^{n} r_t^2} \tag{10.20}$$

금융데이터의 변동성을 시간을 고려하여 구하는 간단한 추정방법은 식 (10.21)과 같이 일정기간씩 이동해서 변동성을 구하는 방법이다. 일별 금융데이터의 경우 20거래일, 60거래일이 이용된다.

$$\hat{\sigma_t} = \sqrt{\frac{1}{m}\sum_{i=1}^{m} r_{t-i}^2} \tag{10.21}$$

모건(Morgan)사의 Risk Metrics 시스템에서는 지수모형(Exponential Weighted Moving Average model, EWMA)을 이용하여 변동성을 측정하는데 변동성은 식 (10.22)와 같이 전기의 변동성과 현기 변동을 가중하여 구한다.

$$\hat{\sigma_t} = \sqrt{\lambda \hat{\sigma}_{t-1}^2 + (1-\lambda) r_{t-1}^2} \tag{10.22}$$

또 다른 방법으로는 모수적 방법이 있다. 현재의 변동성이 지난 기의 변동성과 비례관계에 있다고 판단하고 회귀모형으로 변동성을 추정하거나 GARCH모형을 이용하여 변동성을 추정한다. GARCH모형에 대해서는 다음 절에 상세히 설명하겠다. 그 밖에 옵션의 시장가격으로부터 변동성을 구하는 방법이 있다.

【예 10-7】 2004년~2025년 우리나라 주가 및 환율 변동성은 <그림 10-13>과 같은데 지수모형(EWMA)에 의해 측정되었다. 그 결과를 보면 2008년 글로벌 금융위기와 COVID-19 시기때 커졌던 변동성이 이후 빠르게 축소되어 안정화되어갔음을 볼 수 있다.

〈그림 10-13〉 우리나라 금리, 주가, 환율 변동성 추이

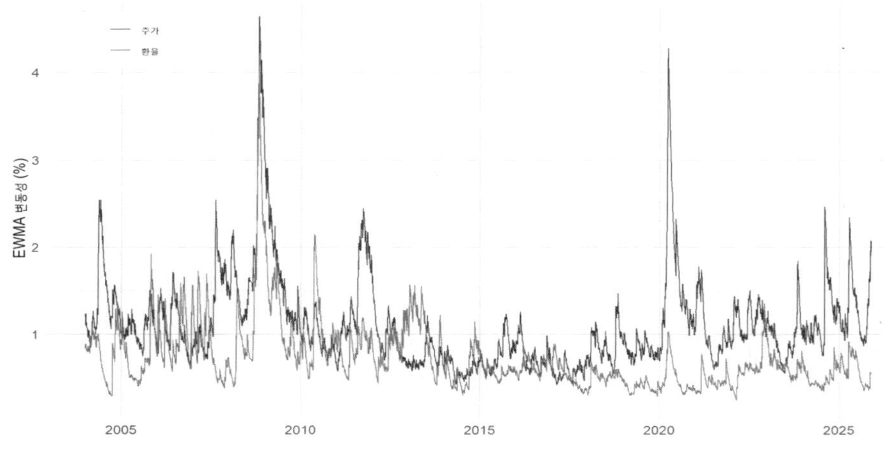

제 4 절 GARCH모형

자산수익률은 일반적으로 두꺼운 꼬리를 갖는 분포를 따르며, 시간에 따라서 보면 변동성은 밀집하는 경향이 있는데 이러한 금융시장의 변동성은 시간에 따라 움직이는데 조건부 분산을 통해 구할 수 있다. 엥글(Engle)은 시간에 따라서 변하는 분산을 모형화할 수 있는 자기회귀적 조건부 이분산(autoregressive conditional heteroskedasticity, ARCH) 모형을 제안하였다. ARCH모형 중 가장 간단한 모형인 자산 수익률 r_t의 ARCH(1) 모형을 살펴보면 식 (10.23)과 같다.

$$r_t = \sigma_{t|t-1}\varepsilon_t$$

$$\sigma^2_{t|t-1} = \alpha_0 + \alpha_1 r^2_{t-1} \tag{10.23}$$

여기서 α_0, α_1은 미지의 모수이며 ε_t는 백색잡음계열이다. $\sigma^2_{t|t-1}$은 r_t의 조건부 분산이다. 볼러슬레프(Bollerslev)는 AR모형 형태의 ARCH모형을 식 (10.24)와 같이 ARMA 모형 형태로 일반화했다. 이 모형을 GARCH모형, GARCH(p, q)모형이라고 부른다. 여기서 p는 AR항 수, q은 MA항 수이며, α_i, β_i는 미지의 모수이다.

$$\begin{aligned} r_t &= \sigma_{t|t-1}\varepsilon_t \\ \sigma^2_{t|t-1} &= \alpha_0 + \alpha_1 r^2_{t-1} + \alpha_2 r^2_{t-2} + \cdots + \alpha_p r^2_{t-p} \\ &\quad + \beta_1 \sigma^2_{t-1|t-2} + \cdots + \beta_q \sigma^2_{t-q|t-q-1} \end{aligned} \tag{10.24}$$

GARCH모형도 ARIMA모형과 같은 방식으로 식별, 추정, 검진의 절차를 거쳐 작성된다. 먼저 주어진 시계열이 GARCH모형에 적합한지 살펴보는데 그 과정은 다음과 같다. 첫째, 일반적으로 GARCH모형을 따르는 시계열은 두꺼운 꼬리를 가진다. 따라서 시계열에 대해서 자크-베라(Jarque-Bera) 검정을 실시하여 시계열이 정규분포를 따르는지 검정한다. 둘째, 시계열에 대해 정규성 검정을 시행한 결과 시계열의 분포가 정규분포가 아닌 것으로 판정된 경우, 시계열을 제곱한 계열에 ARCH형태의 조건부 이분산성이 존재하는지 검정한다. 이 때 륭-박스의 검정 또는 ARCH-LM 검정이 주로 이용된다.

어떤 시계열이 조건부 이분산성이 있다면 여러 개의 후보 GARCH모형을 추정한 후 *AIC*와 같은 모형선택기준을 비교해서 최종 모형을 선정한다. 이때 GARCH모형은 최대가능도추정법으로 추정된다. GARCH모형을 작성한 후 GARCH모형이 제대로 작성되었는지 GARCH모형을 진단하게 된다. 이러한 진단은 GARCH모형을 추정한 후 구한 잔차제곱의 상관도표와 륭-박스 검정을 통해 이루어진다. GARCH모형의 잔차를 진단한 결과 GARCH모형의 잔차에 이분산성이 없고 독립적이라고 판단되면 작성된 GARCH모형으로 조건부 분산을 추정·예측하게 된다.

GARCH모형은 GARCH-M모형, IGARCH모형과 EGARCH모형 등 여러 형태로 확장되고 있다.

【예 10-8】 일별 종합주가지수 로그수익률에 대해 GARCH모형을 작성하시오.

〈풀이〉 <그림 10-14>은 2007년 1월 2일~2025년 11월 28일까지의 종합주가지수 로그수익률 및 로그수익률 제곱의 상관도표인데 이를 보면 종합주가지수 로그수익률의 표본 자기상관계수 또는 부분자기상관계수가 대부분 임계값 내에 있어 백색잡음계열로 판단되나, 로그수익률의 제곱은 대부분 임계값 밖에 있어 시계열에 ARCH형태의 이분산성이 있는 것으로 판단된다. 종합주가지수 로그수익률을 GARCH모형으로 조건부 분산을 추정한 결과는 식 (10.25)이다.

$$
\begin{aligned}
r_t &= \underset{(2.74)}{3.6569\times10^{-4}} \\
\hat{\sigma}^2_{t|t-1} &= \underset{(3.25)}{2.138\times10^{-6}} + \underset{(10.61)}{9.575\times10^{-2}}r^2_{t-1} + \underset{(87.95)}{8.910\times10^{-1}}\sigma^2_{t-1|t-2}
\end{aligned}
\tag{10.25}
$$

〈그림 10-14〉 종합주가지수 로그수익률 및 로그수익률 제곱의 상관도표

(a) 종합주가지수 로그수익률

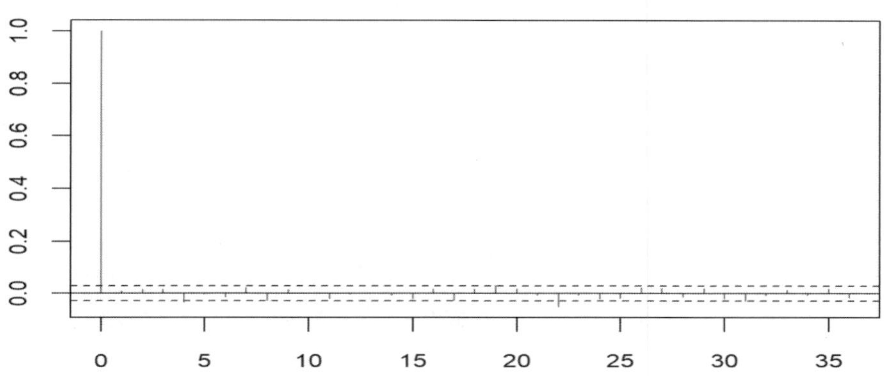

(b) 종합주가지수 로그수익률 제곱

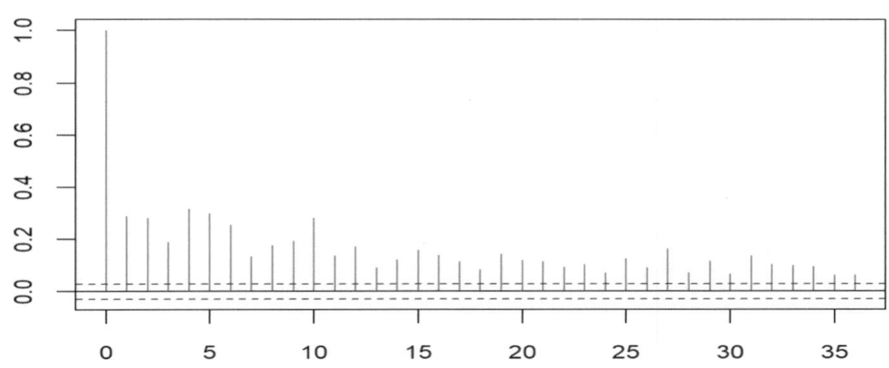

이를 보면 계수들은 5% 유의수준에서 대체로 유의하고 잔차와 잔차제곱의 륭-박스 검정 결과 유의확률(p-value)이 모두 0.05보다 커서 GARCH(1,1)모형이 적절히 작성된 것으로 판단된다. 추정된 GARCH모형으로 조건부 표준편차를 구한 결과는 <그림 10-15>와 같다.

〈그림 10-15〉 GARCH모형에 따른 조건부 표준편차 추정결과

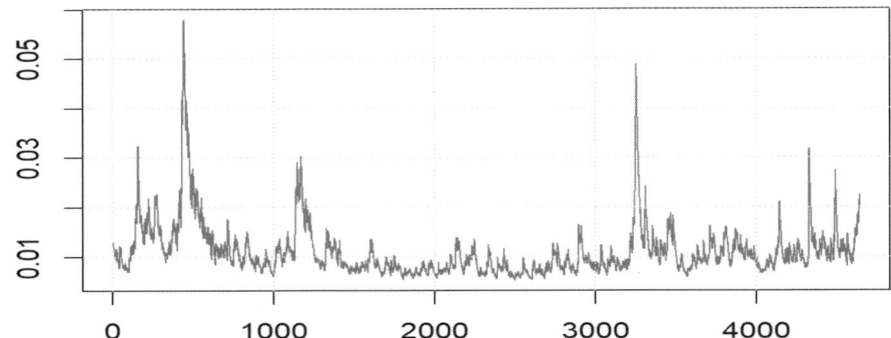

연습문제

1. 국내총생산이 매년 1분기 값이 작고 4분기 값이 크게 나타나는 변동을 무엇이라 부르는가?

   ① 추세변동　② 순환변동
   ③ 계절변동　④ 불규칙변동
   ⑤ 임의변동

2. 시계열에 대한 표본 자기상관계수의 최댓값은?

   ① 0　② 0.5　③ 1　④ 1.5　⑤ 2

3. 시계열 Y_t에 대해 다음 모형을 고려하였다. 이에 대한 모형은 무엇인가(여기서 ϵ_t는 오차항)?

$$y_t = \phi_0 + \phi_1 y_{t-1} + \theta_1 \varepsilon_{t-1} + \varepsilon_t$$

   ① AR모형　② MA모형
   ③ GARCH모형　④ ARMA모형
   ⑤ LOGIT모형

4. 시계열(또는 시계열 모형의 잔차)이 백색잡음계열이라고 할 수 없는 경우는?

   ① 표본 자기상관함수가 모든 시차에서 0이다.
   ② 표본 부분자기상관함수가 모든 시차에서 0이다.
   ③ 시계열도표를 보면 시계열에 아무런 패턴을 볼 수 없다.
   ④ Ljung-Box 검정통계량값이 유의하지 않다.
   ⑤ Durbin-Watson 검정통계량값이 0에 근접한다.

5. 다음 이동평균선 중 가장 장기적인 변동을 살펴볼 수 있는 것은?

   ① 5일선　② 20일선
   ③ 60일선　④ 120일선
   ⑤ 200일선

연 습 문 제

6. 종합주가지수 로그수익률을 보면 시간에 따라서 변동성이 밀집하는 경향이 있다. 시간에 따른 변동성을 모형화하는 방법으로 가장 적당한 것은?

① GARCH모형　② MA모형
③ AR모형　④ ARMA모형
⑤ LOGIT모형

7. 시계열모형의 예측력은 RMS%E로 측정하게 된다. 시계열모형 예측값과 실제값이 같을 때 RMS%E값은?

① −100　② −50　③ 0　④ 50　⑤ 100

8. 시계열모형의 잔차에 대해 륭-박스 검정을 유의수준 5%(0.05)에서 실시하였는데 검정 결과 유의확률이 0.35로 나타났다. 다음 중 가장 바르게 기술된 것은?

① 시계열모형의 잔차는 백색잡음계열이라고 할 수 있다.
② 시계열모형의 잔차는 AR(1)계열이라고 할 수 있다.
③ 시계열모형의 잔차는 MA(1)계열이라고 할 수 있다.
④ 시계열모형의 잔차는 ARMA(1,1)계열이라고 할 수 있다.
⑤ 시계열모형의 잔차는 ARIMA(1,1,1)계열이라고 할 수 있다.

정답 및 해설

1. ③ 쌀생산의 변동에 따라 1년 주기로 변동하는 변동을 계절변동이라 부른다.
2. ③ 표본 자기상관계수의 최댓값은 1이다.
3. ④ 시계열을 자기시차와 오차의 전기항으로 설명하는 모형은 ARMA모형이다.
4. ⑤ Durbin-Watson 검정통계량값이 2가 되어야 1차 자기상관이 없고 백색잡음이라고 할 수 있다.
5. ⑤ 200일선이 가장 긴 변동을 살펴볼 수 있다.
6. ① GARCH모형은 시간에 따라 변하는 변동성을 모형화하는 모형이다.
7. ③ 실제값과 예측값이 같으면 RMS%E는 0이 된다.
8. ① 유의확률이 유의수준보다 커서 잔차의 모든 자기상관이 0이라는 귀무가설을 기각할 수 없다. 따라서 시계열모형의 잔차는 백색잡음계열이라고 할 수 있다.

부록

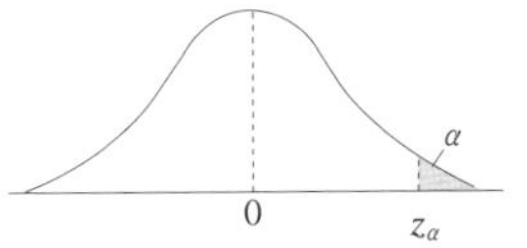

<표 1> 표준정규분포표

	α = .10	α =.05	α =.025	α =.01	α =.005
z_α	1.282	1.645	1.960	2.326	2.576

	α = .20	α =.25	α =.30	α =.40	α =.50
z_α	0.842	0.675	0.524	0.253	0.0

z_α	0.0	0.5	1.0	1.5	2.0	3.0
$P(Z>z_\alpha)$	0.5000	0.3085	0.1587	0.0668	0.0228	0.00135

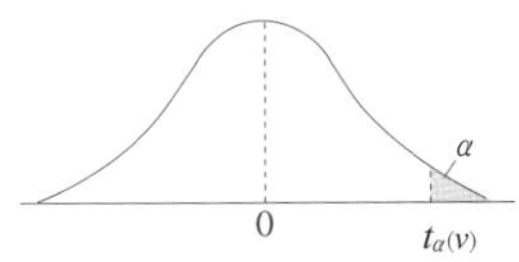

<표 2> t분포표

ν	α = .10	α =.05	α =.025	α =.01	α =.005	ν
1	3.078	6.314	12.706	31.821	63.657	1
2	1.886	2.920	4.303	6.965	9.925	2
3	1.638	2.353	3.182	4.541	5.841	3
4	1.533	2.132	2.776	3.747	4.604	4
5	1.476	2.015	2.571	3.365	4.032	5
6	1.440	1.943	2.447	3.143	3.707	6
7	1.415	1.895	2.365	2.998	3.499	7
8	1.397	1.860	2.306	2.896	3.355	8
9	1.383	1.833	2.262	2.821	3.250	9
10	1.372	1.812	2.228	2.764	3.169	10
11	1.363	1.796	2.201	2.718	3.106	11
12	1.356	1.782	2.179	2.681	3.055	12
13	1.350	1.771	2.160	2.650	3.012	13
14	1.345	1.761	2.145	2.624	2.977	14
15	1.341	1.753	2.131	2.602	2.947	15
16	1.337	1.746	2.120	2.583	2.921	16
17	1.333	1.740	2.110	2.567	2.898	17
18	1.330	1.734	2.101	2.552	2.878	18
19	1.328	1.729	2.093	2.539	2.861	19
20	1.325	1.725	2.086	2.528	2.845	20
21	1.323	1.721	2.080	2.518	2.831	21
22	1.3221	1.717	2.074	2.508	2.819	22
23	1.319	1.714	2.069	2.500	2.807	23
24	1.318	1.711	2.064	2.492	2.797	24
25	1.316	1.708	2.060	2.485	2.787	25

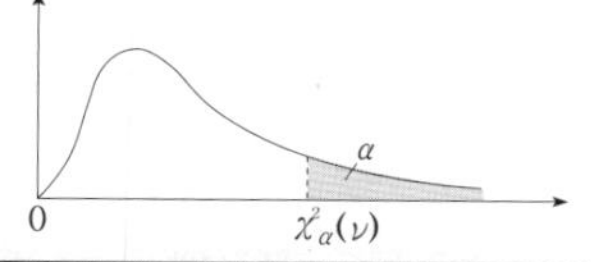

<표 3> χ^2 분포표

ν	α=.995	α=.99	α=.975	α=.95	α=.05	α=.025	α=.01	α=.005	ν
1	.0000390	.000157	.000982	.00393	3.841	5.024	6.635	7.879	1
2	.0100	.0201	.0506	.103	5.991	7.378	9.210	10.597	2
3	.0717	.115	.216	.352	7.815	9.348	11.345	12.838	3
4	.207	.297	.484	.711	9.488	11.143	13.277	14.860	4
5	.412	.554	.831	1.145	11.070	12.832	15.086	16.750	5
6	.676	.872	1.237	1.635	12.592	14.449	16.812	18.548	6
7	.989	1.239	1.690	2.167	14.067	16.013	18.475	20.278	7
8	1.344	1.646	2.180	2.733	15.507	17.535	20.090	21.955	8
9	1.735	2.088	2.700	3.325	16.919	19.023	21.666	23.589	9
10	2.156	2.558	3.247	3.940	18.307	20.483	23.209	25.188	10
11	2.603	3.053	3.816	4.575	19.675	21.920	24.725	26.757	11
12	3.074	3.571	4.404	5.226	21.026	23.337	26.217	28.300	12
13	3.565	4.107	5.009	5.892	22.362	24.736	27.688	29.819	13
14	4.075	4.660	5.629	6.571	23.685	26.119	29.141	31.319	14
15	4.601	5.229	6.262	7.261	24.996	27.488	30.578	32.801	15
16	5.142	5.812	6.908	7.962	26.296	28.845	32.000	34.267	16
17	5.697	6.408	7.564	8.672	27.587	30.191	33.409	35.718	17
18	6.265	7.015	8.231	9.390	28.869	31.526	34.805	37.156	18
19	6.844	7.633	8.907	10.117	30.144	32.852	36.191	38.582	19
20	7.434	8.260	9.591	10.851	31.410	34.170	37.566	39.997	20
21	8.034	8.897	10.283	11.591	32.671	35.479	38.932	41.401	21
22	8.643	9.542	10.982	12.338	33.924	36.781	40.289	42.796	22
23	9.260	10.196	11.689	13.091	35.172	38.076	41.638	44.181	23
24	9.886	10.856	12.401	13.848	36.415	39.364	42.980	45.558	24
25	10.520	11.524	13.120	14.611	37.652	40.646	44.314	46.928	25
26	11.160	12.198	13.844	15.379	38.885	41.923	45.642	48.290	26
27	11.808	12.879	14.573	16.151	40.113	43.194	46.963	49.645	27
28	12.461	13.565	15.308	16.928	41.337	44.461	48.278	50.993	28
29	13.121	14.256	16.047	17.708	42.557	45.722	49.588	52.336	29
30	13.787	14.953	16.791	18.493	43.773	46.979	50.892	53.672	30

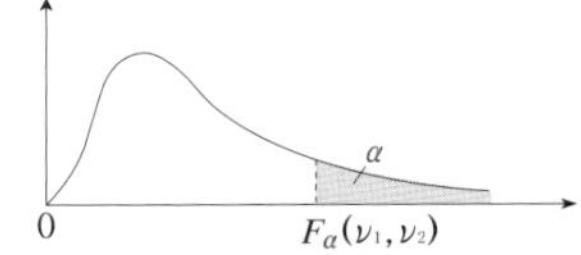

<표 4> F분포표(α =0.1)

ν_2 \ ν_1	1	2	3	4	5	6	7	8	9	10	12	15	20	24	30	40	60	120	∞
1	39.83	49.5	53.59	55.83	57.24	58.2	58.91	58.44	58.55	60.19	60.71	61.22	61.74	62	62.25	62.53	62.79	63.06	63.33
2	8.53	9	9.16	9.24	9.29	9.33	9.35	9.37	9.38	9.39	9.41	9.42	9.44	9.45	9.46	9.47	9.47	9.48	9.49
3	5.54	5.46	5.39	5.34	5.31	5.28	5.27	5.25	5.21	5.23	5.22	5.2	5.18	5.18	5.17	5.16	5.15	5.14	5.13
4	4.54	4.32	4.19	4.11	4.01	4.01	3.98	3.95	3.94	9.92	3.9	3.87	3.84	3.83	3.82	3.8	3.79	3.76	3.76
5	4.06	3.78	3.62	3.52	3.45	3.4	3.37	3.24	3.32	3.3	3.27	3.24	3.21	3.19	3.17	3.16	3.14	3.12	3.1
6	3.78	3.46	3.29	3.13	3.11	3.05	3.01	2.98	2.96	2.94	2.9	2.87	2.84	2.82	2.8	2.78	2.76	2.74	2.72
7	3.59	3.26	3.07	2.96	2.88	2.83	2.78	2.75	2.72	2.7	2.67	2.63	2.59	2.58	2.56	2.54	2.51	2.49	2.47
8	3.46	3.11	2.92	2.81	2.73	2.67	2.62	2.59	2.56	2.54	2.5	2.46	2.42	2.4	2.38	2.36	2.34	2.32	2.29
9	3.38	3.01	2.81	2.69	2.61	2.55	2.51	2.47	2.44	2.42	2.38	2.54	2.3	2.28	2.25	2.23	2.21	2.18	2.16
10	3.29	2.92	2.73	2.61	2.52	2.46	2.41	2.38	2.35	2.32	2.28	2.24	2.2	2.18	2.16	2.13	2.11	2.08	2.06
11	3.23	2.86	2.66	2.54	2.45	2.39	2.34	2.3	2.27	2.25	2.21	2.17	2.12	2.1	2.08	2.05	2.03	2	1.97
12	3.18	2.81	2.61	2.48	2.39	2.33	2.28	2.24	2.21	2.19	2.15	2.1	2.06	2.04	2.01	1.99	1.96	1.93	1.9
13	3.14	2.76	2.56	2.43	2.35	2.28	2.23	2.2	2.16	2.14	2.1	2.05	2.01	1.98	1.96	1.93	1.9	1.88	1.85
14	3.1	2.73	2.52	2.39	2.31	2.24	2.19	2.15	2.12	2.1	2.05	2.01	1.96	1.94	1.91	1.89	1.86	1.83	1.8
15	3.07	2.7	2.49	2.36	2.27	2.21	2.16	2.12	2.09	2.06	2.02	1.97	1.92	1.9	1.87	1.85	1.82	1.79	1.76
16	3.05	2.67	2.46	2.33	2.24	2.18	2.13	2.09	2.06	2.03	1.99	1.94	1.89	1.87	1.84	1.81	1.78	1.75	1.72
17	3.03	2.64	2.44	2.31	2.22	2.15	2.1	2.06	2.03	2	1.96	1.91	1.86	1.84	1.81	1.78	1.75	1.72	1.69
18	3.01	2.62	2.42	2.29	2.2	2.13	2.08	2.04	2	1.98	1.93	1.89	1.84	1.81	1.78	1.75	1.72	1.69	1.66
19	2.99	2.61	2.4	2.27	2.18	2.11	2.06	2.02	1.98	1.96	1.91	1.86	1.81	1.79	1.76	1.73	1.7	1.67	1.63
20	2.97	2.59	2.38	2.25	2.16	2.09	2.04	2	1.96	1.94	1.89	1.84	1.79	1.77	1.74	1.71	1.68	1.64	1.61
21	2.96	2.57	2.36	2.23	2.14	2.08	2.02	1.98	1.95	1.92	1.87	1.83	1.78	1.75	1.72	1.69	1.66	1.62	1.69
22	2.95	2.56	2.35	2.22	2.13	2.06	2.01	1.97	1.93	1.9	1.86	1.81	1.76	1.73	1.7	1.67	1.64	1.6	1.57
23	2.94	2.55	2.34	2.21	2.11	2.05	1.99	1.95	1.92	1.89	1.84	1.8	1.74	1.72	1.69	1.66	1.62	1.59	1.55
24	2.93	2.54	2.33	2.19	2.1	2.04	1.98	1.94	1.91	1.88	1.83	1.78	1.73	1.7	1.67	1.64	1.61	1.57	1.53
25	2.92	2.53	2.32	2.18	2.09	2.02	1.97	1.93	1.89	1.87	1.82	1.77	1.72	1.69	1.66	1.63	1.59	1.56	1.62
26	2.91	2.52	2.31	2.17	2.08	2.01	1.96	1.92	1.88	1.86	1.81	1.76	1.71	1.68	1.65	1.61	1.58	1.54	1.5
27	2.9	2.51	2.3	2.17	2.07	2	1.95	1.91	1.87	1.85	1.8	1.75	1.7	1.67	1.6	1.57	1.53	1.49	1.49
28	2.89	2.5	2.29	2.16	2.06	2	1.94	1.9	1.87	1.84	1.79	1.74	1.69	1.66	1.63	1.59	1.56	1.52	1.48
29	2.89	2.5	2.28	2.15	2.06	1.99	1.93	1.89	1.86	1.83	1.78	1.73	1.68	1.65	1.62	1.58	1.55	1.51	1.47
30	2.88	2.49	2.28	2.14	2.05	1.98	1.93	1.88	1.85	1.82	1.77	1.72	1.67	1.64	1.61	1.57	1.54	1.5	1.46
40	2.84	2.44	2.23	2.09	2	1.93	1.87	1.83	1.79	1.76	1.71	1.66	1.61	1.57	1.54	1.51	1.47	1.42	1.38
60	2.79	2.39	2.18	2.04	1.95	1.87	1.82	1.77	1.74	1.71	1.66	1.6	1.54	1.51	1.48	1.44	1.4	1.35	1.29
120	2.7	2.35	2.13	1.99	1.9	1.82	1.77	1.72	1.68	1.65	1.6	1.55	1.48	1.45	1.41	1.37	1.32	1.26	1.19
∞	2.7	2.3	2.08	1.94	1.85	1.77	1.72	1.67	1.63	1.6	1.55	1.49	1.42	1.38	1.34	1.3	1.24	1.17	1

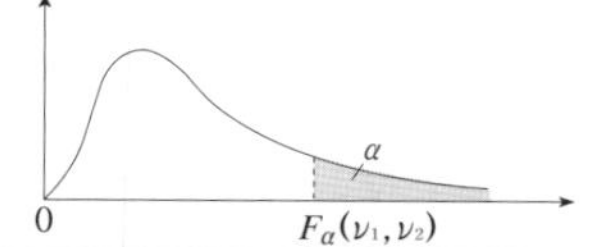

<표 5> F분포표(α =0.05)

υ_2 \ υ_1	1	2	3	4	5	6	7	8	9	10	12	15	20	24	30	40	60	120	∞
1	161.4	199.5	215.7	224.6	230.2	234	236.8	238.9	240.5	241.9	243.9	245.9	248	249.1	250.1	251.1	252.2	253.3	254.3
2	18.51	19.00	19.16	19.25	19.30	19.33	19.35	19.37	19.38	19.4	19.41	19.43	19.45	19.45	19.46	19.47	19.48	19.49	19.51
3	10.13	9.55	9.28	9.12	9.01	8.94	8.89	8.85	8.81	8.79	8.74	8.70	8.66	8.64	8.62	8.59	8.57	8.55	8.53
4	7.71	6.94	6.59	6.59	6.26	6.16	6.09	6.04	6.00	5.96	5.91	5.86	5.80	5.77	5.75	5.72	5.69	5.66	5.63
5	6.61	5.79	5.41	5.10	5.05	4.95	4.88	4.82	4.77	4.74	4.68	4.62	4.56	4.56	4.53	4.50	4.46	4.43	4.40
6	5.99	5.14	4.76	4.53	4.39	4.28	4.21	4.15	4.10	4.06	4.00	3.94	3.87	3.84	3.81	3.77	3.71	3.70	3.67
7	5.59	4.74	4.35	4.12	3.97	3.87	3.79	3.73	3.68	3.64	3.57	3.51	3.44	3.41	3.38	3.34	3.30	3.27	3.23
8	5.32	4.46	4.07	3.84	3.69	3.58	3.50	3.44	3.39	3.35	3.28	3.22	3.15	3.12	3.08	3.04	3.01	2.97	2.93
9	5.12	4.26	3.86	3.63	3.48	3.37	3.29	3.23	3.18	3.14	3.07	3.14	2.94	2.90	2.86	2.83	2.79	2.75	2.71
10	4.96	4.10	3.71	3.48	3.33	3.22	3.14	3.07	3.02	2.98	2.91	2.85	2.77	2.71	2.70	2.66	2.62	2.58	2.54
11	4.84	3.98	3.59	3.36	3.20	3.09	3.01	2.95	2.9	2.85	2.79	2.72	2.63	2.61	2.57	2.53	2.49	2.45	2.40
12	4.75	3.89	3.49	3.26	3.11	3.00	2.91	2.85	2.80	2.75	2.69	2.62	2.54	2.51	2.47	2.42	2.38	2.34	2.30
13	4.67	3.81	3.41	3.18	3.03	2.92	2.83	2.77	2.71	2.67	2.60	2.53	2.46	2.42	2.38	2.34	2.30	2.25	2.21
14	4.60	3.74	3.34	3.11	2.96	2.85	2.76	2.70	2.65	2.60	2.53	2.46	2.39	2.35	2.31	2.27	2.22	2.18	2.13
15	4.54	3.68	3.29	3.06	2.90	2.79	2.71	2.64	2.59	2.54	2.18	2.40	2.33	2.29	2.25	2.20	2.16	2.11	2.07
16	4.49	3.63	3.24	3.01	2.85	2.74	2.66	2.59	2.54	2.49	2.42	2.35	2.28	2.24	2.19	2.15	2.11	2.06	2.01
17	4.45	3.59	3.20	2.96	2.81	2.70	2.61	2.55	2.49	2.45	2.38	2.31	2.23	2.19	2.15	2.10	2.06	2.01	1.96
18	4.41	3.55	3.16	2.93	2.77	2.66	2.58	2.51	2.46	2.41	2.34	2.27	2.19	2.15	2.11	2.06	2.02	1.97	1.92
19	4.38	3.52	3.13	2.90	2.74	2.63	2.54	2.48	2.42	2.38	2.31	2.23	2.15	2.11	2.07	2.03	1.98	1.93	1.88
20	4.35	3.49	3.10	2.87	2.71	2.60	2.51	2.45	2.39	2.35	2.23	2.20	2.12	2.08	2.04	1.99	1.95	1.90	1.84
21	4.32	3.47	3.07	2.84	2.68	2.57	2.49	2.42	2.32	2.25	2.18	2.10	2.05	2.01	1.96	1.92	1.87	1.81	1.81
22	4.30	3.44	3.05	2.82	2.66	2.55	2.46	2.40	2.34	2.30	2.23	2.15	2.07	2.03	1.98	1.94	1.89	1.84	1.78
23	4.28	3.42	3.03	2.80	2.64	2.53	2.44	2.37	2.32	2.27	2.20	2.13	2.05	2.01	1.96	1.91	1.86	1.81	1.76
24	4.25	3.40	3.01	2.78	2.62	2.51	2.42	2.36	2.30	2.25	2.13	2.11	2.03	1.98	1.94	1.89	1.84	1.79	1.73
25	4.24	3.39	2.99	2.76	2.60	2.49	2.40	2.34	2.28	2.24	2.16	2.09	2.01	1.96	1.92	1.87	1.82	1.77	1.71
26	4.23	3.37	2.98	2.74	2.59	2.47	2.39	2.32	2.27	2.22	2.15	2.07	1.99	1.95	1.90	1.85	1.80	1.75	1.69
27	4.21	3.35	2.96	2.73	2.57	2.46	2.37	2.31	2.25	2.20	2.13	2.06	1.97	1.93	1.88	1.84	1.79	1.73	1.67
28	4.20	3.34	2.95	2.71	2.56	2.45	2.36	2.29	2.24	2.19	2.12	2.04	1.96	1.91	1.87	1.82	1.77	1.71	1.65
29	4.18	3.33	2.93	2.70	2.55	2.43	2.35	2.28	2.22	2.18	2.10	2.03	1.94	1.90	1.85	1.81	1.75	1.64	1.70
30	4.17	3.32	2.92	2.69	2.53	2.42	2.33	2.27	2.21	2.16	2.09	2.01	1.93	1.89	1.84	1.79	1.74	1.68	1.62
40	4.08	3.23	2.84	2.61	2.45	2.34	2.25	2.18	2.12	2.08	2.00	1.92	1.84	1.79	1.74	1.69	1.64	1.68	1.51
60	4.00	3.15	2.76	2.53	2.37	2.25	2.17	2.10	2.04	1.99	1.92	1.84	1.75	1.70	1.65	1.59	1.53	1.47	1.39
120	3.92	3.07	2.68	2.45	2.29	2.17	2.09	2.02	1.96	1.91	1.88	1.75	1.68	1.61	1.55	1.50	1.43	1.35	1.25
∞	3.34	3.00	2.60	2.37	2.21	2.10	2.01	1.94	1.88	1.83	1.75	1.67	1.57	1.52	1.46	1.39	1.32	1.22	1.00

<표 6> Durbin-Watson 검정의 하한과 상한(5% 유의수준)

n	k=1		k=2		k=3		k=4		k=5	
	d_L	d_U	d_L	d_U	d_L	d_U	d_L	d_U	d_L	d_U
15	1.08	1.36	0.95	1.54	0.82	1.75	0.69	1.97	0.56	2.21
16	1.10	1.37	0.98	1.54	0.86	1.73	0.74	1.93	0.62	2.15
17	1.13	1.38	1.02	1.54	0.90	1.71	0.78	1.90	0.67	2.10
18	1.16	1.39	1.05	1.53	0.93	1.69	0.82	1.87	0.71	2.06
19	1.18	1.40	1.08	1.53	0.97	1.68	0.86	1.85	0.75	2.02
20	1.20	1.41	1.10	1.54	1.00	1.68	0.90	1.83	0.79	1.99
21	1.22	1.42	1.13	1.54	1.03	1.67	0.93	1.81	0.83	1.96
22	1.24	1.43	1.15	1.54	1.05	1.66	0.96	1.80	0.86	1.94
23	1.26	1.44	1.17	1.54	1.08	1.66	0.99	1.79	0.90	1.92
24	1.27	1.45	1.19	1.55	1.10	1.66	1.01	1.78	0.93	1.90
25	1.29	1.45	1.21	1.55	1.12	1.66	1.04	1.77	0.95	1.89
26	1.30	1.46	1.22	1.55	1.14	1.65	1.06	1.76	0.98	1.88
27	1.32	1.47	1.24	1.56	1.16	1.65	1.08	1.76	1.01	1.86
28	1.33	1.48	1.26	1.56	1.18	1.65	1.10	1.75	1.03	1.85
29	1.34	1.48	1.27	1.56	1.20	1.65	1.12	1.74	1.05	1.84
30	1.35	1.49	1.28	1.57	1.21	1.65	1.14	1.74	1.07	1.83
31	1.36	1.50	1.30	1.57	1.23	1.65	1.16	1.74	1.09	1.83
32	1.37	1.50	1.31	1.57	1.24	1.65	1.18	1.73	1.11	1.82
33	1.38	1.51	1.32	1.58	1.26	1.65	1.19	1.73	1.13	1.81
34	1.39	1.51	1.33	1.58	1.27	1.65	1.21	1.73	1.15	1.81
35	1.40	1.52	1.34	1.58	1.28	1.65	1.22	1.73	1.16	1.80
36	1.41	1.52	1.35	1.59	1.29	1.65	1.24	1.73	1.18	1.80
37	1.42	1.53	1.36	1.59	1.31	1.66	1.25	1.72	1.19	1.80
38	1.43	1.54	1.37	1.59	1.32	1.66	1.26	1.72	1.21	1.79
39	1.43	1.54	1.38	1.60	1.33	1.66	1.27	1.72	1.22	1.79
40	1.44	1.54	1.39	1.60	1.34	1.66	1.29	1.72	1.23	1.79
45	1.48	1.57	1.43	1.62	1.38	1.66	1.34	1.72	1.29	1.78
50	1.50	1.59	1.46	1.63	1.42	1.67	1.38	1.72	1.34	1.77
55	1.53	1.60	1.49	1.64	1.45	1.68	1.41	1.72	1.38	1.77
60	1.55	1.62	1.51	1.65	1.48	1.69	1.44	1.73	1.41	1.77
70	1.58	1.64	1.55	1.67	1.52	1.70	1.49	1.74	1.46	1.77
80	1.61	1.66	1.59	1.69	1.56	1.72	1.53	1.74	1.51	1.77
90	1.63	1.68	1.61	1.70	1.59	1.73	1.57	1.75	1.54	1.78
100	1.65	1.69	1.63	1.72	1.61	1.74	1.59	1.76	1.57	1.78

주: n은 표본 수, k는 설명변수의 수, d_L과 d_U는 하한과 상한

참 고 문 헌

Black F. and M. Shols (1973), "The Pricing Options and corporate Liabilities", Journal of Political Economy 81, pp. 637-59

Crosbie P. and Bohn J.R. (2003), "Modeling Default Risk", Modeling Methodology, Moody's KMV documentation, San Francisco.

Engle R. (1982), "Autoregressive Conditional Heteroscedasticity with Estimates of the Variance of United Kingdom Inflation", Econometrica, vol. 50(4), pp. 987-1007

Ruppert D. (2011), "Statistics and Data Analysis for Financial Engineering", Springer

Jorion P. (2003), "Financial Risk Manager Handbook, 2nd Edition", Wiley

김철중 · 윤만하 (2009), 『신용위험측정』, 금융연수원

김상익 · 이긍희 (2002), 『기초통계』, 금융연수원

윤평식 · 김철중 역 (2000), 『VAR』, 경문사

문종진 · 고일룡 · 임철순 · 박병수 · 이승국 (2007), 『Basel Ⅱ와 리스크관리』, 경문사

이긍희 · 이한식 (2023), 『예측방법론』, 방송대출판문화원

이긍희 · 이한식 (2012), 『경제통계분석의 원리와 응용』, 에피스테메

이긍희 · 함유근 · 김용대 · 이준환 · 원중호 (2022), 『빅데이터의 이해와 활용』, 방송대출판문화원

이긍희 · 박진호 (2024), 『확률의 개념과 응용』, 방송대출판문화원

이긍희 · 김종오 (2012), 『금융데이터의 이해』, 방송대출판문화원

금융감독원 (2012), 『금융리스크분석』, 금융감독원

금융위원회 홈페이지, http://www.fsc.go.kr

금융감독원 홈페이지, http://www.fss.or.kr

한국은행 홈페이지, http://www.bok.or.kr

한국은행 (1999), 『은행경영분석기법』, 한국은행 은행국

한국은행 (2014), 『금융안정보고서』, 2014.4

■ 저 / 자

▷ 이긍희

서울대학교 계산통계학과 졸업
서울대학교 대학원 졸업(이하 석사)
미국 Texas A&M 대학교(통계학 박사)
한국은행 조사국, 경제통계국, 금융경제연구소 근무
국가통계위원회 경제분과위원, 품질분과위원 역임
한국은행 경제통계국 자문교수 역임
(현) 한국방송통신대학교 통계·데이터과학과 교수

저서 | 데이터지능(드레북스), 경제통계분석의 원리와 응용(에피스테메),
금융데이터의 이해, 확률의 개념과 응용, 통계학의 개념과 제문제,
빅데이터의 이해와 활용, 예측방법론,
딥러닝의 통계적 이해(한국방송통신대학교 출판문화원)

■ 감 / 수 / 자

▷ 전희주

North Carolina State University 통계학 박사
(주)SK 텔레콤 비즈분석팀 부장, ㈜삼성카드 마케팅DS 팀장
(현) 동덕여자대학교 정보통계학과 교수

저서 | 데이터과학입문(한빛미디어), 미적분학(한티미디어),
보험데이터를 이용한 일반화 선형모형(사이플러스) 등 다수

금융인을 위한 **통 계 분 석**

초판1쇄 인쇄	2015년 5월 15일
3 판1쇄 인쇄	2026년 2월 9일
저 자	이긍희
발 행 인	이준수
발 행 처	한국금융연수원 출판미디어사업부 03053 서울특별시 종로구 삼청로 118
전 화	(02)3700-1500
팩 스	(02)3700-1530
홈 페 이 지	http://www.kbi.or.kr
등 록	1990. 4. 20. (제1-1040호)

〈정가 20,000원〉 ISBN 978-89-287-8287-1 13320

※ 도서의 오류내용(오탈자 등)을 제보해주시어 채택되신 분께는 소정의 상품을 보내드리오니 독자 여러분들의 많은 참여바랍니다(상세 정보는 한국금융연수원 홈페이지 참조).

한국금융연수원 자격검정시험 안내

•「국가공인자격」은 자격기본법에서 정한 기준과 절차에 따라 국가가 공인한 자격으로 신용분석사, 여신심사역, 국제금융역, 자산관리사(FP), 신용위험분석사(CRA), 외환전문역 I종, 외환전문역 II종 등 7개의 자격이 있습니다.

•「자체인증자격」은 우리 원이 인정, 수여하는 자격으로 공개시험형 자체자격인 프라이빗 뱅커(CPB), 은행텔러, 영업점 컴플라이언스 오피서(은행)(보험)(증권), KBI 금융 DT 테스트, 자금세탁방지 업무능력 검정시험, KBI 금융 AI 리터러시 등 8개 자격이 있습니다.

구분	자격명 (공인/등록번호)	응시료	자격소개
국가공인자격	신용분석사 (제2024-1호) (2008-0438)	전과목 : 66,000원 1부 : 28,000원 2부 : 39,000원	금융회사의 여신관련 부서에서 기업에 대한 회계 및 비회계자료 분석을 통하여 종합적인 신용상황을 판단하고 신용등급을 결정하는 등 기업신용 평가업무를 담당하는 금융전문가
	여신심사역 (제2024-2호) (2008-0439)	전과목 : 66,000원 1부 : 28,000원 2부 : 39,000원	금융회사의 여신심사 담당자로서 경제상황과 기업의 재무, 비재무상태 등을 분석, 파악하여 적정한 대출심사 의견서 작성, 대출이율 및 대출기간 결정 등 대출실행 여부를 판단하고 자금의 효율적 운용, 대손 방지를 위한 제반조치, 여신의 법률적 검토, 사후관리업무 등 여신업무와 관련한 종합적인 업무를 수행하는 금융전문가
	국제금융역 (제2025-1호) (2008-0440)	전과목 : 66,000원 1부 : 33,000원 2부 : 33,000원	금융회사의 국제금융 관련 부서에서 국제금융시장의 동향파악, 분석 및 예측 등을 통하여 외화자금의 효율적 조달과 운용업무를 담당하고 이에 따른 리스크관리 등 국제금융 관련 업무를 수행하는 금융전문가
	신용위험분석사(CRA) (제2023-2호) (2008-0442)	1차 : 77,000원 2차 : 88,000원	금융회사 및 기업신용평가기관 등에서 개인과 기업에 대한 신용상태를 조사평가하고 신용위험을 측정 ·관리하는 여신전문가
	자산관리사(FP) (제2025-6호) (2008-0441)	전과목 : 55,000원 1부 : 28,000원 2부 : 28,000원	금융회사 영업부서의 PB(Private Banking) 팀에서 고객의 수입과 지출, 자산 및 부채현황, 가족상황 등 고객에 대한 각종 자료를 수집, 분석하여 고객이 원하는 Life Plan상의 재무목표를 달성할 수 있도록 종합적인 자산설계에 대한 상담과 실행을 지원하는 금융전문가
	외환전문역 I종 (제2025-2호) (2008-0436)	전과목 : 55,000원	금융회사의 외환업무 중 외국환 거래 법규 및 외환거래실무를 이해하고 고객의 외화 자산에 노출되는 각종 외환 리스크를 최소화시키는 등 주로 개인 외환과 관련된 업무를 수행하는 금융전문가
	외환전문역II종 (제2025-2호) (2008-0436)	전과목 : 55,000원	금융회사의 외환업무 중 수출입업무 및 이와 관련된 국제무역규칙을 이해하고 외환과 관련된 여신 업무를 수행하는 등 주로 기업 외환과 관련된 업무를 수행하는 금융전문가
자체인증자격	은행텔러 (2008-0437)	전과목 : 55,000원	창구에서 일어나는 제반업무에 대해 신속하고 친절한 업무수행과 정확한 업무처리로 고객에게 도움을 주고 상담을 통해 문제해결을 하도록 도와주는 금융전문가
	영업점 컴플라이언스오피서(은행) (2010-0118) (보험, 증권) (2013-0702,0703)	전과목 : 각 44,000원	금융회사의 영업점에서 준법관련 법규와 감독기관의 감독규정이 정한 내용과 취지를 충분히 이해하고 업무 수행과정에서 이를 준수하며, 영업점에서 발생 가능한 금융사고 및 민원사항이 발생하지 않도록 사전적 예방 차원에서 그 준수사항의 이행을 점검하는 금융전문가(은행, 보험, 증권 분야별로 자격이 구분됨)
	프라이빗뱅커 (CPB) (2018-004091)	1차: 110,000원 2차: 381,000원 (실무교육)	개인고액자산가의 자산 및 수익증대를 실현하기 위해 금융분야 전반에 걸쳐 종합적인 금융상담과 실행을 지원할 수 있는 최고급 수준의 금융자산설계전문가
	KBI 금융DT 테스트 (2021-001872)	전과목 : 44,000원	금융인 및 예비금융인을 대상으로 디지털금융 전반에 대한 기본지식과 업무활용능력 등 금융DT 관련 기본역량 평가
	자금세탁방지 업무능력 검정시험 (2023-004792)	전과목 : 66,000원	금융시스템을 이용한 자금세탁행위와 공중협박자금조달행위를 적발 및 예방할 수 있는 전문적인 업무역량 평가
	KBI 금융 AI 리터러시 (2025-005556)	전과목 : 55,000원	금융회사 임직원들이 AI에 대한 기술적 이해와 실무 활용 능력을 바탕으로 윤리적이고 책임 있는 AI 기반 금융서비스를 제공할 수 있는 역량 평가

소비자 알림사항

- 상기 "프라이빗뱅커(CPB)", "영업점컴플라이언스 오피서(은행)(보험)(증권)", "KBI 금융DT 테스트", "은행텔러", "자금세탁방지 업무능력 검정시험", "KBI 금융 AI 리터러시" 자격은 자격기본법 규정에 따라 등록한 민간자격으로, 국가로부터 인정받은 공인자격이 아닙니다.
- 민간자격 등록 및 공인 제도에 대한 상세내용은 민간자격정보서비스 (www.pqi.or.kr)의 '민간자격 소개'란을 참고하여 주십시오.

기타

- 응시료 환불 규정 : 접수기간 중 100%, 접수기간 종료 후 시험일 5일 전 18시까지 50% 환불/이후 환불 불가
- 자격 공인번호는 재공인시점에 따라 변경될 수 있으며, 응시료, 환불규정 등은 응시 시점에 따라 변경될 수 있으니 자격시험 응시 전 반드시 한국금융연수원 홈페이지에서 응시하고자 하는 자격시험에 관한 최신 정보를 확인하시기 바랍니다.
- 자격시험에 관한 자세한 사항은 한국금융연수원 홈페이지를 참조하시기 바랍니다.
- 주소 : 서울특별시 종로구 삼청로 118 / TEL : 02-3700-1500 / 홈페이지 : www.kbi.or.kr

KBI 금융 AI 리터러시 NEW

2026 K-ALFA, AI와 금융을 잇는 새로운 문해력

01 개요

1. 목적

금융회사 임직원들이 AI에 대한 **기술적 이해와 실무활용 능력**을 바탕으로 윤리적이고 책임 있는 **AI 기반 금융서비스를 제공할 수 있는 역량을 평가하는 시험**

2. 응시대상

금융회사 임직원 및 예비 금융인

3. 활용

- **본점 및 영업점 직원 등 금융인**

  똑똑한 고객과 상담해야 하는 당신, 금융회사 직원으로서 기본적으로 갖춰야 할 **AI에 대한 지식과 역량으로 무장**하세요!

- **금융회사의 인사담당자 및 인재개발 담당자**

  직원 AI역량 증진, 신입직원 채용, AI 기반 금융서비스 기획 및 개발 관련 부서 등 **AI 활용도가 높은 부서의 인재 선발과 배치에 활용**해보세요!

- **취업준비생 등 예비금융인**

  금융회사 취업을 준비해야 하는 당신, **AI리터러시를 인증** 받아, **공신력있게 나의 AX 역량을 어필**해보세요!

02 인증시험 과목

검정과목	세부 교과목	배점
AI에 대한 기초적 이해 (40점)	AI 개념 및 주요 AI 기술의 이해	25점 (20문항)
	금융 데이터의 이해	15점 (12문항)
금융 AI 활용 (25점)	금융 AI의 이해와 활용	25점 (20문항)
금융 AI 윤리, 규제와 리스크 관리 및 거버넌스 (35점)	AI 윤리 및 관련 법률	20점 (16문항)
	금융 AI 보안, 리스크 관리 및 거버넌스	15점 (12문항)
계		100점 (80문항)

한국금융연수원
KOREA BANKING INSTITUTE

03053 서울특별시 종로구 삼청로 118
Tel. 02-3700-1500 | www.kbi.or.kr

03 인증기준

1. 인증기준

100점 만점 중 60점 이상 득점 시 점수 구간에 따라 3개 등급 부여

2. 등급인증

등급명	부여기준	역량
AI-Gold	90점 이상	• 금융 AI 분야의 전문지식을 바탕으로 복합적인 문제를 해결하는 역량 보유
AI-Blue	80점~89점	• 금융 AI 분야의 실무지식을 활용하여 일상적인 업무를 효율적으로 수행하는 역량 보유
AI-Green	60점~79점	• 금융 AI 분야의 기본지식을 보유하고 금융 AI 관련 트렌드와 이슈를 이해하는 역량 보유

04 인증시험 운영

응시자격	제한없음	평가시간	90분
문제유형	객관식(4지선다형)	문항 수	80문항
응시료	• 55,000원 * 환불규정 : 접수기간 중 100%, 접수 종료 후부터 시험일 5일 전 18시까지 50% 환불 / 이후 환불 불가		

05 시험일정

회차	원서접수	시험일	합격자발표	실시지역
1회	5.19(화)~5.26(화)	6.27(토)	7.10(금)	서울,대전,대구,광주,부산
2회	9.8(화)~9.15(화)	10.17(토)	10.30(금)	

06 기타 주요내용

1. 시험참고 도서(2026. 3월 출간 예정)

- 「금융 AI 리터러시(I)」
- 「금융 AI 리터러시(II)」

2. 문의

- **시험 준비를 위한 연수과정 문의** : AI·디지털연수부

  Tel 02-3700-1500 | **E-mail** aidtlearning@kbi.or.kr
- **인증시험 관련 문의** : 자격검정사업부

  Tel 02-3700-1500 | **E-mail** certif@kbi.or.kr

3. 소비자 알림사항

- KBI 금융 AI 리터러시 시험은 자격기본법 규정에 따라 등록한 민간자격(등록번호 : 2025-005556호)으로 국가로부터 인정받은 공인자격이 아닙니다.

  민간자격 등록 및 공인 제도에 대한 상세내용은 민간자격정보서비스(www.pqi.or.kr)의 '민간자격 소개'란을 참고하여 주십시오.